Krautheim

Dörzbach

Kloster Schöntal

Langenburg

...ingen

Kirchberg

Crailsheim

Ellwangen

Jagstquelle

Lauchheim

P. Kreisel

Die Jagst

von der Quelle bis zur Mündung

Bernhard H. Lott

Die Jagst

von der Quelle bis zur Mündung

mit Fotos von Hugo Böhm u. a.

Swiridoff Verlag, Künzelsau

Für
Doris und Daniel,
für meine Mutter
und für alle,
die das Jagsttal lieben

Nicht nachgewiesene Texte und
Gedichte stammen vom Verfasser

Redaktion, Graphische Gestaltung
und Herstellung: Swiridoff-Team

Gesamtproduktion:
Engelhardt & Bauer, Karlsruhe

© 2000 Swiridoff Verlag, Künzelsau

2. Auflage, 2001

ISBN 3-934350-25-9

Bildnachweis
Heidelind Andritsch (S. 193, 194),
Roland Bauer (S. 64, 65, 66), H.-P.
Günther (S. 143 o.), Gottlob Haag
(S. 134), Foto Besserer, Lauda
(S. 177), Dieter Ederle (S. 226),
P. Kolb (S. 124), Erich Kuch S. 78,
88, 92 u. r., 117, 127 u., 129, 131,
136, 137, 141, 142 u., 149 u., 150 o.,
157, 162, 171 o., 229 u.), Kurpfälzi-
sches Museum der Stadt Heidelberg
(S. 205), L. I. Luftbildverlag für In-
dustrie und Handel, Eching (S. 13),
Rolf Kercher (S. 228), Bernhard H.
Lott (S. 22, 23, 31, 46, 82, 101, 112,
143, 166, 167, 189, 192, 203, 217 o.,
223, 233 u.), Klaus May (S. 228),
Ludwig Roth (S. 228), Jutta Schwab
(S. 94, 152, 165, 191), Schwaben-
verlag, Ostfildern (S. 39), Bernd
Schwarz (S. 228), Alfons Stockert
(S. 61, 228), Bildverlag Traut, Welz-
heim (S. 24), Karl Walz (S. 225, 228),
Erhard Weis (S. 12, 59, 60 u., 67,
85 o., u. l., 87, 89, 91 o., 100, 104,
109, 116, 138, 150 u., 198, 227 u.),
Schloßverwaltung Baldern (S. 16, 17),
Generallandesarchiv Karlsruhe
(S. 239), Archivfotos der Städte und
Gemeinden Bad Friedrichshall,
Crailsheim, Ellwangen, Langen-
burg, Möckmühl, Neudenau,
Widdern, Berlichingen, Dörzbach,
Eberstadt, Rainau-Buch, Schöntal.
Alle anderen Fotos: Hugo Böhm.
Zeichnerische Darstellungen:
Peter Kreisel (Landkarte im Vorsatz,
Ortsansichten S. 11, 24, 49, 79, 94,
138, 152, 173, 184, 204, 221, 239).
Kartographie: Schefcik & Peh,
Eppelheim

Vorwort

Bernhard Heinrich Lott hat sich einen Jugendtraum erfüllt und hat mit seinem vorliegenden Buch sicher vielen Freunden der Jagst und des Jagsttals die Heimat ganz neu erschlossen.

Bisher wußte ich, Heimat, das ist die Summe dessen, was mich in der Familie, in Kindheit und Jugendzeit, in Arbeit und Freizeit, in Nachbarschaft und Gemeinde, im Freundeskreis und in Vereinen geformt und geprägt hat.

Das ist erspürte Nestwärme, wohltuendes Glück! Das ist Erinnerung an das Elternhaus, an Vater und Mutter, an Geschwister, Schulkameraden und Freunde.

Solches Empfinden ist tief in mein Gedächtnis eingegraben, das ist ein Stück „eigenes Ich", das ist in mir, das begleitet mich, das bin ich - mein ganzes Leben lang...

Solche Gedanken habe ich im Sommer dieses Jahres bei der 1200-Jahrfeier in meinem Geburtsort Berlichingen an der Jagst vorgetragen. Und da ist mir Bernhard Lott begegnet und hat mir voller Begeisterung von seinem Projekt über ein umfassendes „Jagst-Buch" berichtet, in dem er in Wort und Bild „unserer Jagst" von der Quelle bis zur Mündung folgen, den Flußlauf und die durch ihn geprägte Landschaft beschreiben wollte.

Land und Leute und ihre Sprache wollte er darstellen und über Städte und Gemeinden, Schlösser und Burgen, Kirchen und Klöster und ihre Geschichte berichten und die Sagen und Anekdoten erzählen, die sich um Ort und Menschen in diesem Tal ranken.

Und er wollte aufzeigen, welche besonderen Persönlichkeiten – Ritter und Schultheißen, Schriftsteller und Dichter, Künstler, Kirchenmänner und Wissenschaftler – diese so einmalige Jagsttal-Landschaft hervorgebracht hat.

Er wollte all die vielen Ortschaften in ihrer jeweiligen Besonderheit und Einmaligkeit einbinden in die sie prägende Flußlandschaft der Jagst und eine über den Horizont des Heimatdorfs hinausgehende Sicht der Dinge geben, einen Bogen über das ganze Tal spannen und damit einen räumlich und zeitlich das gesamte Jagsttal umfassenden Heimat-Begriff entwickeln. Eine ganz besondere Herausforderung!

Aber eine Sicht der Dinge, die es lohnte, aufbereitet zu werden: die Jagst, unsere Jagst, als Former und Gestalter einer Landschaft, als Tag für Tag über Jahrhunderte und Jahrtausende sich erneuernder, nie versiegender Kraftquell, als Lebensader für Flora und Fauna und ganz besonders für die Menschen, die entlang ihres Flußlaufes von ihr und mit ihr gelebt haben und weiterhin mit ihr leben dürfen.

Fürwahr, Bernhard Lott hat mir nicht zuviel versprochen. Sein Traum ist in Erfüllung gegangen: das vorliegende Buch *Die Jagst* ist nicht nur eine Fundgrube umfassender Information und deshalb in Wort und Bild allen Freunden des Jagsttals zur Lektüre empfohlen. Es ist weit mehr: eine Liebeserklärung an die Heimat, eine Hymne auf das Jagsttal. Und so ist es zu einem poetischen Buch geworden, getragen von einer Poesie, die ihre Wurzeln in der Schönheit des Tales hat.

Ich beglückwünsche Bernhard H. Lott zu diesem gelungenen Werk.

Wolfgang Rückert, MdL
Staatssekretär im Finanzministerium
Baden-Württemberg

Inhalt

Ich weiß nicht

Ich weiß nicht,

warum ich gerade auf dieser Erde wohne
und nicht droben im Himmel
auf einem von diesen vielen, vielen Millionen von Sternen.

Ich weiß nicht,

warum ich gerade heute lebe
und nicht vor hundert
oder erst in tausend Jahren
von dieser langen, langen Zeit.

Ich weiß nicht,

warum ich gerade in Dir,
mein Jagsttal,
geboren bin
und nirgendwo anders
auf dieser weiten, weiten Welt.

Ich weiß nur,

daß Du meine Heimat bist
und ich Heimweh nach Dir
und Deinen Wäldern und Wiesen in meinem Herzen trage,
kaum daß ich eine Stunde von Dir fort bin.

Entlang der Jagst

Solange ich denken kann, begleitet mich die Jagst auf der Reise durch die Zeit.

Im kleinen mittelalterlichen Städtchen Neudenau an ihrem Unterlauf wurde ich geboren und wuchs ich auf.

Zusammen mit meinem Großvater führte ich unser Kuhgespann hinunter zum Flüsschen, wo die Tiere gierig das glasklare Wasser schlürften; mit Vater mähte ich das Gras der Wiesen an seinem Ufer und fuhr das Heu in unsere Scheunen; meiner Mutter half ich, die Wäsche hinunter zum Waschplatz an der Jagst zu tragen, und mit Großmutter scheuchte ich unsere Gänse hinaus auf die Straße, wo sie der Gänsehirt in seine vielköpfige gefiederte Schar einreihte und mit seiner langen Rute hinuntertrieb in den „Gänsgarten", einer Einfriedung unterhalb der Brücke, die bei der Mühle das Flüsschen überspannt. Mit meinen Freunden aber stromerte ich an der Jagst entlang und beobachtete die Fische, die wie stille Schatten unter dem Dickicht der Weiden und Erlen standen.

Heimlich und mit laut klopfenden Herzen spießten wir Würmer auf die Angelhaken und ließen die Köder mit der Strömung treiben, die Nerven gespannt bis zum Zerreißen. Gebannt starrten wir auf jede Bewegung des winzigen Bissanzeigers und sehnten den Fisch unserer Träume herbei: einen riesigen Hecht oder einen großschuppigen Karpfen.

Forellen und Aale, Rotaugen und Döbel, Barben und Schleien, Barsche und einmal, ja einmal sogar einen Flusskrebs zogen wir an Land und trugen sie heim, wo wir unsere Jagdbeute stolz der Familie präsentierten.

Helden waren wir, wenn fremde Blicke unseren Fang bewunderten und die Familie freitags unsere Fische verspeiste, Jäger und Gejagte in einem, wenn wir uns heimlich in der Morgendämmerung zu unseren Beutezügen unten am Fluss trafen.

Geheimnisvoll war für uns die Jagst. Oft wechselte sie die Farbe ihres Wassers: smaragdgrün und aquamarinblau, ockergelb und dunkelgrau, nussbraun und silberhell. In ihren tiefen Stellen standen die Fische, an ihrem Ufer wohnten die Bisamratten, die Wildgänse und Fischreiher, die Wildenten und Eisvögel.

Im Hochsommer verdurstete sie fast, zog sich still und bescheiden zurück in ihre unergründlich tiefen Gumpen und gab die Kiesbänke der Gluthitze preis; im Frühjahr aber trat sie aus ihrem Bett, überschwemmte mit ungeahnter Gewalt die Talaue und ließ Äcker, Wiesen und auch Häuser in ihren Fluten versinken.

Großmutter fürchtete sich vor dem Fluss: Von Kindern, die vom Hochwasser mitgerissen worden, von Badenden, die nie mehr aufgetaucht waren, aber auch von Selbstmördern, die ihr Leben in seinen Fluten ausgelöscht hatten, erzählte sie.

Erst viel später machte ich mir Gedanken darüber, woher das Wasser kam, das nur wenige Meter unterhalb unseres Bauernhauses vorbeiplätscherte.

Wo lag der Ursprung der Jagst?

Eine Frage, die mir niemand, auch mein Lehrer nicht, genau beantworten konnte. Weit, weit weg musste er sein. Nein, niemand aus meinem Heimatstädtchen war jemals dort gewesen, hatte beobachtet, wo die Quelle aus dem Boden ans Licht sprudelt, wo sich ihr Wasser zum Rinnsal, wo es sich zum Bach wandelt, um dann irgendwann auf seiner langen Reise zum Fluss zu werden.

Von mächtigen Burgen, prächtigen Städtchen und sagenumwobenen Schlössern an ihren Talhängen, ja, davon wusste wohl mancher zu erzählen, aber so vieles blieb im Dunkel, einem Geheimnis gleich, das seiner Entdeckung harrt.

Immer stärker wuchs in mir der Wunsch, meinen Jugendtraum zu erfüllen und den kleinen Fluss zurückzuverfolgen bis an seinen Ursprung.

Viele Jahre mussten vergehen, bis ich mich zusammen mit meinem Sohn Daniel auf den Weg machte.

Mit dem Fahrrad fuhren wir von Jagstfeld, wo die Jagst ihr Wasser mit dem des Neckars vereinigt, flussaufwärts. Das heimatliche untere Jagsttal mit dem Deutschordensschloss Heuchlingen, den mittelalterlichen Städtchen Neudenau, Möckmühl und Jagsthausen und auch das Kloster Schöntal kannten wir gut. Von hier aus aber fuhren wir in eine Landschaft, die den Zauber des Unbekannten trug.

Genauso schön wie ich es mir in meinen Jugendträumen vorgestellt hatte, war dieses Tal mit seinen Wiesen und Wäldern, seinen blühenden Obstgärten, seinen steilen Weinbergen, den grauen Steinriegeln, die wie Panzerechsen in der Sonne dösten, mit der Wacholderheide und seinem kleinen Fluss. Aufgestaut war er des öfteren gezwungen, Getreide- und Sägemühlen zu treiben, um dann wieder ungehindert in schnellem Lauf wild dahinzuschießen.

Oft saßen wir still an seinem Ufer, lauschten dem Plätschern der Wellen und fühlten deutlich, dass in diesem weitgehend unberührten Tal eine andere Zeit herrscht, der Pulsschlag langsamer und leiser klopft, dass hier die Hektik und der Lärm unserer Tage weitgehend ausgesperrt sind.

Immer vertrauter wurde uns dieses Flüsschen mit seinen unzähligen Windungen, mit seinen flachen Furten und tiefen, stillen Gumpen. Aus fernen Zeiten floss es zu uns herüber in die Gegenwart und erzählte uns von den Schicksalen der Menschen, die an seinem Ufer entlanggezogen waren, von Krieg und Not, von Hunger und Pest, von Missernten und Auswanderung, aber auch von fröhlichen Dorffesten, erfolgreichen Treibjagden in den weitläufigen Wäldern und von großen Fischzügen.

Vorbei an Krautheim mit seiner Stauferburg und Dörzbach mit seinem Wasserschloss, vorbei an der Einsiedelei St. Wendel am Stein, an Jagstberg, Buchenbach und dem geheimnisumwitterten Unterregenbach erreichten wir auf unseren Drahteseln Langenburg, wo heute noch der Fürst residiert. Was für eine Aussicht auf das geliebte Tal, auf die Wälder und Wiesen, auf die tief unten heraufglitzernde Jagst!

Hinunter nach Bächlingen sausten wir zum Flüsschen zurück. Schloss Morstein und die Ruine Leofels lagen auf dem Weg, dann das anmutige Residenzstädtchen Kirchberg, bevor wir im geschäftigen Crailsheim einfuhren.

Wie die Perlen einer Kette sind hier die Sehenswürdigkeiten an der Jagst entlang aufgereiht: Ellwangen mit seinem Schloss und der Wallfahrtskirche Schönenberg, die römischen Ausgrabungen am Ufer des Jagst-Stausees bei Rainau-Buch, die Kapfenburg bei Lauchheim und Schloss Baldern bei Walxheim. Von hier aus schauten wir hinunter auf die Hochfläche.

Dort fand ich den Ursprung der Jagst, meine Sehnsucht seit Jugendtagen.

Fast ausgetrocknet war die Quelle hier oben auf der verkarsteten Kalklandschaft der Ostalb. Von Algen durchzogen stand das Wasser im eingefassten Rund, in das nur spärlich das Wasser tröpfelte. Ich war enttäuscht.

Aber bildete sich aus diesen Tropfen nicht ein Rinnsal, ein Bach, ein Fluss: die Jagst?

Nicht das Ziel, der Weg war der Genuss!

Aus der Ferne sehne ich mich oft danach, unter den Kastanienbäumen am Ufer des Flusses zu sitzen, der über meine Kindheit und Jugend einen unvergleichlichen Zauber gelegt hat, ins Wasser zu schauen und die Gedanken mit der Strömung treiben lassen.

Heimweh ist für mich untrennbar verwoben mit diesem Flüsschen, an dessen Ufern ich geboren und aufgewachsen bin, in dem ich gebadet und geangelt habe und von dem ich irgendwann Abschied nehmen musste.

Eines Tages werde ich zurückkehren, sagte ich mir damals, unter den Weiden am Ufer meine Angelschnur ins Wasser hängen, über mir die Wolken auf ihrer Wanderschaft von Horizont zu Horizont und zu meinen Füßen die schnell dahineilenden Wellen des Flüsschens, das ich so sehr liebe.

Bernhard Heinrich Lott

Die „Jagese" (keltischer Name der Jagst)

Jaxt, einer der größten Nebenflüsse des Neckars, entspringt bei Walxheim in den Ellwanger Bergen, läuft zuerst südwestlich der Alp zu bis nach Lauchheim, fließt dann aber nordwestlich und endlich fast ganz nördlich. Ihr Lauf führt sie an Ellwangen, Crailsheim und Langenburg vorbei, dann wendet sie sich in einem großen Bogen, auf dem sie eine Zeitlang die Landesgrenze gegen Baden bildet, südwestlich über Schönthal, Widdern, Möckmühl dem Neckar zu, in den sie $\frac{1}{2}$ Stunde von der Kochermündung, Wimpfen gegenüber, bei Jaxtfeld fällt. Bei Ellwangen ist sie noch 1342, bei ihrer Mündung aber nur noch 454 Fuß über dem Meere. Ihr Lauf ist 40 Stunden lang, ohne jedoch bedeutende Zuflüsse aufzunehmen. Man kann diesen Fluß auch den Zwillingsbruder des Kochers nennen, da er ihm stets parallel zur Seite bleibt. Das Jaxttal ist meist eng und mild und bietet nicht wenige Schönheiten. Der Fluß führt eine Menge Fische, besonders aber viele Aale in sich, mit denen ein bedeutender Handel getrieben wird. Die Einwohner des Jaxttales gehören, wie schon die Sprache verräth, dem südlichen Frankenstamm an.

Universal-Lexicon von Württemberg, Hechingen und Sigmaringen, Stuttgart, 1841

Die Jagst, das ist die Jagende, die Wilde. Sie eilt von weit ostwärts her zum Bauland. Südlich der Frankenhöhe, bei Walxheim, holt sie ihre Quellwasser, eilt an Ellwangen und Crailsheim vorüber, durchschneidet die Hohenloher Ebene und stürzt sich, von der schweren Arbeit des Nagens und Beißens durch die harten Bänke des Wellenkalkes müde geworden, nach 190 Kilometer Flußlauf bei Bad Friedrichshall-Jagstfeld in den Neckar. Auf der Winterseite hüllen dichte Buchenwälder die Felsen des Flößgesteins. An Terrassen klettern auf der sonnigen Südseite Weinberge empor. Verlockend und labend ist die Stille in diesem gesegneten Sommergästeland. In Talbuchten verstecken sich bescheidene Dörfchen. Städte haben sich wehrhaft mit Burg und Mauerwerk auf erhabenen Bergspornen eingenistet.

Die Jagst ist ein fränkischer Fluß, die Landschaft atmet den Ruch fränkischen Bau(ern)landes. Es ist das Reich des wackeren Götz von Berlichingen, dessen Erinnern an zahlreichen Stätten und Türmen haftengeblieben ist.

Heinz Bischof in: Das Frankenland

Die Jagst liebt den Muschelkalk. Ehe sie den nach Osten abfallenden Buntsandstein berührt, wendet sie sich nach Südwesten, dem Neckar zu. Das Bett des Kochers liegt infolge des Einfallens der Schichten 40 Meter tiefer als die Jagst.

In weitem Bogen durchfließen die Zwillinge Kocher und Jagst dieses Land, mit ihren Krümmungen und Windungen, ihren Felsdurchbrüchen und Ablagerungen Landschaften vielfältigster Art bildend: bald trutzige, bald anmutige, immer in sich geschlossene Räume, davon jeder eine Welt für sich ist mit eigenem Wesen und Geheimwesen.

Hier ist echtes altes Hohenloher Land mit den Schlössern Langenburg, Hornberg, Kirchberg und Bartenstein. Hier ist eine ganz einheitliche Landschaft; nirgends so wie hier entwickelt der Muschelkalk seine Eigenart, und es ist, als ob die Wärme des Gesteins über allem Wesen liege, auch über dem Leben der Menschen.

August Lämmle in: August-Lämmle-Schwabenbuch

Wahrhaftig, es gibt im Unterland keinen schöneren Fluß als die Jagst. So unberührt, so fern allem Getriebe der Großstadt, recht um sich auszuruhen und mit der schönen Natur verwachsen...

Richard Heckel in: Hie gut Württemberg

Verspielten Zwillingen gleich durchstreifen Jagst und Kocher das Hohenloher Land, bald durch Bergrücken getrennt, bald sich einander nähernd, als wollten sie sich haschen. Vom Ursprung bis zur Mün-

Die Jagstquelle bei Walxheim am Rande der Ostalb
Inschrift auf der Tafel: Höhe der Jagst 519 m, Länge der Jagst 196 km, Höhe der Mündung 144 m,
Gefälle also 1,9 m/km

dung bleibt dabei die Jagst ihrer grünen Idylle treu. Wald, Wein, Wiesen herrschen im Bild der Landschaft vor. Der anmutige Fluß wandert nach kecken Intermezzi mit allerlei adeligen Herrschaften dem bürgerlichen Neckar in die Arme.

Carlheinz Gräter in: Hohenloher Weinbrevier

Über dem Land zwischen Jagst und Kocher liegt noch der matte Glanz des Unberührten und Ursprünglichen.

Rudolf Schuler in: Im Lande Götz von Berlichingens

Das Land um Kocher und Jagst und Tauber ist ein Schatzkästlein Deutschlands: eine Landschaft grün von Gras und Laub und rot von Korn, hell von Sonnenlicht und Vogellied, mit Obstalleen und Fel-

sengärten voll Wein. Darin eingebettet liegen kunterbunt die ummauerten Städtchen und die heimeligen Dörfer mit den berühmten Gotteshäusern und den fürstlichen Schlössern; es ist in Deutschland kein Gau, wo die Fruchtbarkeit der Erde und die Milde des Himmels, eine reiche Geschichte und eine bodenständige große Kunst sich so beisammen finden wie hier.

Der Vormarsch der Industrie und des betriebsamen Lebens verebbte hinter den Grenzhügeln dieser Landschaft. So ist wenig von dem reinen Bild der Natur und der überlieferten Kunst zerstört. Durch das helle Tal zieht in malerischen Linien Bach und Fluß; Mühlen klappern, aus den Strudeln springen die Regenbogenforellen in die Sonne. Ruhig und wie im Spiel gehen die

Wasser, die doch mit unaufhaltsamer Kraft die Felsen des Muschelkalks und des Buntsandsteins durchbrechen und durchsägen: Recht ein Bild und Gleichnis von der Art und dem Wesen des fränkischen Menschen ist diese beherrschte Natur.

August Lämmle in: Das ist mein Land

In seiner Abgelegenheit, aber auch in der Unberührtheit der Natur, ist das Tal der Jagst ein Paradies der Erholung. Hier findet der Urlauber die Stille der Natur.

Wander- und Naturführer für den Raum Krautheim – Dörzbach – Mulfingen

Walxheim

Der Ort liegt auf der Höhe östlich am hier ganz flach beginnenden Jagstthale, an der Quelle des südostwärts abfließenden Aalbaches. – Nach einer Notiz in einem Lager- und Salbuch von 1699 wurde die Kirche zum heil. Erhard nach dem dreißigjährigen Krieg wieder aufgebaut. Der im Westen stehende Thurm ist spätgothisch, wohl aus dem Jahr 1529.

Der erste evangelische Geistliche war 1558 und 1559 Johann Bartholomä, von ihm an war die Pfarrei stets evangelisch besetzt, nur von der Nördlinger Schlacht im J. 1634 an, nach welcher der damalige Pfarrer Georg Wiedemann vertrieben wurde, bis zum J. 1649 wurde der Gottesdienst wieder durch einen Meßpriester besorgt.

Die Vermögensverhältnisse sind günstig; der Vermöglichste besitzt 30 ha Feld, 12 ha Wald, der Mittelmann 9 ha Feld, 1 ha Wald, der ärmere 3 ha Feld. Die Haupterwerbsquellen bestehen in Feldbau, Vieh- und Gänsezucht. Vom Getreide wird nach außen verkauft; der Wiesenbau ist ausgedehnt. Eine Bierbrauerei und eine Käserei besteht.

Südwestlich vom Ort liegt die bedeutende Jagstquelle; doch tritt der äußerste Zufluß der Jagst, das eigentliche Thal bildend, eine halbe Stunde weiter oben, nordwestlich von W. zu Tage.

Beschreibung des Oberamts Ellwangen, 1886

Walxheim, im Hintergrund Zöbingen und der Aufstieg zur Ostalb mit Schloß Hohenbaldern

Zöbingen

Der schöne große weitläufig gebaute Ort liegt frei und gesund auf der Höhe zwischen der Jagst im Westen, dem Aalbach im Osten, und dem in ihn mündenden Schlatbach im Süden, sich zu beiden Seiten der auffallend breiten Hauptstraße mit z. Th. städtisch-ansehnlichen Häusern hinziehend.

Eine große Kapelle, eigentlich eine Wallfahrtskirche, steht draußen bei dem 1859 angelegten Friedhof, nördlich am Ort an der Straße nach Walxheim. Es ist eine große prächtige Rotunde ad. B.V.M. coeli Reginam.

Beschreibung des Oberamts Ellwangen, 1886

Die Kapelle zu Zöbingen

Es mag schon viele hundert Jahre her sein, daß am südlichen Ende Zöbingens tief im dunklen Eichenwald eine kleine Marienkapelle stand. Die Leute erzählen, sie sei von den Räubern geplündert und in Brand gesetzt worden. Lange nachher, als Zöbingen schon ein bedeutender Ort geworden war, trug sich einmal folgendes zu:

Ein Ritter vom benachbarten Hohenbaldern jagte eines Tages in diesem Eichenwalde bei Zöbingen. Wie er schon heimreiten wollte, stieß er plötzlich noch auf einen Eber. Der Ritter verfolgte ihn und ritt dabei über sumpfigen Grund, wo er plötzlich mit seinem Pferde einsank. Männer aus Zöbingen aber kamen

ihm zu Hilfe und brachten ihn glücklich aus diesem Sumpfe heraus. Während sie zu beiden Seiten des Pferdes noch hinuntergruben, fanden sie einen verschlossenen Trog, der war gefüllt mit Gold; zwei frische Äpfel, zwei Totenköpfe und anderes Gebein lagen dabei. Auf einem Zettel stand, daß an dieser Stelle eine Kapelle erbaut werden solle. Mittlerweile aber hatte der Eber in der Nähe eine Glocke aus dem Sumpf gewühlt. Diese Glocke wurde, als die Kapelle fertig war, in ihr aufgehängt. Die sumpfige Stelle wurde in einen Brunnen umgewandelt, der jetzt noch unter dem Hochaltar steht.

Das Wilde Heer

Die Wallfahrtkirche St. Maria in Zöbingen, erbaut zwischen 1718 und 1783

Baldern

An den westlichen und nördlichen Ausläufern des frei sich erhebenden und nur durch einen schmalen Sattel mit dem übrigen Terrain zusammenhängenden Bergkegels, dessen Kuppe mit dem imposanten Bergschloß Hohen-Baldern bekrönt ist, hat der Ort eine schöne, jedoch sehr unebene Lage. In die meist kleinen einstöckigen, etwas weitläufig zwischen Obstgärten hingebauten Häuser sind einzelne im städtischen Stil gehaltene Gebäude gemengt, die ursprünglich der fürstlichen Grundherrschaft gehörten oder ihr theilweise noch gehören.

Ueber dem an sich schon hochgelegenen Dorf erhebt sich frei und steil der schön gerundete Schloßberg, auf dessen felsiger Kuppe das dem Fürsten von Oettingen-Wallerstein gehörende Schloß mit seinen hohen Gebäudemassen stolz emporragt. Der Berg selbst, den üppige, zu Parkanlagen sinnig benützte Wälder und Obstbaumgärten umkleiden, sendet namentlich gegen Osten langhinziehende, waldreiche Ausläufer in die Ebene hinab und gewährt von dieser Seite aus einen majestätischen Anblick, wie er überhaupt mit seinem großartigen Schloß eine weithin sichtbare Zierde der Gegend bildet.

Vom Dorf aus führt in großen Windungen eine 1871 sehr schön und zweckmäßig angelegte Fahrstraße und ein kürzerer schattiger Fußpfad durch den Park hinauf zum Schlosse, das einen großen unregelmäßigen Gebäudekomplex bildet, der zum Teil noch die alten aus Buckelsteinen errichteten Umfassungsmauern zeigt und noch stellenweise von einem Graben umgeben wird. Der Zugang geschieht durch das an der Nordostecke gelegene äußere Thor, ein großartiger mit Giganten geschmückter Vorbau, laut Inschrift 1721 von Krafft Wilhelm von Oettingen erbaut.

Entzückend ist die Aussicht von den Fenstern des Schlosses aus, sei es gegen den kräftig geformten Rand der Alb (Herdtfeld) hin, oder in das weite fruchtbare, Städte- und Dörferreiche mildumränderte Riesbecken, oder über den Virngrund hinweg in das fernhin sich dehnende fränkische Land. Auch der Vordergrund spricht sehr an mit seinen üppigen saftgrünen Waldbezirken und Wiesengründen, die so schön

Baldern, überragt von Schloß Hohenbaldern

Das Bergschloß Hohenbaldern des Fürsten von Oettingen-Wallerstein

vertheilt sind und aus denen die großen kantigen kahlhäuptigen Gestalten des Ipf's und anderer Albvorberge ernst und einsiedlerisch aufsteigen. Um das ganze im Aeußern sehr einfach gehaltene Schloß gehen Parkanlagen, tiefschattige Linden- und Kastaniengänge, die, oft liebliche Ausblicke gewährend, in Wiesenpläne oder in's Waldesdickicht verlaufen.

Der Fürst von Oettingen-Wallerstein besitzt auf der Markung über 200 Morgen zerstreut liegende Güter und gegen 1000 Morgen Waldungen. Etwa $^1/_4$ Stunde nordwestlich vom Ort besteht ein dem Fürsten von Oettingen-Wallerstein gehöriger, gegen 1600 Morgen großer, mit Zaun umfriedigter Wildpark, der jedoch zum größeren Theil auf den Markungen Lippach und Zöbingen liegt.

Was die älteste Geschichte des Orts betrifft, so liegt wohl außer allem Zweifel, daß schon die Römer die Bergspitze, auf dem das Schloß Hohenbaldern liegt, benützt und auch befestigt hatten, hierfür sprechen die am Fuß des Berges allenthalben aufgefundenen römischen Ueberreste.

Ferner wurden drei römische Bildwerke aufgefunden, worunter eine halbrunde Säule, auf deren flacher Seite ein in die Toga gehüllter römischer Krieger mit Schild und Schwert halb erhaben dargestellt war, der Kopf desselben war abgeschlagen.

Beschreibung des Oberamts Neresheim, 1872

Auf dem Weg zur Waffenkammer

Hohenbaldern liegt etwa halben Weges zwischen Nördlingen und Ellwangen am Westrande des Rieses und wurde wegen seiner abgelegenen Lage auf windumbrauster Höhe das Krähennest genannt. Der Berg trug einst vorgeschichtliche Verschanzungen und ein römisches Kastell, in dem Münzen der Kaiser Trajan und Hadrian gefunden wurden. Der Name des Schlosses rührt von dem germanischen Frühlingsgott Baldur her, dem die blondhaarigen, blauäugigen Alemannen, als sie zur Zeit der Völkerwanderung Feuer in die Limeskastelle warfen und ins Ries rückten, auf dem Berg eine Opferstätte errichteten. Später erbaute das alte Gaugrafengeschlecht der Oettinger auf der Höhe eine Burg, die sich zu einem stattlichen Felsennest entwickelte, so daß ein Dichter mit Recht singt:

„Ein edler Fürstenrecke, wehrhaft mit Schild und Spieß, hält Schloß und Turm von Baldern die Hochwacht über'm Ries..."

Wilhelm Pültz in: Sonne über Wallerstein

Der Geist Baldian und sein Schatz

Vor langer Zeit, als die Schlösser Baldern und Katzenstein auf dem Härtsfeld noch zu einer Herrschaft gehörten und sogar durch einen unterirdischen Gang miteinander verbunden gewesen sein sollen, herrschte ein Ritter mit Namen Baldianus über diese Ländereien. Da er ein grausamer und räuberischer Mann war, konnte er nach seinem Tode keine Ruhe finden und bewachte fortan als Geist seine großen Schätze im Katzenturm des Schlosses Katzenstein.

Lange nach seinem Tode kam unter seinen Nachfahren ein Pater

Der rote Salon

Guido auf die Baldernschen Schlösser, hörte von dem Schatz und wollte ihn heben. Er muß jedoch einen Fehler gemacht haben, man weiß nicht mehr welchen. Der böse Geist bekam Gewalt über ihn, riß ihm mit seinen Klauen die ganze rechte Seite auf und warf ihn unter einen eisernen Ofen, so daß der Pater dachte, sein letztes Stündlein sei gekommen. Vier Wochen lag er auf Leben und Tod und hat statt Wasser nur Blut von sich gelassen, bis ihm der Gutsgeist von Westerstetten zu Hilfe kam, ihn heilte und ihm die richtigen Mittel und Wege aufzeigte, um an den Schatz zu kommen. Nun war

es für Pater Guido ein leichtes, den bösen Geist Baldian in den Bopfinger Ipf zu verbannen und seinen höllischen Satan, der ihm beistand, gleich dazu. Ohne große Mühe konnte nun Guido den Schatz auf Katzenstein heben und ihn nach Baldern bringen, wo er im Hühnerhaus, heute Geisthaus genannt, sein Zimmer hatte. Siebzehn Kisten waren nötig, um den Schatz zu fassen und obendrein hat der „gute Geist des Herrn von Westerstetten" noch ein Kästlein unbezahlbarer Schätze hinzugetan, daß man alles brauchen möge zu Gottes Ehr, zum Nutzen und Trost der Armen.

Die Waffensammlung

Lippach

Der Ort, z. Th. noch mit Häusern mit Strohdächern, liegt auf der rechten Seite der Jagst, da wo von allen Seiten kleine Bäche zu einem Thalbecken zusammenkommen. Die Lage ist nicht ohne landschaftlichen Reiz, gebieterisch steigt über Wiesen und Wäldern im Südwesten die nahe Kapfenburg auf.

Die Jagst fließt mitten durch die Markung. Ueber sie geht im Ort eine steinerne Brücke.

Der erste eigentliche Schullehrer wurde hier 1784 angestellt, nachdem bisher des Lesens und Schreibens kundige Männer von Lauchheim und hier Schule gehalten.

Beschreibung des Oberamts Ellwangen, 1886

Jokele hin, Jokele her

Als man im Jagstgrund am Tag vor Jacobi den Feiertag einläutete, hörten alle Leute auf, Heu zu machen. Nur ein Bauer sprach, obwohl sein Knecht ihn abmahnte: Jokele hin, Jokele her, mein Heu muß heut noch heim. Der Wagen wurde geladen und heimgeführt. Unterwegs überfiel den Bauern ein Unwetter und Wolkenbruch. Der Mann mit Vieh und Wagen ging mit Wasser zu Grund, mühsam rettete sich der Knecht. Seit dem hört man alljährlich an Jacobivorabend an der Unglücksstelle ein Rauschen von Wasser, durch das sich jemand mit geladenem Wagen durcharbeiten will.

August Gerlach in: Chronik von Lauchheim

Die der hl. Katharina von Alexandria geweihte Dorfkirche von Lippach

Lauchheim

Die Stadt liegt da, wo die von Norden herabkommende an dem Steilabfall der Alb sich stoßende Jagst sich plötzlich nach Westen wendet. Von Südosten und Südwesten öffnen sich von der Alb her Schluchten und noch weiter gegen Südwest schaut die großartige Deutschordensburg Kapfenburg aus dichten Laubwäldern trotzig auf die Stadt herab. Auch die noch z. Th. von der Stadtmauer umgebene, durch eine stattliche Kirche ausgezeichnete Stadt nimmt sich malerisch aus und gibt zusammen mit dem fels- und waldreichen Hintergrunde der schwäbischen Alb ein ausdrucksvolles geschlossenes Bild.

Beschreibung des Oberamts Ellwangen, 1886

Es ist ein wunderschön Flecklein Erde im obern Jagsttal: ringsum waldige Höhen, im Tal ein Flüßlein, Weiher, Gehöfte und Mühlen im gesegneten Gelände verstreut, und hart am Flußrand das freundliche Städtchen Lauchheim mit Kuppeln und Türmen, das seine vielhundertjährige Vergangenheit schon äußerlich nicht bergen kann. Nicht groß und volkreich, aber so recht das Bild einer echtdeutschen Kleinstadt; vor dem obern Tor eine kleine Kapelle unter einer mächtigen alten Linde und dabei ein Brunnen; die breite Hauptstraße mit großen Häusern und hallenden Torwegen; der enge Marktplatz mit spitzgiebeligen Häusern, die mit Madonnen geschmückt sind und einen anheimelnd plätschernden Röhrenbrunnen, wo am Abend geschwätzige Mägdelein Wasser schöpfen und wo dann auch, die Lage des Städtleins in feldbauender Gegend verratend, schleppfüßige gefleckte Rinder den Durst stillen.

Und gehen wir dann aus dem Städtlein hinaus an dem alten holzüberbauten Bleichbrunnen vorbei, wo das Tal breiter wird, da blickt von steiler Bergeshöh' aus grünendem Baumkranz das stolze Schloß Kapfenburg mit seinen drei Giebeln und den vielen im Sonnenschein blinkenden Fenstern herab auf das von Alters ihm schutzbefohlene Lauchheim.

August Gerlach in: Chronik von Lauchheim, 1907

Das malerische Städtchen Lauchheim zu Füßen der Kapfenburg

Das Stadttor mit seinem Turm von 1621

Strafen bei Vergehen der Deutschordensuntertanen im 15./16. Jahrhundert

* Freiheitsstrafen: in den Turm sperren; in das Loch gesteckt; Arrest; Einsperren in die Aschenkammer zu Kapfenburg; in die Lumpenkammer setzen; Einsperrung ins Bürgerstüblein im Rathaus; bei dem Amtknecht bei Wasser und Brot sitzen; in das Narrenhaus unter Rathausstiegen einsperren (nur Kinder)
Verschärfungen der Strafe: in Schellen geschlossen; in Band und Eisen; mit 1 Hand und 1 Fuß angeschlossen

** Arbeitsstrafen: Schanzarbeit im Schloß; Gartenstrafe im herrschaftlichen Garten; Dauer 1 - 14 Tage; verschärft: in Fußeisen, in Bandt und Eisen, bei Wasser und Brot

*** Schandstrafen: auf dem Pranger stehen; Weiber wurden gewöhnlich zur Halsgeige verurteilt, wobei ihnen ein Schild mit Angabe des Vergehens angehängt wurde; es gab auch eine doppelte Geige, in der gleichzeitig zwei Weiber abgestraft wurden; außerdem mußten die Weiber, wenn sie auf dem Pranger standen, noch die sogen. Schnabelhaube auf dem Kopfe tragen; für verleumderische Weiber existierte im 15. Jahrhundert der sogen. Lasterstein, ein großer Stein, der am Sonntag dreimal um die Kirche getragen werden mußte. Für Männer existierte der sogen. Spanische Mantel, eine große zentnerschwere Tonne, die oben ein Loch für den Kopf hatte, und $\frac{1}{2}$ bis 1 Tag auf dem Pranger stehend getragen werden mußte.
Bei Verleumdungen mußten die Täter auf dem Pranger stehen und eine rot angestrichene Zunge aus

Holz im Munde halten, durch die ein Messer gestoßen war, eine Erinnerung an die frühere Strafe des Zungenabschneidens für Verleumdungen.

**** Körperliche Strafen: 6 - 25 Ochsenziemerstreiche, vom Amtsknecht wohl abgemessen, vor dem Rathaus oder im öffentlichen Commendehof, namentlich bei Vergehen gegen die Eltern; 10 Backenstreiche auf öffentlichem Marktplatz; soll mit Ruten ausgehauen werden; mit spanischem Rohr abgestraft werden; soll krumm geschlossen werden; soll 3 - 20 Stunden ins Blockhaus gesperrt werden (Blockhaus war ein enger länglicher Kasten aus rohen Holzstämmen); soll 1 - 5 Stunden in den Triller gesperrt werden (Triller war eine Art Käfig, der sich um eine Längsaxe drehte und namentlich von der Jugend in ständig kreisender Bewegung gehal-

Das Rathaus mit dem Marktbrunnen

Turm der alten Stadtbefestigung

Auspeitschung auf dem Marktplatz; unter Androhung des Strangs ausgewiesen; endlich: soll den kaiserlichen Werbern übergeben werden.

August Gerlach in: Chronik von Lauchheim, 1907

Polizeiverordnungen

1529 Die Zigeuner sollen ausgewiesen und nirgends mehr in eine Ortschaft eingelassen werden, da sie für den gemeinen Mann höchst schädlich sind

1699 Das Tobacktrinken soll nicht geduldet werden

1701 Das Zechen in den Privathäusern nach Wirtshausschluß ist streng untersagt

1708 Das Pflaster vor denen Häusern soll in guten Zustand gebracht und die Gasse jeden Abend gesäubert werden

1722 Es darf keinerlei Unrat auf die Gasse geschüttet werden

1746 Nach 9 Uhr darf niemand mehr auf der Straße sein

1749 Zur Verhütung von Unglück dürfen Nachts keine offenen Lichter, sondern nur Laternen gebraucht werden

1754 Wenn die Jugend noch weiter so ungehorsam ist und bei den Tänzen auf dem Rathaus zuschaut, so soll sie von dem Amtknecht öffentlich vor dem Rathaus mit Ruten gepeitscht werden. Die jungen Pursche sollen sich allen Tumults, Juchzens und Schreiens auf den Gassen enthalten und absonderlich das ohnnötige und dem Ohr wehthuende Knallen mit denen Peitschen so lang sie in und durch die Stadt fahren, unterlassen, widrigenfalls und wenn solches gar zur Bravour und Trotz sollte kontinuiret werden, man solche unnachsichtlich auf offenem Marktplatz abstrafen wird

ten wurde, so daß der Eingeschlossene alsbald die Seekrankheit bekam; ist zum Sprung in den Ziegelweiher verurteilt worden (namentlich betrügerische Bäcker wurden hierbei in einen kleinen Holzkäfig gesperrt und an einer Stange in den Ziegelweiher getaucht).

****** **Halsgericht:** In der ältesten Zeit wurden sehr häufig Todesurteile ausgesprochen und in Lauchheim vollstreckt: am Halsgericht mit einem Strang vom Leben zum Tod gebracht und also han-

gend mit Feuer geschmecht werden; zum Schwert kondemnieret; mit dem Schwert vom Leben zum Tod gericht; ist enthauptet worden; den Kopf abgeschlagen und aufs Rad geflochten worden;

****** **Sonstige schwere Strafen für Kapitalverbrechen:** Ausweisung nach geschworner Urphede und einem Eid, niemals ins Deutschordensgebiet zurückkehren zu wollen; Stäupen (d. h. Einbrennung eines Henkermals auf den Rücken) und

1774 Die Faullenzer so die Stadtmauer beschädigen und bei Nacht drüber steigen, laufen Gefahr aus der Herrschaft bannisiert zu werden

August Gerlach in: Chronik von Lauchheim, 1907

Die Lauchheimer Hinrichtung

Die Bopfinger hatten einen Missetäter zum Tod verurteilt; als sie ihn nun hängen wollten, war ihr Galgen zu schadhaft zu diesem Zweck; darauf schickten sie ihn mit einem höflichen Empfehlungsschreiben gen Lauchheim, damit er sich dort hängen lasse: Der Gemeinderat von Lauchheim wies ein solches Ansinnen aber entrüstet zurück mit der Begründung „unser Galgen ist nur für uns selbst, unsre Kinder und Kindeskinder bestimmt". So wußte man denn in Bopfingen keinen anderen Rat, als daß man dem Delinquenten das Reisegeld nach Nürnberg gab, damit er dort endlich seinen Zweck erreiche.

Chronik von Lauchheim, 1907

Die Jagstbrücke bei Lauchheim

's Lob von Lauchheim

Jetz gschow amol des Locha a
Und sag, ob oiner saga ka:
„Des Schtädtle do, des g'fällt m'r net!"
Liegts net im Tal ganz wundernett?

Gang mit m'r auf da Schteberg nauf
Und oba droba do verschnauf;
Hock no auf sell schöa Bänkle na
Und jetz guck erscht des Lochs a;

Grad wie a junga Braut so schöa
Liegts drunta do im Wiesagrea;
D'r Toartura mit seim Woppaschild
Und unser Kirch – des ischt a Bild!

Des Kaffnburg guckt droba ra
Grad wie a nobler Rittersma;
Und Aecker hots drumrum grad g'nua
Und Wald und Wiesa o dorzua.

Do schaffet d'Leit mit Schwoiß
und Müa'
Bis Obeds spot von morgeds früa
Únd drinn im Schtädtle, wia m'r woiß,
Do ischt a rechter Handwerksfleiß.

D'r Bahnhof, der liegt o net weit
Und's Telefon für d'Handelsleit;
O'n Dokt'r hemmer und jo – weger
Sogar o no'n Appateger.

Es ischt des Locha in d'r Welt
Gar net so schlecht im Anseha
b'schtellt;
Drum haltet z'samma und helft
mehra
D'r Schtadt ihr'n Name und ihr Ehra!

Franka Römer, 1906

Kapfenburg

Das großartige Schloß blickt schön und gebieterisch von einer am Nordrand des Herdtfeldes frei vortretenden waldigen, gegen Osten und Norden felsigen Bergkuppe in den gesegneten Jagstgrund hinab und beherrscht die Gegend bis ins Gaildorf'sche, Limpurg'sche und Ellwangen'sche hinein. Die Aussicht von oben herab ist entzückend. Lieblich tritt gegen Norden die aus dem Jagstthal sich erhebende Hügelreihe mit ihren fruchtbaren Mulden und waldbedeckten Höhen hervor. Dahinter das Schloß und der Schönenberg bei Ellwangen, und weiterhin sanft in das Blau des Himmels vergehend das reichangebaute hällische und fränkische Land, im Nordosten bis an die Berge des bayrischen Jura.

Beschreibung des Oberamts Neresheim, 1872

Der Name Kapfenburg kommt von dem Altdeutschen Worte kapf = Bergspitze; bedeutet den Ort, von dem man kapft = ausschaut.

Die Bergkuppe selbst, auf der das stolze Schloß liegt, ist von Natur zu einer festen Anlage wie geschaffen. Daher war hier auch schon in vorgeschichtlicher Zeit ein befestigter Platz. Sicher waren hier die Römer sesshaft: Funde von Münzen und Gefäßsplitter beweisen es uns.

Das ganze Schloß ist von einem großen ummauerten Garten umgeben, gegen Norden liegt ein Wäldchen mit Anlagen. Die Mauer war gegen 6 Meter hoch, hat an der Nordostecke einen runden Turm, an der Nordseite 2 einfache Türen und ist ringsum von kleineren Türen

Das Schloß Kapfenburg am Rande des Härtsfeldes, 1379 - 1805 Sitz der Deutschordenskomturei

Wappen des Komtur von Westernach, des Hoch- und Deutschmeisters, über dem Schloßeingang

verstärkt gewesen. Der Haupteingang zum Schloß liegt im Süden. Über dem weiten hallenden Torweg erhebt sich eine mächtige Bastion aus großen Quadern erbaut, in höchst kraftvollem burgtrotzigem Renaissancegeschmack, im Torweg rechts findet sich ein Stein mit dem Jahr der Erbauung 1534.

Die Spukgeister der Kapfenburg

Noch vor hundert Jahren trieben auf der Kapfenburg nächtlicherweise mancherlei Geister ihr Wesen. Einmal ging die Frau des Forstaufsehers Helferich in der Abenddämmerung in den Garten, um die Wäsche vom Trockenseil abzunehmen. Als sie während der Arbeit ihren Blick zum Schloß hinauf wandte, sah sie mehrere Ritter in ihrer alten prächtigen Kleidung unter die Fenster des Rittersaales treten und mit ernster Miene ins Land hinein schauen. Bei seiner Rückkehr aus dem Wald fand

der Förster seine Frau ohnmächtig im Garten liegen.

Auch im Gesindehaus, auf den Speichern und im Pferdestall war es nicht geheuer. Die Rösser wurden bei Nacht geplagt, schrien und schlugen so wild gegen die Planken, daß die Knechte aus dem Schlaf fuhren. Kamen sie in den Stall, um nachzusehen, standen die Pferde triefend vor Schweiß und die langen Schweifhaare waren in feste Zöpfe geflochten.

Zuzeiten vernahm man auch um Mitternacht ein seltsames Räderrasseln und Pferdegewieher. Dann kam eine Kutsche, der vier Rappen vorgespannt waren, den Berg herauf, fuhr durchs Tor herein, um die steinernen Pfeiler der Halle herum und sofort wieder den Schloßberg hinunter.

Manfred Wetzel in: Vom Mummelsee zur Weibertreu

Kapfenburg

Oft hab' ich droben auf deinen Höh'n
Als froher Student gestanden.
Um deine Schläfe stob der Föhn,
Die Sonne lag über den Landen.
Die Saaten schwankten wie Ebb'
und Flut,
Und die Wolken zogen wie Träume.
Es schwieg der Wald in der Mittags-
glut,
Und im Gärtlein blühten die Bäume.

Und küßte der Abend mit flammen-
dem Mund
Die duftenden Wipfel der Linde,
Und trugen mir sanft aus dämmern-
dem Grund
Den Gruß der Glocken die Winde ;
Und kroch die Erd' in das Zelt der
Nacht
In süßem Ruheverlangen:
Noch mit den Sternen hielt ich die
Wacht –
Von stillen Träumen gefangen.

Da sang mir die Dohle mit heiserem
Schrei'n,
Kam ihr der Sturm ins Gehege.
Es klagte zerbröckelnd Mörtel und
Stein,
Leis flüstert das Gras auf dem Wege.
Es ächzte, als ob sie schmerzlich litt,
Die schneckengewundene Treppe,
Und durch die Gänge hallt' der
Schritt
Mit klirrendem Sporengeschleppe.

Durchs Pförtlein naht mir ein
bleicher Mann
Im Harnisch, das Kreuz im Gewande.
Er trat mit trübem Lächeln heran,
Als ob er schon längst mich kannte.
Und er sprach: „Lang ist die Zeit vorbei,
Wo ich hier oben gesessen.
Der Komtur der Deutschordens-
ballei" –
Er ist im Lande vergessen.

„Verrostet hängt mein Wappenschild,
Vermodert sind die Trophäen."
Kaum lassen des letzten Ritters Bild
Die Spinnengewebe erspähen.

Eduard Eggert, 1891

Westhausen

Der große Ort West-
hausen liegt südlich
der Jagst an einigen
kleinen von der Alb
her kommenden Zuflüssen. Der Ort
verdankt seinen Ursprung den hier
in der wasserreichen Niederung als
Sperrung des Jagstthales angelegten
römischen Burgställen.

Beschreibung des Oberamts Ellwangen, 1886

Der Kaplaneimann

Im 14. Jahrhundert lebte in Westhausen bei Ellwangen ein Kaplan
namens Michel. Der war ein guter
Gesell, liebte Essen und Trinken
mehr als das Messelesen, war aber
gutherzig und gönnte besonders den
Armen eine Letzung. So sagte er

nichts dagegen, wenn die Bauern
von Westhausen oder Reichenbach
bei Nacht aus dem „Kaplaneihölzle",
das zwischen beiden Orten lag,
die schönsten Eichen oder Tannen
schlugen und mitnahmen.

Zur Strafe für diese Nachlässig-
keit muß der Kaplan im „Kaplaneihölzle" umgehen, und zwar so
lang, bis das Bächlein, das am Holz
vorbeigeht, nach rückwärts fließt.
Über dieses Bächlein führt ein Steg.
An diesem stellt er sich meist auf
und zwingt den Wanderer, auch
wenn er nicht will, darüber zu gehen.
Kommt nun einer mit ungewasche-
nen Händen, so ruft der Geist ihm
zu: „Wasche deine Händ'!" und
stürzt ihn über den Steg hinab.
Er zeigt sich aber auch freundlich.

Er hilft den Holzmachern und Hir-
tenbuben Feuer anzünden, wenn
sie ihm rufen:

„Kaplaneima', Kaplaneima',
Komm ond zend mei'Pfeif'a'!"

Dafür will er aber auch belohnt
sein. Geht man zum Essen, so muß
man ihm ein Gedeck auflegen und
dazu sagen: „Kaplaneima', iß mit!"
Tut man es nicht, so wirft er die
Gedecke alle unter den Tisch. Wird
gebacken, muß man dem ersten
Bettler, der kommt, einen ganzen
Laib Brot geben, sonst läßt der Ka-
planeimann alles Brot verschwinden
und wirft Schüsseln und Häfen in
der Küche durcheinander.

Ortschronik von Westhausen

Kirche St. Moritz und Pfarrhaus von Westhausen, 1780 von Joh. Michael Keller für den Deutschen
Orden errichtet

Das Hoienmännlein

In der Umgegend von Westhausen und Lauchheim war das Hoienmännlein bekannt.

Es war ein kleines untersetztes Männlein in gewöhnlicher Kleidung. Wenn's eine Steige hinaufging und die Zugtiere, besonders die Ochsen und Kühe sich schwer taten, so kam es hie und da und bot mitleidig sein gutes Vorgespann an, dann ging's glücklich hinauf.

Aber das Hoienmändle ließ sich zahlen. Dem Bauern wurde sein Vieh schrecklich zugerichtet, und zuletzt fiel es im Stalle nur um und war tot. Darum hatte man das Hoienmändle nicht gern. Leute, die ihm schon gerufen, mußten ihren Mutwillen teuer büßen.

Um sich vor ihm zu schützen, sollte man, so oft das Vieh ausgetrieben wurde, sagen: „Hoi, hoi, in Gottes Namen", dann konnte einem das Männlein nichts anhaben.

Ortschronik von Westhausen

Westhausen im 30-jährigen Krieg

Einen schrecklichen Einbruch in das Leben des Dorfes Westhausen brachte der Dreißigjährige Krieg, der von 1618 - 48 ganz Deutschland verwüstete und auch Westhausen nicht verschonte.

In den ersten Kriegsjahren war in der Gegend von Westhausen noch wenig von den Kampfhandlungen zu spüren. Doch tauchten ab 1625 die ersten Kriegstruppen des kaiserlichen Heeres, Ungarn, Kroaten und Böhmen, in der Riesgegend auf und machten auch Lauchheim unsicher. Anfang 1628 wurde allen Untertanen der Gegend eine besondere Kriegssteuer auferlegt, und im Mai

Kirchenportal der katholischen Pfarrkirche St. Moritz

desselben Jahres zog ein Trupp mit 70 Soldaten raubend und plündernd vom Härtsfeld herab.

In Lauchheim nahmen sie den Leuten Hausrat und Wertsachen weg und zerschlugen Fenster und Kachelöfen. Auch nach Westerhofen wagte sich ein einzelner „marodeur" (Lump), wurde aber dort von den erbosten Bauern mit Dreschflegeln erschlagen. Aus Rache überfielen daraufhin 60 Reiter das Dorf und nahmen drei Bauern gebunden mit. Über ihr weiteres Schicksal ist nichts bekannt.

Nach einigen ruhigeren Jahren brach dann das Unglück auch über Westhausen herein. Am 1. Februar 1632 fielen 200 Reiter des kaiserlichen Generalwachtmeisters von Cronberg in Westhausen ein. Sie nahmen dem Kapfenburger Schultheißen 2 Pferde und 5 Kühe weg und zwangen die Bauern zur Herausgabe von 70 Säcken mit bestem Getreide. Am Schluß des Gottesdienstes ritten sie vor die Kirche, jagten die Leute auseinander und bedrohten den Pfarrer mit Erschießen, so daß dieser auf den Kirchturm flüchtete. Dann raubten sie den Pfarrhof aus.

Wenige Tage später kamen die Reiter wieder, drangen in die Kirche ein, wohin die Leute ihre Wertsachen gebracht hatten, schlugen 150 Truhen auf und nahmen den Inhalt mit. Die Bewohner waren darüber so aufgebracht, daß sie einen Reiter, der sich verspätet hatte, mit Prügeln vom Pferd schlugen.

In derselben Nacht erschienen die Reiter erneut, um Rache zu nehmen, und erschossen einen Bauern.

Als im März 1632 die Schweden von Ellwangen her vordrangen, geriet Westhausen direkt ins Kampfgebiet und hatte nun ständig unter Besatzung und Übergriffen zu leiden, wobei „Freund und Feind gleichermaßen übel hausten".

Im Jahre 1633 herrschte großer Hunger in der ganzen Gegend; viele Leute starben weg, jung und alt; auf dem Feld, im Wald und zu Haus fand man sie tot, man aß Hunde-, Katzen-, Esel- und Roßfleisch, aus Kleie kochte man Mus für kleine Kinder, die Toten wurden gemeinsam in großen Gruben verscharrt.

Nach der Schlacht bei Nördlingen 1634, wo die Schweden eine vernichtende Niederlage erlitten, durchzogen viele Truppen die Gegend und schleppten die Pest ein, die sich von Südosteuropa über Wien bis nach Süddeutschland ausgebreitet hatte. Von Oktober bis Dezember 1634 starben 240 Einwohner, fast ein Drittel der Ortsbevölkerung von Westhausen.

Nach: Ortschronik von Westhausen

Überfall des Pfarrhofes anno 1758

„Anno 1758, den 2ten Decembris, am Sambstag vor dem ersten Adventssonntag zu nachts umb 12 Uhr wollte eine Diebsbande in hiesigen Pfarrhof oder auch vielleicht in die Pfarrkirchen einbrechen, zu welchem Ende sie schon über die äußere Kirchenmauer eingestiegen, an der unteren Tür bey den Stapflen inwendig das Schloß aufgebrochen und ruiniret, 4 der allergrößten Scheiter Tannenholz auf den Kirchhoff getragen, von welchen 3 derselben bey der Küchenthür des Pfarrhoffs und eines vor der Kirchenthür nebst einer Leiter von ohngefähr 9 Sprossen an der Ringmauer gefunden worden. Als aber des nächst an der Kirchen wohnender Schultheißen Johann Georg Müllers Hund innerhalb des Hauses durch beständiges Bellen und Rasslen einen großen Lärm gemacht, so ist endlich der Schultheiß aufgestanden, welcher alsbald die Kirchenthür offen stehen gesehen, auch 6 bis 7 Kerl bey solcher eingehend, worauf er einen Schuß zum Fenster hinaus getan, seinen Nachbarn Gabriel Maier gerufen, worauf dieser und seine 2 Söhne augenblicklich zu dem Fenster geloffen und die Kerl sehen herunter laufen, welche einen Schuß getan und sich aus dem Staub gemacht."

Daraufhin wurde sofort der ellwangische Amtmann Franz Xaver Högg herbeigeholt, der einen Trupp von 30 bewaffneten Männern aus Westhausen und umliegenden ellwangischen Orten zusammenstellte, die die Verfolgung der flüchtigen Diebsbande aufnahmen.

Am anderen Morgen wurden tatsächlich 5 Burschen der Bande bei Aufhausen gestellt, von denen einer seine Pistole gegen einen Verfolger richtete. Doch bevor er abdrücken konnte, schoß der Bedrohte, Hans Michael Weber aus Westhausen, den Angreifer nieder, worauf die restlichen 4 Diebe sich ergaben. Diese wurden nun nach Westhausen gebracht und im ellwangischen Amtshaus festgehalten. Am nächsten Tag kamen die 4 Übeltäter nach Ellwangen, wo ihnen der Prozeß gemacht wurde.

Ortschronik von Westhausen

Virngrundlied

Roter Sand in grünen Wäldern,
In den Tälern blaue Seen,
Schwere Frucht auf goldnen Feldern,
Graue Burgen auf den Höh'n;
Silbern rieseln durch die Klingen
Rasche Bächlein ohne Zahl,
Und von schmucken Bergen schwingen
Wallfahrtsglocken allzumal.

Wo die Nibelungenhelden
Einst das Flußtal hier durchquert,
Ragt ein Dom, in Schönheit selten
Und mit Türmen wohl bewehrt;
Altersgrau sind seine Mauern,
Einst sein Antlitz, hoheitsschwer;
Daß er lange noch wird dauern,
Dafür beut sein Zweck Gewähr.

Reich an Sage und Geschichte
Uralt geistlich Fürstentum,
Strahlst du stets in hellem Lichte
Weit in Schwaben um und um.
Virngrund, Heimat, ohne gleichen,
Uns gehörst du, wir sind dein!
Drauf wir jetzt die Hand uns reichen:
Allzeit steh'n wir für dich ein!

H.R.

Rainau-Buch

Der Jagst-Stausee

Der 28 Hektar große Jagst-Stausee mit dem dazugehörenden Erholungsgebiet ist seit 1982 fertiggestellt und hat sich zu einem starken „Besuchermagneten" entwickelt. Zu jeder Jahreszeit besuchen Menschen aus nah und fern gerne den See, im Sommer zum Baden, Surfen, Segeln, Angeln oder Spielen, im Winter zum Eislaufen oder Spazierengehen.

Seit seinem Aufstau ist der See zu einem Vogelparadies geworden. Stockenten, Bläßhühner, Zwergtaucher, Flußregenpfeifer und Reiberenten sind hier heimisch geworden. Auf ihren Durchzügen werden Fischadler, Wildgänse, Flußuferläufer und Buschwasserläufer beobachtet.

Die Römer an der oberen Jagst

Das Kastell Buch

Das Kohortenkastell Buch diente in erster Linie der Überwachung des natürlichen Zugangs zum römischen Gebiet, den das Tal der Jagst bildete. Wahrscheinlich gab es in vorgeschichtlicher Zeit eine wichtige Nord - Süd - Durchgangsstraße. Die Kastellanlage (2,1 ha) bildet ein fast regelmäßiges Rechteck. Konserviert sind nach Grabungen 1972 das Südtor und die anschließende Kastellmauer mit Zwischenturm.

Die Mauer (Breite 1,2 m) aus dem hier ortsanstehenden Sandstein war von mindestens 2 Spitzgräben (Breite 6 und 2 m) umgeben und hatte an der Innenseite eine Erdrampe (Breite 3 m), die zur Lagerringstraße (via sagularis) durch Pfosten abgegrenzt war.

Bei den Grabungen 1887 und 1972 fanden sich zahlreiche Bruchstücke von Gesichtshelmen (eiserne bzw. bronzene Masken, die für Reiterspiele benutzt wurden), wie sie in zahlreichen Lagern dieser Zeit vorkommen. Nach den Funden wurde das Kastell bis um die Mitte des 3. Jh. benutzt. Die jüngste Münze stammt von 241/243 n. Chr.

Der Jagst-Stausee Rainau-Buch, ein Freizeit- und Naturparadies

Das ausgegrabene Kohortenkastell Buch aus dem 2. Jh. n. Chr.

Rainau-Buch, römischer Reiterhelm, aus einem der Brunnen (H. 27 cm)

Die Grabungen erbrachten eine Fülle von interessanten Kleinfunden: Fingerringe, Gemmen, Münzen, Haarnadeln, Glasgefäße und natürlich eine ganze Anzahl von Tonscherben.

Unter den Funden sind vor allem zahlreiche Tongefäße zu nennen, die germanischen Ursprungs sind, so etwa handgemachte Töpfe, Dreifußschalen und Teller. Darüber hinaus fanden sich zahlreiche Inschriften, Tierpfoten- und Gewebeabdrücke auf den Ziegeln in den Hypokausträumen.

Besonders zu erwähnen sind insgesamt 13, fast durchweg holzverschalte Brunnen. In 3 dieser Brunnen fanden sich Schatzfunde, die wohl in den Wirren des 3. Jh. hier an sicherem Ort abgelegt worden sind und nicht mehr gehoben wurden. So fand sich in einem Brunnen neben einem fast vollständigen eisernen Kettenhemd ein sehr gut erhaltener bronzener Infanteriehelm. In einem weiteren Brunnen wurde einer der umfangreichsten Schatzfunde römischer Zeit in Württemberg gehoben. Unter den

15 bronzenen Gefäßen, 2 kleineren bronzenen Figuren (Mars und Amor) sowie etwa 20 Eisengeräten sind einige Bronzegefäße des 1. Jh. n. Chr. besonders interessant.

Rainau-Buch, eiserne Feldflasche mit bronzenen Beschlägen (H. 14 cm)

Das Limestor bei Dalkingen, ein einzigartiges Baudenkmal aus der Zeit des römischen Kaisers Hadrian (130-135 n. Chr.)

Das Limestor von Dalkingen

Nicht weit entfernt vom Kastell Buch wurde in den Jahren 1973 und 1974 das Limestor bei Dalkingen freigelegt, das am gesamten Limes – vom Rhein bis zur Donau – bisher ohne Parallelen ist. Unter einem mehr als 2 m hohen Schutthügel verbarg sich ein ungewöhnlich gut erhaltenes römisches Bauwerk. Dabei handelt es sich um einen Torbau, dessen Südseite im frühen 3. Jahrhundert durch eine mit zugesägten Kalktuffsteinen verblendete Prunkfassade ersetzt wurde.

Die archäologischen Befunde zeigen fünf zeitlich aufeinanderfolgende Bauphasen, in denen die Entwicklung der Grenzsicherung an der Rätischen Grenze des Römerreiches ablesbar wird.

Unter Kaiser Hadrian wurde in den Jahren 130 bis 135 n. Chr. ein kräftiger Flechtwerkzaun mit dahinter stehenden quadratischen Holztürmen angelegt.

Bereits um 150 n. Chr. entstand eine geschlossene Palisade aus Baumstämmen. Angebaut findet sich ein 14,5 m x 13,3 m großes hölzernes Bauwerk. Hierbei handelt es sich um den ersten sicheren Nachweis eines Wachhauses an einem Limesdurchgang in Süddeutschland.

Diese hölzerne Anlage wurde etwas später von einem quadratischen Steinturm neben dem Limesdurchgang zusätzlich gesichert.

Am Ende des 2. Jahrhunderts ersetzte man Turm und Wachhaus durch ein massives Steingebäude.

Um 213 n. Chr. brach man einen Teil der letzten Bauphase ab und ersetzte die Südmauer durch eine bis zu 3,5 m starke, mit Tuffsteinmauerwerk verzierte Fassade eines Triumphbogens.

Unter den bei der Ausgrabung geborgenen Funden sind Teile einer überlebensgroßen bronzenen Kaiserstatue, die vermutlich Kaiser Marcus Aurelius Severus Antonius (Caracalla) darstellt. Man darf annehmen, daß diese reich gegliederte Prunkfassade anläßlich des Germanenfeldzuges des Kaisers im Jahre 213 n. Chr. aufgerichtet wurde und weithin sichtbar an den erfolgreichen Limesübergang des römischen Heeres erinnern sollte.

Vermutlich zerstörte ein Brand die Anlage bereits im Jahre 233 n. Chr. beim ersten großen Einfall vorrückender Germanen.

Schwabsberg

Schwabsberg liegt hoch über dem Jagstthal auf der linken Seite des Flusses; gegenüber mündet von Osten her der Auerbach in die Jagst; zwischen ihm und einer nördlichen Schlucht lag die Burg Schwabsberg, jetzt fast spurlos verschwunden; ursprünglich ein römischer Burgstall.

Beschreibung des Oberamts Crailsheim, 1884

Warum die Schwabsberger so wenig Wald haben

Hans von Schwabsberg, der letzte Schwabsberger Ritter, genannt der wilde Hannes, war einst in Schwabsberg und Dalkingen begütert. Er saß zusammen mit seiner Gemahlin auf seiner Burg über der Jagst. Leider verfiel er zusehends dem Trunke. Seine noch größere Leidenschaft aber war das Würfelspiel, das er mit den Herren von Dalkingen pflog. Seine zärtliche Gattin konnte ihn weder mit Bitten noch mit Tränen von seinem unheilvollem Tun abbringen.

Eines nachts war er wieder mit dem Dalkinger beim Trinken auf seiner Burg. Er hatte bei ihm schon hohe Spielschulden, die er nicht mehr bezahlen konnte. Da gedachte er, das Verlorene zurückzugewinnen und forderte den Dalkinger erneut zum Würfelspiel heraus, und dieser schlug ein. Man spielte und trank die ganze Nacht hindurch, immer höher wurden die Einsätze, und immer größer wurde der Schuldenberg des Schwabsbergers. Da half auch nichts, daß sich ihm seine Gattin unter Tränen zu Füßen warf. Der Spielteufel, der ihn mit festen Krallen gepackt hatte, ließ ihn nicht mehr los. Seine Felder und Höfe hatte er bereits verpfändet, den Ort Schwabsberg noch dazu. Da, es graute schon der Morgen, verlor er auch noch seinen ganzen Waldbesitz. Er hatte jetzt nur noch seine Burg. Seine Sinne waren vom Wein benebelt, und mit dem Mute der Verzweiflung warf er auch noch seine Burg in die Waagaschale. Es war sein letzter Einsatz. Doch wiederum würfelte der Dalkinger ein Auge mehr. Da war das Spiel zu Ende. Der letzte Ritter von Schwabsberg hatte seinen ganzen Besitz verspielt.

Am andern Tag aber kamen die Dalkinger und richteten vor den Nasen der verdutzten Schwabsberger ihr Fähnlein auf – und so ist es bis heute geblieben. Der unglückliche Hans von Schwabsberg aber zog sich auf seine Güter nach Wildenstein und später nach Crailsheim zurück, wo er 1549 gestorben ist. Der Wald zwischen Schwabsberg und Dalkingen aber gehört seither zur Markung Dalkingen.

Heinrich Stöckle in: Festschrift zum 850jährigen Jubiläum von Schwabsberg

Schwabsberg, an der Mündung des Auerbaches in die Jagst

Ellwangen

Ellwangen ain gut klains landel von Ackerbau, vil Holtz, wysmad, viel viech, ochsen, küe, ross, schaff, hat visch, fogel, wildpret, kain weinwachs, vil weyer oder teycht, harz, pech.

Ladislaus Suntheim, 1500

Die Stadt liegt in angenehmem ziemlich weitem Thalkessel, umgeben von mäßigen Höhen, auf der rechten Seite der Jagst, südlich um einen kleinen Hügel her, auf dem bereits im 8ten Jahrhundert die Stiftkirche gegründet wurde. Von Osten her zieht eine Thalschlucht herein. Ein Blick auf den Stadtplan lehrt, daß den ursprünglichen Kern der Stadt die Domkirche sammt den Gebäuden umher bildete; heute noch schält sich die eirunde Grundform heraus, sie stand auf dem Hügel rechts der Jagst und war ursprünglich wohl von allen Seiten von Wasser, Seen und Sümpfen umgeben. An der etwas trockener gelegenen Südseite baute sich im Laufe der Zeiten die weltliche Ansiedlung an, mit eigener Kirche, mit Mauer, Graben und Wall umgeben. Die so umfangene Stadt bildet mit der geistlichen Ansiedlung die Form eines großen Dreiecks mit abgestumpften Ecken.

Die saubere, nicht große, aber durch viele Monumental-Bauten, besonders die dreithürmige St. Veitskirche, ausgezeichnete Stadt liegt behaglich im frischen grünen Thal, umgeben von schönen Linden- und Eichengruppen, saftigen Wiesen, stillen dunklen Tannenschöpfen, beherrscht von dem großartigen Viereck des fürstpröpstlichen Schlosses und der zierlich geformten zweithürmigen, hell im Sonnenschein über die grünen Thallehnen schimmernden Kirche auf dem Schönenberg. Eine besondere Schönheit verleiht der Gegend der Wuchs herrlicher Linden, Eichen und Nußbäume.

Die Prahl'sche Karte von Ellwangen aus dem Jahre 1746

Die Stadt Ellwangen mit der Wallfahrtskirche auf dem Schönenberg, der Jesuitenkirche, der Stiftskirche St. Veit und dem Schloß

Die Stadt selbst macht noch den Eindruck einer Abtsresidenz, vier große Kirchen ragen allein aus dem Thal mit ihren Thürmen empor, dazu die breiten Dächer der früheren Seminar- und anderer klösterlichen Gebäude.

Um die Stiftskirche reihen sich die großen geistlichen Gebäude, jetzt hauptsächlich weltlichen Beamtungen dienend, meist dem 18. oder 17. Jahrhundert entstammend; dann stehen etwas niedriger an breiten wohlgepflasterten Straßen die Bürgerhäuser, oft mit den Giebeln gegen die Straße.

Der Fischfang wird theils mit der Legangel, theils mit dem Hamen, neuerdings auch mit einem Schleppnetz betrieben. Die Aale werden außer mit der Legangel in $1\frac{1}{2}$ Meter langen aus Weiden geflochtenen Reusen in ziemlicher Menge gefangen, doch bilden Barsche die Hauptbeute. In den trägfließenden Seitenbächen der Jagst bildet der Fang der vielen Edelkrebse die Hauptnutzung.

Die Stiftskirche zum heil. Veit, ein Werk aus einem Gusse, groß und reich im Entwurf, meist untadelig in der Ausführung, macht uns staunen durch die kühne Festigkeit ihrer Bauart. Die Kirche hat die Gestalt des lateinischen Kreuzes, das an den Hochschiffen ganz deutlich hervortritt.

Die Marienpflege am Stadelberg, südlich der Stadt, ist auf einer kleinen Anhöhe schön gelegen und mit einem hübschen Garten und ausgedehnten Hofraum umgeben, durch eine Mauer abgegrenzt. Dieses Gebäude wurde a. 1728 - 30 unter dem Fürsten Franz Ludwig erbaut und war bis 1829 ein Kapuzinerkloster. Von 1831 an wurde dasselbe als Rettungsanstalt für arme und verwahrloste Kinder bestimmt und ist es heute noch.

Die Vermögensverhältnisse sind ziemlich günstig. Die Hauptnahrungsquellen bestehen in Feldbau, Viehzucht, Gewerben; der Wiesenbau ist sehr, die Obstzucht ziemlich ausgedehnt.

Der „Schwarze Adler", früher Gasthaus und Brauerei, mit seiner prächtigen Barockfassade

35 Ellwangen

Pferdeprämierung beim Kalten Markt

Die Kirche auf dem Schönenberg steht auf dem nordöstlich von der Stadt gelegenen Berg, weithin sichtbar und stolz zur Stadt herniederschauend. Unter herrlichen Linden, zwischen denen 17 Kapellen stehen, steigt man am Berg empor, der eine prächtige Aussicht gewährt über die Stadt hin bis an die Alb. Der Propst Johann Christoph von Adelmann ließ sie, geleitet von dem ihm enge befreundeten Pater Jenninger erbauen, als er bei einem heftigen Gewitter am 14. September 1681, in welchem der Blitz bereits ein Haus

Von Bedeutung sind die monatlichen gut befahrenen Viehmärkte und der sehr stark besuchte Pferdemarkt im Januar, der sog. Kalte Markt, außerdem sind auch die Schafmärkte und der Wollmarkt gut besucht.

Der vornehmste ist der sog. Kalte Markt, auf welchem über 1000 Pferd von weit und breit hergebracht werden. Dieser Markt dauert bey 8 Tag, wird auch vieles Glauenvieh, inheimisch und ausherrisches nach abgehaltenen Roßmarkt hiehero getrieben und verwerthet.

Gewaltig ragt das Schloß vornen auf dem Berg auf, im Ganzen ein unregelmäßiges Viereck. Bastionen flankieren die Vorburg, eine nicht hohe Mauer mit Halbrundthürmchen umgiebt das eigentliche Schloß. Aber trotz aller Schwere ist der Eindruck des ganzen Werkes, nur etwas aus der Ferne gesehen, sei es, daß Sonnenlüfte es umspielen oder Nebel darum wogen, stolz und groß und steigert mächtig die ernste Stimmung der Landschaft.

Die Erbauungszeit des Schlosses ob Ellwangen ist dunkel.

Wallfahrtskirche Unserer Lieben Frau auf dem Schönenberg mit dem steil bergauf führenden Kreuzweg

Die barocke Wallfahrtskirche aus dem frühen 17. Jh., ein Magnet für Pilger aus ganz Deutschland

Langhaus und Chor

Reiterumzug beim Kalten Markt, dem größten Volksfest der Stadt

in Brand gesetzt hatte, für den Fall der Rettung Ellwangens aus der drohenden Gefahr, den unverzüglichen Beginn des Baues gelobt und Erhörung seiner Bitte gefunden hatte. Aber am 22. April 1709 wurde die Kirche durch einen Blitzstrahl entzündet und bis auf die Grundmauern zerstört.

Bald wurde das Gotteshaus in derselben Größe mit Benützung der stehengebliebenen Mauern noch prächtiger hergestellt, so daß am 15. Mai 1729 die Einweihung stattfinden konnte.

Die Kirche ist eine schöne, große, reich bemalte und reichstuckirte Hallenkirche mit Querschiff und langem halbrund schließendem Chor.

Im (17.) Jahrhundert ließen sich die Jesuiten die Bekehrung der Protestanten in Verbindung mit den Hexenprozessen besonders angelegen sein und wurde kein Häretiker mehr wissentlich geduldet.

Das bedeutendste Glied des Jesuitenordens in Ellwangen ist Philipp Jeningen, geb. zu Eichstädt den 5. Jan. 1642, gest. zu Ellwangen 8. Februar 1704. Im Jahr 1680 von seinen Oberen zur Besorgung der Wallfahrt auf den Schönenberg gesandt, wirkte er hier, in Ellwangen und auf dem Lande in weiter Umgebung, 23 Jahre lang bis an seinen Tod mit großem Eifer als katholischer Missionsprediger. Der Apostel des Rieses genannt, stund er im Rufe der Heiligkeit, wie denn eine Reihe Wunder von ihm erzählt wurden.

Beschreibung des Oberamts Ellwangen, 1886

Das Gelübde des Prinzen Hariolf

Zur Zeit, als Pipin und Karl der Große nach einander in Gallien regierten, hielten sich an ihrem Hofe Hariolf und Cadolf, Prinzen aus königlichem Geblüte, als Laien auf. Beide trafen einst auf einer Jagd im Virngrunde einen Hirschbock, setzten ihm mit einigen Dienern nach bis in die Gegend, welche vorhin

eine lautere Wildnis war, und erlegten ihn hier. Aus Dank gegen den Allmächtigen machte Hariolf das Gelübde, an dem Orte, wo das Thier erlegt worden, Gott zu Ehren ein Benediktinerkloster zu erbauen.

Beschreibung des Oberamts Ellwangen, 1886

Ellwangen

Drei Schlösser grüßen sich von Nachbarhöh'n
Und eine Wallfahrtskirche hehr und schön.

Tannwälder reichen sich zum Kranz die Hand,
Nah blaut herein des Albgebirges Rand.

Die helle Birk', der Tannen düstre Pracht
Säumt manchen Waldsees märchengrüne Nacht.

Der klare Waldbach sich durch Sand und Schlucht
Im muntern Spiel den Weg zum Flusse sucht,

Zur Jagst: sie träumt so hin durchs Wiesental ...
Dort ragt der Staufenzeit ehrwürdig Mal,

Das Stift, um das die Stadt seit grauer Zeit
Im Schutz der Linden und Sankt Veits gedeiht.

Wo Kirch' und Schloß von Schwesterhügeln schau'n,
Stünd'sie nicht da: – hier müßt' man sie erbau'n!

Robert Oechsler

Die Hexenverfolgungen zwischen 1588 und 1618

„Die schrecklichste Verfolgung

dieser Zeit (1610 - 1620) war wohl diejenige in der kleinen Fürstpropstei Ellwangen."

W. Behringer in: Hexen und Hexenprozesse

Eine der schlimmsten Hexenverfolgungen begann im Jahre 1611 in Ellwangen. Fürstpropst Johann Christoph von Westerstetten und sein Nachfolger ließen 350 Frauen und 100 Männer hinrichten. Grausamkeiten körperlicher und seelischer Art wurden verübt.

Wie ein böser Traum muten uns die schrecklichen Vorkommnisse während des Ellwanger „Hexenwahns" an. Doch werden sie in den umfangreichen Ellwanger Akten aufgezeigt und können überprüft werden. Leider sind diese schlimmen Berichte übers Verhaften und Einfangen, übers Verhören und Foltern, über bösartige Schuldzuweisungen und übers grausame Hinrichten der unschuldigen Frauen und Männer wahr.

Die zahlreichen Hinrichtungen unter Fürstpropst Johann Christoph von Westerstetten waren von langer Hand vorbereitet und mit Hilfe seines ihm ergebenen Hexenrats unter Leitung von Dr. Carl Kibler grausam und unmenschlich durchgeführt worden.

Nach Hinrichtung von 247 Frauen und 39 Männern in nur 18 Monaten wurde Westerstetten am 4. 12. 1612 vom Eichstädter Domkapitel zum Bischof gewählt. Auch hier ließ er wegen ihres angeblichen Hexenwerks Hunderte hinrichten.

Der Fall Margaretha Synai

Aus den Verhörprotokollen

Ellwangen, Montag 22. August 1588

In Anwesenheit von Stadtvogt Hans Walter von Freyberg, Kanzler Dr. Johannes Hildenbrand und Hofrat Dr. Johann Ratzer wurde auf dem oberen Schneiderei-Hausboden des Ellwanger Schlosses die verhaftete Margaretha – Frau des ehemaligen Stallmeisters hier – wegen des Verdachts der Hexerei gütlich und peinlich mit Anwendung der Folter examiniert. Die zur Überprüfung beauftragten Exaninatoren begaben sich, sobald es vormittags 9 Uhr geschlagen hatte, zusammen mit Hans Vollmair, dem Scharfrichter von Biberach, auf den erwähnten Hausboden. Kurz darauf wurde Margaretha Synai durch den Gerichtsboten ebenfalls dorthin gebracht.

„Vogelscheuchen" des Ellwanger Künstlers Sieger Köder, geb. 1925, der durch seine religiöse Malerei im Kirchenraum und durch zahlreiche Buchillustrationen bekannt wurde

Zunächst flößte ihr der Scharf-richter Hans Vollmair gewaltsam drei Tränke Weihwasser und Hof-brunnenwasser mit darin gelösten Salzen ein. Sodann erinnerte er sie gütlich und ausführlich an alle von ihr verübten Hexereien und ermahnte sie, diese zu gestehen. In vielen seltsamen hin- und her-schweifenden Reden wollte jedoch Margaretha Synai nicht das gering-ste bekennen und erklärte zu guter Letzt, es geschehen soviel Schelmen-stücke gegen sie. Sie müsse eben das erste Opfer sein. Daraufhin ent-blößte sie der Scharfrichter oben auf dem Rücken und entdeckte auf ihrer linken Schulter zwei Male, die ihr der böse Feind – der Teufel – beige-bracht hatte. Mit einem kleinen, sil-bernen Griffel stach er hinein. Das eine Mal – ein Leberfleck – blutete, doch das andere Mal nicht. Darauf-hin erklärte Hans Vollmair, daß Margaretha Synai gewiß eine Hexe sei. Trotz nochmaligem eindring-lichem Ermahnen stritt sie dies ab und erklärte, durchaus fromm zu sein.

Nun zog man Margaretha Synai an den auf dem Rücken zusammen-gebundenen Armen an der Tortur hoch. Daran hängend, bekannte sie dennoch nichts, obgleich man ihr zu Füßen ihren gefangenen, etwa 17 Jahre alten Sohn Jacob stellte. Im Angesicht der an der Tortur hän-genden Mutter berichtete jener über von ihr begangene Hexereien. Diese hatte er schon zuvor dem Schult-heißen erzählt. Margaretha Synai wollte aber dennoch nicht gestehen.

Dienstagmorgen, 23. August 1588

Nachdem Margaretha Synai wieder an der Tortur hochgezogen worden war, holte man ihren Sohn Jacob. Dieser erzählte zu ihren Füßen allerlei Hexenuntaten, die sie verübt hatte: „Zum Galgenberg sind Mutter und Sohn auf einer Gabel mitein-ander hinausgefahren. Sie tranken dort aus goldenen und silbernen Bechern Wein, aßen auf silbernen Schüsseln dargebotenes Fleisch, so-viel sie wollten. Dabei unterhielten sie sich mit zwei Männern, die gol-dene Ketten an Arm und Hals trugen und Geißfüße hatten. Mit Sackpfei-fen und Geigen sei zum Tanz aufge-spielt worden."

Margaretha war die ganze Zeit an der Tortur gehangen und allein gelassen worden. Zu guter Letzt wur-de sie von der Tortur herabgelassen und in ihre Gefängniszelle geführt.

Freitag, 26. August 1588, 7 Uhr

Wieder wurde Margaretha Synai vorgeführt und von den Verordneten ermahnt, endlich ihre Untaten zu bekennen. Sie hat aber auf ihrer Meinung beharrt, obgleich jetzt der Scharfrichter sie auf ein Brett spannte, streckte und lange liegen ließ.

Dienstag, 24. Oktober 1588

Margaretha Synai, Witwe des Hof-stallmeisters Jacob Synai, und ihr Sohn Jacob, 17 Jahre alt, wurden auf dem Scheiterhaufen verbrannt.

Hans Gebhard in: Die Pfitzerin

Meiner Mutter

Die Jahre sind hingegangen...
und war auch viel Unruh dabei,
es ist doch auf jeden Winter
wieder Frühling geworden und Mai,
und ich meine fast, immer nur
schöner
und reicher, als wir gedacht ..
so manches auch fehl geschlagen,
worauf man sich Hoffnung gemacht!

Und wenn ich so rückwärts denke,
fallen Kindertage mir ein:
ein kleines Städtchen .. Gärten ..
Feldhänge voll Sonnenschein
und oben am Kreuzweg beim Wald
in stiller Einsiedelei
ein Mutter-Gottes-Kapellchen
und eine Bank dabei!

Ich weiß noch ... ich stand ja so oft da
und guckte neugierig zu,
wenn Leute kamen und knieten:
Mutter-Gottes, o hilf uns du!
wir wissen uns keinen Rat mehr ..
und wir haben auch nicht mehr den
Mut!
wir haben alles getan und ..
o hilf uns und machs wieder gut!

Und wie die Leute da kamen,
zu beten und auszuruhn,
so kamen auch wir zu dir:
rat uns! Was sollen wir tun?
Und du hast immer Hilfe
und frohe Worte gehabt und Mut,
und wir sind fortgegangen
und wußten: nun wird es gut!

Und führen auch unsere Wege
immer weiter von Jahr zu Jahr ..
zu Hause bei dir, in der Heimat,
ist alles, wie immer es war:
Still wie das alte Kapellchen
in verwitterter Einsamkeit
stehst du über unserem Leben
und segnest unsere Zeit!

Cäsar Flaischlen

Jagstzell

Jagstzell mit seiner Kirche St. Vitus

Die Jagst bei Jagstzell, ein windungsreicher Bach

Der stattliche Ort liegt hübsch im schönen Jagstthal, zumeist auf der linken Seite des Flusses, hat mitunter schön gebalkte große Bauernhäuser, die z. Th. an beiden Thalhängen zerstreut umherstehen. Der Ort, früher auch Zell schlechthin, Frauenzell, Zell an der Jagst geheißen, verdankt seinen Ursprung ohne Zweifel einer von Kloster Ellwangen aus hier gegründeten weiblichen Klosterniederlassung.

Beschreibung des Oberamts Ellwangen, 1886

An dr Joogscht

An dr Joogscht, an dr Joogscht
is hait Kärwamusik,
doa dudla vier Spiellait;
is des net a Glick
an dr Joogscht, an dr Joogscht,
an dr Joogscht.

Und dr Musikant
der spielt die ärscht Geich
und kratzt zur Verstärkung
die zweite a gleich
an dr Joogscht, an dr Joogscht,
an dr Joogscht.

Und dr ander, ja der hat
a mordsmächtigs Trumm,
des tuat, wenn er neibläst,
immer wumpedibum
an dr Joogscht, an dr Joogscht,
an dr Joogscht.

Und dr dritt von der Gsellschaft
der bläst die Trumpät
so laut wia dr Geigel
uff'm Mischthaufa kräht
an dr Joogscht, an dr Joogscht,
an dr Joogscht.

Und dr viert, o Herrje,
der spielt Klarinett,
doa wärs am viel liawer
wenn er's Maul halta tät
an dr Joogscht, an dr Joogscht,
an dr Joogscht.

an dr Joogscht, an dr Joogscht,
doa is Kärwamusik,
dia Buawa und Maadlich
san hait selich vor Glick
an dr Joogscht, an dr Joogscht,
an dr Joogscht.

Fritzjacob Weller

Stimpfach

Der Ort liegt auf den sonnigen grünen Auen, welche, ringsum überragt von nadelbewaldeten Höhen, sich an der Mündung des Reiglerbachs in die Jagst in einer Bucht ausbreiten. Mitten im Dorf auf kleiner Anhöhe liegt in dem ummauerten früheren Gottesacker unter freundlichen Baumanlagen die stattliche Kirche, dem h. Georg geweiht, 1764 - 68 im prächtigen Rokokostil gebaut und mit reichem Stuckwerk geziert.

Nahe bei der Kirche in Stimpfach stand ein altes Sühnekreuz. Dort hatte einst Wilhelm von Rechenberg seinen Knecht niedergestochen. Er war am heil. Osterfest zur Kirche nach Stimpfach gefahren, kam aber zu spät. Da entbrannte sein Zorn über den Kutscher, dem er die Schuld beimaß, und er erstach ihn auf der Stelle. In bitterer Reue vermachte er dem Kloster Ellwangen die Burg und all sein Hab und Gut und soll später selbst von seinem Stallknecht erstochen worden sein.

Beschreibung des Oberamts Crailsheim, 1884

Die Dreifelderwirtschaft und der Flurzwang

Stimpfach hat an seiner uralten Drei-Felder-Wirtschaft bis in die neue Zeit festgehalten. Der zum Getreidebau bestimmte Teil der Dorfmarkung war in drei Felder eingeteilt, das Winterfeld, das Sommerfeld und die Brache. Jedes Drittel wiederum war in einzelne Gewande mit besonderen Namen eingeteilt. Die Äcker der einzelnen Bauern mußten notwendig über die drei Felder verteilt sein, denn sonst hätten sie nicht jedes Jahr das Brot für ihre Familie und den Haber für ihre Pferde ernten können. Das Winterfeld wurde vorzugsweise mit Roggen, das Sommerfeld mit Haber bebaut. Das Brachfeld wurde in der ältesten Zeit rein und ohne jeden Anbau gehalten mit dem Zweck, eine möglichst gute Winterfrucht aus dem ausgeruhten Boden herauszuholen; vielfach diente die Brache daneben auch als Schafweide. Die Not der Zeiten, besonders die Not der vielen kinderreichen Familien, zwang später dazu, das Brachfeld mit Hülsenfrüchten und seit dem 18. Jahrhundert auch mit Kartoffeln zu bebauen.

Heimatbuch der Gemeinde Stimpfach

Die Stimpfacher Kirche St. Georg, 1764 - 68 im prächtigen Rokokostil gebaut und mit reichem Stuckwerk verziert

Der Beginn der Saat, Ernte und der anderen landwirtschaftlichen Verrichtungen wurde jeweils durch Beschluß der Gemeinderechtsbesitzer festgelegt. Dies war notwendig, weil die Zufahrt oft über angrenzende Grundstücke führte und weil die Äcker nach der Ernte während der Brache zur Weide freigegeben wurden. Es stand alles unter einer festen Ordnung, aus der keiner ausspringen konnte.

Neben dem Ackerbau bestand die Wiesenwirtschaft. Es gab einmädige und zweimädige Wiesen, die letzteren hießen Öhmdwiesen. Auf die einmädigen Wiesen durfte man gleich nach der Heuernte das Vieh auf die Weide treiben, auf die Öhmdwiesen erst nach dem zweiten Schnitt. Mit Rücksicht auf die Weide war es verboten, die Wiesen vor dem St.Gallustag (16. Oktober) zu düngen. Für die Zugtiere, welche bei Tag arbeiteten, war eine besondere Weide, die „Aucht", vorhanden; dies war eine Frühweide, wohin die Zugtiere am frühen Morgen bis zum Einspannen getrieben wurden. So war also auch die Wiesenwirtschaft in eine feste Ordnung eingezwängt. Was einmal Wiese war, mußte Wiese bleiben. Dagegen haben sich besonders in den Kriegsnotjahren die Wiesenbesitzer in Stimpfach aufgebäumt.

Heimatbuch der Gemeinde Stimpfach

Edelkrebs, 10-15 cm lang (ohne Scheren), einst in der Jagst sehr zahlreich

Die Fischzucht und die Krebserei in Stimpfach

Im Alt-Ellwängischen war die Fischzucht und das Fischen von ganz besonderer Bedeutung bis zum Ende des 18. Jahrhunderts.

Die Jagdfischerei war in hohem Schwung. 1726 bis 1736 wurden dort gefischt 819 Pfund Hecht, 508 Pfund Karpfen, 157 Pfund Aal und 582 Pfund Weißfisch.

Auch die Krebserei war in Blüte. Überall waren Krebsbäche, Krebsdämme und Krebskästen. So war für die Feinschmeckerei der alten Zeit gesorgt. Die Krebsdiebe wurden streng bestraft; krebsverzehrende Raubtiere mußten abgeschossen werden. Der sogenannte Sturzbach im Amt Jagstzell war verpachtet mit der Auflage, daß jährlich 1200 Krebse an den gnädigen Herrn abgeliefert werden mußten.

Jetzt ist diese Herrlichkeit von mehr als hundert Zucht-, Setz- und Fangweihern, an der Stimpfach auch mit zwei Setzweihern beteiligt war, dahin. Geblieben ist noch eine bescheidene Fischerei in der Jagst und in ihren Nebenbächen. Auch das Krebsen, das einst mit großem Aufwand betrieben wurde, ist in der Stimpfacher Gegend nicht mehr bekannt.

Heimatbuch der Gemeinde Stimpfach

Jagstheim

Im wiesengrünen Thal der Jagst, auf dem linkem Ufer sich eine fruchtbare Ebene ausdehnt, während rechts die Höhen des Pfannen- und Lerchenbergs ansteigen, liegt das große, langgestreckte Dorf an der Mündung der Speltach in die Jagst. Auf dem jenseitigen Ufer mündet der oberhalb Ofenbach am Fuß der Höhe von Neuhaus entspringende Degenbach.

Beschreibung des Oberamts Crailsheim, 1884

Unglücksfällen in vergangener Zeit

Am 29. Mai 1666 ist das noch nicht ganz drei Jahre alte Jagstheimer Bauernkind Melchior Philipp bei der Obermühle von einem großen Stamm, der sich unversehens wälzend in Bewegung setzte und den Jungen überrollte, tödlich erdrückt worden.-

Am 30. August 1667 wurde der sieben Jahre alte Wiesmüllerssohn Jacob Schwatz, nachdem er unter der Sägmühle Sägemehl hatte holen wollen, ertrunken aufgefunden.-

Am 23. Februar 1684 wollte der Jagstheimer Bestand-Bierbrauer Johann Christoph Müller, an die 31 Jahre alt, bei übergroßem Hochwasser über die neue Brücke ins Dorf hereinreiten; dabei wurde er vom Wasser erfaßt und ein paar Hundert Schritte weit abgetrieben. Und obwohl er sich an einem Erlenbaum einige Stunden lang noch hatte festhalten können und sehr um Hilfe gerufen hatte, konnte ihm doch nicht geholfen werden, und er hat sein Leben durch den Frost lassen müssen.-

Mitte April 1708 hat Ursula Rappolt, die 23 Jahre alte Tochter des Jagstheimer Pfeifers Balthas Rappolt, mit der Wäsche zu tun gehabt. Dabei wurde sie von ihrer Mutter gewarnt, sie solle keinen Kübel mit Lauge auf den Kopf nehmen. Kaum aber, daß diese Warnung erteilt und die Mutter etwas weggegangen war, hat ihre Tochter dieser Warnung ungeachtet einen Kübel voller siedend heißer Lauge auf den Kopf genommen. Diesem ist der Boden durchgebrochen, sodaß dem

Die Nikolauskirche von Jagstheim

Die Jagst in ihrem flachen Bett unterhalb von Jagstheim

Tüchlein erstickt hatte, auf dem Crailsheimer Marktplatz öffentlich enthauptet und ihm der Kopf auf einen Pfahl gesteckt.

Es war der 9. September 1743, als eine Kompanie Husaren ins Dorf hereinstürmte. Am genannten Tag hat der Schusterjörg ein Paar Stiefel geflickt, und die Frau hat acht Kreuzer haben wollen, der Husar aber hat ihr vier Kreuzer gegeben. Die Frau sagt, wenn er ihr nicht mehr gebe, so verklage sie ihn beim Obersten. Der Husar nimmt die Pistole, schießt sie zum Maul hinein, wovon sie gleich tot ist gewesen. Sie hat neun lebendige Kinder hinterlassen. Der Husar ist in Arrest genommen worden.

Beschreibung des Oberamts Crailsheim, 1884

He hopp!

Um die Jagstbrücke bei Jagstheim ist es nicht recht geheuer. Nach mündlichen Berichten geht dort ein Geist um, der immer ruft: „He hopp! Drei Schoppen Wasser und ein Schoppen Wein!" Einer, der im Leben Wein gepanscht hatte, kann hier keine Ruhe finden.

Auch auf der Brücke selber geistert es. Als einst ein Botenfuhrmann nachts heimwärts fuhr, blieben die Gäule vor der Brücke stehen und gingen nicht mehr weiter. Als der Fuhrmann abstieg und die Tiere beim Halfter führte, scheuten sie und stiegen hoch. Schnaubend und zitternd drängten sie rückwärts, als ob sie etwas sähen, was der Lenker nicht wahrnehmen konnte. Dem Fuhrmann blieb nichts anderes übrig, er mußte umkehren und auf einem weiten Umweg über eine andere Brücke fahren.

Fritzjakob Weller in: Der Frankenspiegel

Mädchen die heiße Lauge über den Leib hinweg lief und der leere Kübel ihr um den Hals herum hängen blieb. Dadurch hat sie sich so sehr verbrannt, daß ihr die Haut vom Leib abgegangen ist und das rohe Fleisch zum Vorschein kam, wobei sie furchtbare Schmerzen leiden mußte, ehe sie am 14. April früh am Morgen verstarb.-

Mitte Mai 1713 hat Anna, die Ehefrau des Jagstheimer Viehhirten Michael Albrecht, mit Arsenik, einem Mäusegift-Pulver, sich selber das Leben genommen. Nach dessen Einnahme ist sie sieben Stunden später gestorben, hat jedoch vorher ihr Unrecht aufrichtig bereut. Aus christlichem Mitleiden wurde sie deshalb auf dem Jagstheimer Kirchhof ganz hinten gleich neben der Mauer mit einer vom Pfarrer gehaltenen, vor Selbstmord warnender Leichenrede in aller Stille zur Erde bestattet.

Am 9. August 1729 wurde ein Mann aus Triensbach, der im Wischart-Wald bei Erkenbrechtshausen ein Mädchen aus Jagstheim mit dessen in den Hals gesteckten

Ingersheim

Die ev. Matthäuskirche von Ingersheim, die auf eine den Hl. Sixtus und Wolfgang geweihte Kapelle aus dem Jahr 1480 zurückgeht, mit ihrem Turm in der typischen Fachwerkbauweise

Ingersheim liegt freundlich im grünen Wiesenthal der Jagst auf deren rechtem Ufer an dem Bächlein, das aus dem Sulzbrunnen kommt. Reicher Obstbaumbewuchs um das Dorf und die Aussicht auf den Kranz von Bergen mit ihren Tannenwäldern diesseits und jenseits der Jagst geben der Lage des Orts einigen Reiz. Die Häuser sind meist halbgetüncht, an der Wetterseite mit Brettern verschalt und das Balkenwerk roth angestrichen.

Mitten im Dorfe liegt die Kirche zu den Hl. Sixtus und Wolfgang mit schönem späthgotischem Chor in dem niederen ziegelbedeckten Thurm. Ist der Chor durch den Einbau der Orgel verstellt, so hat das kleine niedere, düstere und feuchte Schiff, an dessen Wänden die Todtenkränze und Blumen aufbewahrt werden, durch den Bau der Schulzimmer, welche auf der Kirche aufgesetzt sind, aber mit ihrem Boden in das Schiff herunter reichen, viel von der Würde eines Gotteshauses verloren. Die Gottesdienste werden von dem Kaplan in Crailsheim gehalten.

Neben der Kirche stehen 3 Linden, unter denen seit alten Zeiten die Gemeindeversammlungen gehalten werden.

Gutes Trinkwasser wird reichlich von einem laufenden und 40 Pumpbrunnen geliefert.

Die Staatsstraße nach Dinkelsbühl und Ellwangen führt östlich am Ort vorüber. Eine hölzerne Brücke, durch die Jagstinsel geteilt, führt über die Jagst.

Dem Verkehr dienen zwei Schildwirthschaften und eine Bierbrauerei, 2 Krämer. Von Gewerben arbeiten Maurer, Schuhmacher und Schneider auch nach auswärts.

Die von Osten nach Westen in die Länge gestreckte Gesammtmarkung hat schweren, theilweise hitzigen und steinigen Boden. Man gewinnt Gips.

Das Klima ist etwas rauh, mit häufigen Frühlingsfrösten und starken, besonders auf der Höhe von Altenmünster fühlbaren Winden. Hagelschlag ist selten.

Von Getreidearten sind Dinkel und Haber vorherrschend. Der Wiesenbau ist gut und ausgedehnt, die Wiesen sind zweimähdig; die Obstzucht wird mäßig betrieben, das Obst geräth nicht gerne.

Ingersheim besitzt 30 M. Wald, der an die Gemeinderechtsbesitzer verteilt ist. In Ingersheim wird nur Brach- und Stoppelweide befahren. Pferdezucht besteht nicht. Der Ackerbau wird wenig mit Pferden, meist mit Ochsen und Kühen betrieben. Das Rindvieh gehört der Triesdorfer Rasse an. Schafe von der Landesrasse werden in Ingersheim im Sommer 300, im Winter 200, gehalten. Thiere und Wolle werden an Händler abgesetzt.

Die Kunstmühle in Ingersheim mit 5 Mahl- und 1 Gerbgang hat einen starken Umsatz.

Die Jagst und die Bäche sind von Karpfen, Hechten, Aalen, Aalgruppen, Barben, Nasen, Börsingen bevölkert und in einzelnen kleinen Bächen tritt häufig der Stühling auf. Forellen zeigen sich nur ausnahmsweise.

Die Fischer wenden die Hand- und Legangel, Streichgarn, Hamen und Reusen an, und bei den Mühlen sind sog. Aalfänge eingerichtet.

Beschreibung des Oberamts Crailsheim, 1884

Die Reihengräber von Ingersheim

Bekannt geworden ist Ingersheim durch seine Reihengräber aus der frühgermanischen Zeit. Diese liegen hart an der rechten Seite der Landstraße nach Dinkelsbühl. Ein in der Hauptsache ausgegrabener und zur Zeit nicht mehr benützter Gipsbruch nimmt den Platz des Gräberfeldes ein. Die einzelnen Gräber waren 2,60 - 2,80 m von einander entfernt und hatten alle westöstliche Richtung. Mit dem Kopf im Westen, das Gesicht der aufgehenden Sonne entgegengerichtet, ruhten die Begrabenen.

Was nun die Reihengräber von Ingersheim so wichtig macht, das sind die Beigaben, welche den Toten mitgegeben wurden.

Crailsheim

Die Stadt liegt als unregelmäßiges Viereck auf der mäßig hoch über dem Jagstgrund rechts der Jagst sich erhebenden Fläche. Die „untere" Vorstadt geht bis an die Jagst, während im Süden die Spital- oder Ellwanger Vorstadt sich bis zu dem hart unter der Stadt in die Jagst mündenden Trudenbach ausdehnt. Auf der Anhöhe gewährt die Thurmreiche, mit Mauern und Zwinger einst wohl bewehrte Stadt ein überraschendes Bild, eingerahmt von den bewaldeten Höhen der Schönebürg und der Crailsheimer Hardt, im Vordergrunde die Jagst mit ihren fleißigen Mühlen und Gerbereien. – Schon in alter Zeit war die Stadt vermöge ihrer Lage zwischen Hall, Ellwangen, Dinkelsbühl, Rothenburg und Mergentheim ein wichtiger Verkehrsmittelpunkt., besonders für die Handelsstraße Heilbronn – Nürnberg und die alte Kaiserstraße von Nördlingen an den Main.

Die Stadtmauer läßt sich auf der Nord- und Südseite noch gut verfolgen, auf der Ostseite ist sie allermeist abgebrochen und der Graben fast ganz eingeebnet oder verbaut, auf der Westseite mit sammt den Befestigungsthürmchen wohl erhalten. Auf allen vier Ecken der Stadtmauer standen höhere Thürme, wovon der runde „Diebsthurm" auf der Nordostecke noch erhalten ist. Die Südostecke deckte das Schloß mit tiefem, breitem Graben. Die Stadt hatte 3 Thore: das untere oder Jagstthor, das eine Art Vorburg bildete, das obere oder Ziegelthor gegen die Zie-

Crailsheim mit seinem Rathausturm, vom unteren Jagstwehr aus

Craalse

Sell douwe,
wu dr Wiind nidd weit haam hat
un si d Joogscht
wie e Weide durch d Eiiwi bieecht,
wu d Ziich
vo Schtuegert nach Närnbärich
un vo Ulm nach Wärzburich ver-
schnaufe,
wu es unner de Lait
a noch e boer waschächdi
Hoheloher geiit,
bo denne dr Salat
noch Salood
und Kartoffel
noch Äbbieere haaße,
leiit Craalse.

Deß Schtädtle,
deß deiihnt si
und mecht si langsam sou braat,
daß es nimmi lang dauert,
bis mer Schtadt sooche mueß.

Doe douwe
- sou secht mer -
sann d Schliitzoehre dehamm.
Frieeher hewwe s doe
Hoeraffe zouche
doch hait werde s
ner noch backe.

Sell douwe,
wu d Lait unner dr Haut lache
und boleii nidd sooche,
wenn es ne guet gäeht,
hat seinerzeit dr Herrgott
de sibbde Dooch verschloefe.
Awwer i hobb kaan gseeche,
wu de Oersch iwwer d Mauer
gheiit hat,
daß si d Noet aus em Schtaab mecht,
verschtäeht si.

Gottlob Haag

Die Evang. Liebfrauenkapelle und der Rathausturm

gelhütte hin, und das Spital- oder Kirchenthor, die beiden letzteren einst von hohen, starken, viereckigen Thürmchen überragt.

Unter den Gebäuden der Stadt steht obenan die große, St. Johannes dem Täufer geweihte gothische Stadtkirche. Sie steht an der südwestlichen Ecke der Stadt ziemlich hoch über dem Jagstgrund an der Stelle einer romanischen Kirche, deren Rundbogenfries beim Neubau Verwendung fand. Die jetzige Kirche ist dreischiffig.

In der Mitte der Stadt steht die ansehnliche Liebfrauenkapelle. Eine dritte nicht mehr kirchlichem Gebrauch dienende Kirche ist die Spitalkirche.

Die Wasserverhältnisse sind nicht sehr günstig. Die Markung ist arm an Quellen. Einige Brunnen geben ein hartes gipshaltiges Wasser, das ungenießbar ist.

Die Evang. Stadtkirche St. Johannes der Täufer und die ehemalige Spitalkirche aus dem 15. Jh.

Die Einwohner, im letzten Jahrhundert durch den Eisenbahnverkehr mit schwäbischen und bayrischen Elementen vermischt, sind mittelkräftig, ohne besondere Gebrechen. Sie erreichen öfters ein hohes Alter.

Die Reformation wurde von Meister (Mag.) Adam Weiß Lic. Theol., einem tüchtigen Theologen und kraftvoll durchgreifenden, unerschrockenen Zeugen der Wahrheit, einem der ersten Prediger des Evangeliums in der Markgrafschaft Ansbach, 1522 begonnen und eine evangelische Kirchenordnung eingeführt.

Beschreibung des Oberamts Crailsheim, 1884

Das Originellste an Crailsheim, das den Charakter eines fränkischen Amtsstädtchens treu sich bewahrt hat, ist das Rathaus. Es steht mitten auf dem Marktplatz neben der Liebfrauenkapelle, und wer nicht sehr genau hinschaut, der wird das Rathaus mit der Kirche verwechseln, denn diesem Rathaus, einem mächtigen Steinbau aus dem Jahre 1622, wurde später eine Vorhalle mit großartigem Barockturm angegliedert, der mit seinen 54 Metern das ebenfalls barocke Türmchen der gotischen Kapelle daneben höchst bescheiden erscheinen läßt. Bevor der Bau zur Würde eines Rathauses emporstieg, war er ein markgräfliches Tanzhaus, also ein Vergnügungsetablissement, wie es nur das leichtlebige Franken sich während des dreißigjährigen Krieges in solcher massiver Wichtigkeit leisten konnte.

Otto Borst in: Alte Städte in Württemberg

Rettung der Stadt im Jahre 1380

Die bösen Städter, die immer mehr erstarkten, belagerten die von den Hohenlohe und den Bürgern befestigte Stadt Crailsheim. Lange dauerte die Belagerung. Viele der Bürger wurden schon weich, denn das Essen innerhalb der Mauern war sehr knapp geworden und die Kampfkraft ließ nach. Dennoch kam es am Tage Estomihi 1380 zu der historischen Begebenheit: Die Bürger trugen siedendes Wasser, Pech, Steine, Kugeln und andere böse Gegenstände auf die Mauern, damit der Feind ordentlich etwas von oben „aufs Dach kriege". Männiglich schaffte und trug man und spürte an diesem Tag keine Kampfesmüdigkeit. Ein Bäckermeister hatte für die Kämpfer einen ordentlichen Korb „Horaffen" gebacken, den Bürgern waren diese vertraut als Kult- und Gebildbrote aus alter noch alamannischer Zeit. Sie sollten die Kämpfer atzen und ihnen außerdem ihrer Form und Überlieferung wegen Glück bringen. Und das taten sie. In der Hitze des Gefechtes nun stieß einer der Kämpfer den Korb um, ein großer Teil der „Horaffen" fiel unter den Feindeshaufen, der unten die Stadtmauer bedrängte. Die Feinde rauften sich drum, weil sie wohl auch Hunger hatten, machten aa und oo und ließen sich die vom Himmel gefallenen „Horaffen" schmecken.

Sie wunderten sich, daß so leckere Dinge noch in einer so lange belagerten Stadt gebacken werden konnten. Dazu kam aber, daß die wackere Frau des ebenso wackeren Bürgermeisters auch einmal auf die Mauern stieg, denn auch die Frau des Schulzen, nicht nur der Schulze selbst, soll sich ums Wohl der Stadt kümmern. Offenbar schrien die Feinde ihr Schmähworte zu – das war in damaligen Kriegen durchaus noch üblich –, worauf die Wackere prompt und eindeutig reagierte und den Feinden ihr „Hinderkwartier" zeigte. Spontan und unerschrocken. Da dies einen respektablen Umfang hatte, wurden die Feinde noch stutziger, waren der Meinung, daß man die gute Stadt offenbar nicht aushungern könne und hoben die Belagerung auf. Das wurde von Crailsheim und der Umgebung als großer Sieg gewertet, seither wird an Estomihi der Stadtfeiertag begangen, alljährlich, und die „Horaffen" werden als Erinnerung an die Befreiung und die wackre Bürgermeisterin heute noch waschkörbeweise verzehrt.

Rudolf Schlauch in: Hohenlohe Franken

Crailsheim hat in den letzten Jahren einen freundlichen industriellen und wirtschaftlichen Aufschwung genommen. Wer das verträumte fränkische Landstädtchen mit seinen alten Häusern und seinem Schloß, seinen gemütlichen Gassen und seiner Traulichkeit noch kannte, findet sich im neuen Crailsheim heute kaum mehr zurecht. Die Stadt hatte im Jahre 1945 sehr leiden müssen. Acht Tage lang war sie umkämpft, ihr Name kam immer wieder im sogenannten „Wehrmachtsbericht", die Zerstörung der

Stadt war so gründlich und hart, daß zuerst kaum daran gedacht werden konnte, sie in irgendeiner größeren Form wieder aufzubauen. Und doch geschah dann der Aufbau mit einem Schwung und einer Tatkraft, die beispielhaft genannt werden kann. Industriewerke siedelten sich an. Ein neues Landratsgebäude als Verwaltungszentrum des Kreises wurde gebaut, das Rathaus entstand neu aus der Asche, Wohn- und Geschäftshäuser wurden großzügig wieder aufgebaut. Daß es der wichtigste Bahnknotenpunkt Hohenlohes ist, sei nur nebenbei bemerkt.

Rudolf Schlauch in: Württembergisches Unterland

Crailsheim wurde am 10. Dezember 1867 an das Staatsbahnnetz in Richtung Hessental und am 23. Oktober 1869 in Richtung Blaufelden angeschlossen. Der bayrische Anschluß erfolgte erst am 1. Juni 1875. Insgesamt 187 344 Personen stiegen im Berichtsjahr 1887 aus und ein.

Kriegsschäden im 2. Weltkrieg

Crailsheim als bedeutender Verkehrsknotenpunkt galt der alliierten Luftwaffe als wichtiges und lohnendes Angriffsziel. Länger als ein Jahr ist die Stadt diesen Bombenangriffen ausgesetzt gewesen, und die Schäden und Verluste an Menschenleben, Gebäuden, Material, Vieh usw., die zu Anfang gering

Die Türme der Liebfrauenkapelle und des Rathauses nach den Bombenangriffen im Frühjahr 1945

Ma Craalsa (1945)

I kous und kous net fassa,
es gäht mer goar net ei:
Ma Haamatschtadt, ma Craalsa
des sollt zmoal nimme sei?

Die Schtroaßa und die Gäßlich
sou krumm und iwerzwerch,
die sauwera Giewelhaiser
san weg bis nuff an d'Kerch.

A 's Roathaus mit 'm Duara,
d' Kapella newabei,
sogoar noch s Schlouß dahinta,
des alles is vorbei.

D'Schtadtmauer mit 'm Därrle
und d'Herramihl drzua
san nix wie Schutt und Ascha
und hewa etz ihr Ruah.

Wua Craalsa friaher gwesa
doa schtäht ka Dooch ka Haus,
zum ana End schauscht eini
zum andera sichscht naus.

Ihr Craalsamer halt zamma,
seid einich bis in Doad,
noa gäht's a widder uffwärts
und raus aus dera Noat!

Laßt d'Hoffnung niamoals sinka,
i bleiw a fescht dabei:
Ma Craalsa will i liawa,
ma Craalsa bleiw i trai!

Fritzjacob Weller

waren, steigerten sich immer mehr, bis die beiden Großangriffe vom 23. Februar u. 4. April 1945 ganze Straßenzüge und Stadtteile niederlegten. Dann kam Mitte April der Kampf um den Besitz der Stadt, der volle 15 Tage dauerte, während derer die Stadt dreimal den Besitzer wechselte. Was von der Innenstadt noch stehen geblieben war, wurde in diesen Kämpfen restlos zerstört, so daß von allen innerhalb der Stadtmauer gelegenen Gebäuden nur 4 % erhalten blieben.

Die Zahl der Todesopfer unter der Zivilbevölkerung beläuft sich auf 137, von denen 93 durch Fliegerangriffe und 44 in den unmittelbaren Kämpfen um die Stadt getötet wurden. Hinzu kommen noch 143 Soldaten, die bei der sinnlosen Wiederbesetzung der Stadt den Tod fanden, und 20 junge Wehrmachtshelferinnen, die beim Fliegerangriff vom 4. April umkamen, so daß insgesamt 300 Menschenleben in Crailsheim vernichtet wurden.

W. Frank in: Kriegschronik der Stadt Crailsheim

Der Angriff vom 23. 2. 1945 war verheerend. Es war ein Großangriff mit schätzungsweise 700 Sprengbomben. Die gelegten Bombenteppiche zerstörten den Bahnhof und den in dieser Richtung gelegenen Stadtteil. 57 Zivilpersonen kamen dabei ums Leben, 68 Personen wurden verwundet. 82 Wohngebäude wurden total zerstört, 155 Wohngebäude schwer und einige hundert leicht beschädigt. Das Städt. Gaswerk wurde völlig vernichtet, das Wasserwerk vorübergehend außer Betrieb gesetzt, sämtliche ansässigen Industriebetriebe bombardiert. 27 landwirtschaftliche Gebäude und 11 Stück Großvieh wurden ein Opfer des Angriffs. Für 800 Obdachlose mußte anderweit Unterkunft geschaffen werden.

Was die beiden Angriffe vom Februar übrigließen, wurde durch die Fliegerangriffe im April und die weiteren Kriegsereignisse in diesem Monat zum großen Teil vollends vernichtet, so daß die Stadt Crailsheim heute zu 4/5tel als zerstört betrachtet werden kann.

Konrad Rahn in: Kriegschronik der Stadt Crailsheim

Wie der Rathausturm weggefegt wurde

Es hatte sich der frevelhafte Brauch ausgebildet, schulpflichtige Hitler-Jungen als Turmwachen zu verwenden. Bei Fliegeralarm mußten diese kaum 13jährigen Jungen auf den Rathausturm und auf das Gaswerk steigen und dort, ungeachtet ihres Kindesalters und der Gefahr, als Luftbeobachter Dienst tun. So waren auch an diesem 23. Februar zwei Hitler-Jungen, Hermann Frey und Kurt Marquardt, auf dem Rathausturm zur Unterstützung des Revier-Oberleutnants Hilscher. Gleich beim ersten Angriff erhielt das Rathaus mehrere Volltreffer. Das Dach wurde völlig abgedeckt und der Turm bis zum Kranz weggefegt. Hilscher, der auf der Westseite des Turmes den Fernsprecher bediente, wurde niedergeworfen und von einem großen Stein eingeklemmt. Er erlitt einige Quetschungen und Prellungen. Es gelang ihm jedoch, sich unter dem Stein hervorzuarbeiten. Frey und Marquardt befanden sich auf der Ostseite des Turmes. Frey kam mit seinem rechten Bein unter einen großen Steinbrocken zu liegen, wurde eingeklemmt und erlitt einen Oberschenkelbruch. Der Leitungsdraht des Blitzableiters hatte sich um das linke Bein gelegt und hing am Turme herunter und verursachte heftige Schmerzen. Kurt Marquardt wurde über die Brüstung geschleudert. Er blieb jedoch in den Knien hängen, weil beide Beine ebenfalls unter Steinen lagen; so hing der arme Junge mit dem Kopf nach unten am Turm herunter.

Das Treppenhaus des Turmes war eingestürzt und man mußte die Bergung der Leute von außen versuchen. Ein Feldwebel versuchte am Blitzableiter hinaufzuklettern, was jedoch nicht gelang, da der Leitungsdraht über dem linken Bein von Frey lag und dieser dadurch unerträgliche Schmerzen hatte. Schließlich gelang es Schlossermeister Seybold, sich über eine Steigleiter bis zum Rundgang emporzuarbeiten. Als er oben war, kam noch ein Gefreiter des Flugplatzes hinzu. Hilscher und Frey wurden von den auf ihnen liegenden Steinen befreit und die Verwundeten an Seilen mühsam heruntergelassen. Kurt Marquardt war inzwischen verblutet. Etwa drei Stunden hatte er in dieser furchtbaren Lage zugebracht.

Konrad Rahn in: Kriegschronik der Stadt Crailsheim

Fränkisches Volksfest in Crailsheim

Das Fränkische Volksfest wurde begründet von König Wilhelm I. von Württemberg anläßlich seines silbernen Thronjubiläums und seines 60. Geburtstages und zwar als „Landwirtschaftliches Bezirksfest zur Hebung und Förderung der Landwirtschaft im fränkisch-hohenlohischen Raum". 1901 wurde es in „Fränkisches Volksfest" umbenannt.

Das Zauberbuch

Ein Pfarrer von Crailsheim hatte in einer gewölbten Stube alte große Bücher, die mit Ketten an die Decke und Wände befestigt waren. Eine neugierige Magd, die allein in der Stube war, öffnete einst ein Buch und las eine Stelle. Da wimmelte die Stube plötzlich von Mäusen. Auf den Hilferuf der erschrockenen Magd eilte der Pfarrer herbei, ließ sich das Geschehene erzählen und las nun die Stelle des Buches von hinten nach vornen, worauf alle Mäuse verschwanden.

Beschreibung des Oberamts Crailsheim, 1884

Die verlorenen Akten

In einem Rechtsstreit war ein für eine rechtschaffene Familie wichtiges Schriftstück verlorengegangen. Der Stadtschreiber suchte im Rathsaal bis nach Mitternacht darnach. Endlich rief er unwillig: Teufel, gib die Schriften her, du hast sie doch in den Klauen. Da fiel das Heft plötzlich von oben zu seinen Füßen, die Thürflügel flogen auf, der Teufel und hinter ihm die Weiber der 12 Rathsherren auf Ofengabeln stürmten mit Gebraus zum Saal herein und zur anderen Thüre wieder hinaus.

Beschreibung des Oberamts Crailsheim, 1884

Die Gräfin Adelheid

Auf der Schönenburg bei Crailsheim lebte einst die Gräfin Adelheid, die Gemahlin des Grafen Kraft von Hohenlohe. Sie war so fromm und gut, daß ihr nicht nur die Menschen und Tiere, sondern auch die unbelebte Kreatur willig gehorchten.

Fuhr sie etwa nach Crailsheim, so tat sich vor ihrer Kutsche ein unterirdischer Gang auf, und gelangte sie vor die Stadt, so sprangen die Flügel des Ansbacher Tores von selber auf, um sie einzulassen. Fiel ihr einmal etwas unversehens aus der Hand, einer ihrer seidenen Handschuhe etwa oder ihr kostbarer Fächer, so brauchte sie sich nicht danach zu bücken, denn wie von Zauberhand kehrte alles wieder zu ihr zurück.

Eines Tages war die Gräfin wieder auf der Fahrt von der Schönenburg nach Crailsheim. Da kam ihr vor dem Stadttor der Armsünderkarren entgegen, auf dem die Henkersknechte einen unschuldig Verurteilten zum Richtplatz führten. Als der Unglückliche die Gräfin erblickte, fiel er vor ihr nieder und bat sie, ihm zu seinem Recht zu verhelfen. Da die Gräfin meinte, der Sünder habe nach dem Richtspruch des Rats den Tod verdient, wandte sie sich ab und befahl dem Kutscher weiterzufahren. Als sie aber vor dem Tor anlangte, blieb es diesmal verschlossen, und unter Dröhnen und Krachen stürzte der unterirdische Gang, der von ihrer Burg bis nach Crailsheim geführt hatte, im selben Augenblick zusammen. Da merkte die Gräfin, daß sie Unrecht getan, ließ die Kutsche wenden und zur Richtstätte fahren. Aber sie kam zu spät; der Verurteilte hing schon am Galgen.

Adelheid starb, noch ehe ein Jahr vergangen war. Im Kloster Gnadental bei Waldenburg fand sie ihre letzte Ruhe. Das Volk aber erinnerte sich noch lange seiner Wohltäterin, denn die Gräfin hatte all ihr Vermögen den Armen der Grafschaft vermacht.

Manfred Wetzel in: Vom Mummelsee zur Weibertreu

Das Fränkische Volksfest, das Landwirtschaftliche Hauptfest für Franken, gestiftet vom württembergischen König Wilhelm I. als Gegenstück zum Cannstatter Wasen

Der alte Doktor Kramer

Der alte Doktor Kramer war von Berhardsweiler. Als Wundarzt diente er beim schweren Reiterregiment in Ludwigsburg, den späteren Zeppelinulanen. Er nahm an dem Feldzug von 1870/71 in der damaligen württembergischen Division teil.

Bekannt durch seine sicheren Diagnosen und seine Heilerfolge dehnte sich seine Praxis weit über die Grenzen unserer engeren Heimat aus. In das bayerische Land wurde er bis nach München und darüber hinaus gerufen. Ebenso bekannt war er durch seine urwüchsige, oft derbe Natürlichkeit. Nach Crailsheim kam er an dem Markttag, dem Freitag; hier hatte er seine Praxis im Gasthaus zum Engel im „Kammerstüble“. Der Zulauf war groß, alle Gasträume waren voll von den vielen Hilfesuchenden.

Unter der Bevölkerung werden auch heute noch zahlreiche Anekdoten über den alten Doktor Kramer und seine ärztliche Kunst erzählt. So habe er einem Kranken den Magen herausgenommen und diesen zur Seite gelegt. Des Doktors Hund aber habe ihn rasch geschnappt und restlos aufgefressen. Was blieb dem Doktor wohl oder übel übrig, als seinen Gaisbock zu schlachten und als Ersatz dessen Magen einzusetzen. Der Kranke habe durch die gute Narkose von dem Vorgang nichts gemerkt. Nur wenn der im übrigen wieder völlig Genesene an einer Hecke mit frischgrünem Laub vorübergekommen sei, soll's ihn ordentlich danach gelüstet haben!

Der Frankenspiegel, 1953

Die Jagst unterhalb der Barenhalde

Heldenmühle

Heldenmühle, die Mühle an der Halde, liegt freundlich in dem unterhalb von Crailsheim immer mehr sich verengenden Jagstthal 1,3 km südwestlich von Satteldorf. Sie gehörte den Geyer auf Goldbach und war bis zu Anfang des 18. Jahrhunderts öde gestanden.

Bei der Heldenmühle verfällt seit langer Zeit ein Theil des Wassers der Jagst; so besonders im Jahre 1867, deshalb thaten sich damals 32 Müller bis hinab nach Dörzbach und Klepsau zusammen und ließen die schadhaften Stellen mit einem Kostenaufwand von 1652 Gulden verstopfen.

Beschreibung des Oberamts Crailsheim, 1884

Beim Eintritt des Flusses in den Muschelkalk ändert sich der Talcharakter grundlegend. Das Gefälle der Jagst wächst beträchtlich und im Bereich des hier etwa 60 m mächtigen Hauptmuschelkalkes von der Heldenmühle bei Crailsheim bis Lobenhausen durchfließt die Jagst ihre engste, am dünnsten besiedelte Talstrecke.

In Crailsheim erreicht der Fluß den Muschelkalk. An der „Jagstverwerfung" zwischen Crailsheim und Kirchberg verliert er einen großen Teil seines Wassers. An den Hauptversickerungsstellen bei der Heldenmühle kann es zur Trockenzeit vorkommen, daß sich das Jagstbett in eine Reihe von Tümpeln auflöst.

Hans Mattern in: Das Jagsttal von Crailsheim bis Dörzbach

Mühlen an der Jagst

„Mühlen sind eigenartige Gebäude, das Drehen der Räder, das Rütteln der Mahlgänge, das Rauschen des Wassers gibt eine melancholische Melodie.

Interessant ist, was sich in einem Dorf und seinen Mühlen im Laufe der Jahrhunderte ereignete und welche Menschenschicksale sich dort erfüllten...

Zum Anbau des Getreides gehört notwendig das Mühlenhandwerk. Die Mühlen waren so wichtig, daß ihretwegen von der Ebene, die ja für Getreide das Hauptanbaugebiet ist, in die Täler des Hohenloher Landes in alter Zeit Steigen gebaut wurden, um aus dem Korn das Mehl mahlen zu lassen...

Diese Mühlen hatten deshalb, weil sie infolge der Einrichtung und ihrer Lage am Fluß fest ortsgebunden waren, eine alte Geschichte und eine alte Tradition.

Es ist bekannt, daß im Bauernkrieg gerade die Mühlen die Hauptquartiere der Bauernführer waren."

Rudolf Schlauch in: Württembergisches Unterland

Das Jagstwehr an der Heldenmühle unterhalb von Crailsheim

Burleswagen

Schloß Burleswagen, Wohnsitz der Familie Thorban seit fast einem Jahrhundert

Neidenfels mit dem dahinter aufragenden Schloß Burleswagen

Burleswagen, ein Weiler mit 17 Häusern, die, meist bescheiden, sich unregelmäßig um das Schloß gruppirt haben, welches dem Ort den Namen gab. B. liegt 1,6 km westlich von Satteldorf hart an der tief eingeschnittenen Klinge des Suntbachs, in der sich ein Theil von Neidenfels angesiedelt, während der andere die Burleswagen gegenüber liegende Bergwand einnimmt.

Das Schloß Burleswagen steht kühn auf der äußersten Ecke der ins Jagstthal und in die Neidenfelser Klinge steilabfallenden, mit jungen Fichten bewachsenen Kalkfelswände, als wolle es aller Welt trotzen. Mitten im jetzigen Schloßhof steht noch der Rumpf eines alten Bergfrids, Römerthurm genannt, wahrscheinlich der Hohenstaufenzeit entstammend.

Das jetzige Schloß mit seinen Wohnräumen gehört einer neueren Zeit an, da Schloß Burleswagen nach dem 30-jährigen Krieg kaum mehr als ein Steinhaufen war.

Die ganze Anlage mit ihren stattlichen Wohnräumen, dem schönen Saale, der herrlichen Aussicht auf das kühn gewundene Jagstthal und den bewaldeten Felsriegel der Neisel, auf Neidenfels tief unten im Thal, ist ein überaus freundlicher Edelsitz.

Beschreibung des Oberamts Neresheim, 1872

Der Wanderer, der von der Stadt Crailsheim aus dem Lauf der Jagst folgt, die eine Stunde abwärts tief ins Gestein des Muschelkalks einbricht, und so ein enges Thal mit schroffen Felswänden bildet, sieht auf einmal zur Rechten auf einem hohen steilen Bergvorsprung, der durch eine tiefe Thalschlucht des in die Jagst einmündenden Steinbachs gebildet wird, eine Burg ragen, die den seltsamen Namen Burleswagen (Wag, Wog, Schnellung des Flusses, am Burrle, Hügel) führt. Unten an ihrem Fuße liegt der Ort Neidenfels; von diesem führt ein steiler Fußpfad in schönen Windungen an dem mit Obst- und Waldbäumen bepflanzten Schloßberg hinauf zum altertümlichen Schlosse.

Ottmar Schönhuth in: Die Burgen, Klöster, Kirchen und Kapellen Württembergs, 1860

Jagst bei Neidenfels, unterhalb von Schloß Burleswagen, wo ein Teil ihres Wassers in den Klüften des Muschelkalks versickert

Zerstörung von Schloß Burleswagen

Aus der Chronik

Anno 1634 am 26. und 27. August ist die Nördlinger Schlacht geschlagen worden; aber solche ist unglücklich ausgefallen für die Schweden, wie auch ein Herr von Ellrichshausen auf Jagstheim ist umgekommen. Da brachte dessen Reitknecht die leidige Botschaft, und wunderte sich, daß er die Leute gerade über dem Kirchweihtanz angetroffen, ihrer unzeitigen Freude. Einige rüsteten sich auf zur Flucht, denn der adelige Diener versicherte, daß ein Schwarm daher komme, und alles ohne Zweifel im Lande ruinieren werde. Es ereignete sich auch, daß nach ein paar Stunden Freunde und Feinde parthieenweise in diesem Land einfielen, etliche den Burgberger Wald hinaufjagten und alles ausraubten

und plünderten, was ihnen vorkam. Wie also die Leute auch in dieser Umgegend in Schlössern und haltbaren Orten ihre Rettung suchten, also wurde doch über die Flüchtlinge in Burleswagen ein schrecklich Unglück verhängt, indem die sich darin aufhaltenden Leute, weil es ihnen vorher oft gelungen, die Kriegsleute mit Gewalt und Geschoß abzutreiben, auch eine hinten von Bahrenhalden und Neuffel her, an den Garten von Burleswagen her, wo damals noch eine Zinne mit Pallisaden gestanden, ankommende Dragoner Parthei unter dem Hauptmann Rauhaupt mit Geschoß begrüßt, auch den Rauhaupt selbst sogleich todtgeschossen; da ist zwar der Trupp schnell zurückgewichen, hat sich aber sogleich von seinen Völkern wieder verstärkt, und ist zurückgekommen, und hat das Schloß Burleswagen mit Gewalt an-

Steinbruch im Hauptmuschelkalk bei Neidenfels

gegriffen. Als die Leute im Schloß die Gefahr sahen, ließen sich die meisten Mannsbilder im Schloß mit Stricken an dem Jagstberg hinunter und flohen davon. Es hatte aber aus unbedachtem Muth und zu allem Unglück der sogenannte Holzmichel (Michael Hetzer), Burleswager Schultheiß – die Schlüssel im Schloß mitgenommen, und so die Leute im Schloß sich nicht ergeben konnten, sie dadurch, daß sie das Thor nicht öffneten, den Zorn und Grausamkeit der Kriegsleute noch mehr erweckten, so daß sie Feuer ins Schloß warfen, die Thore einwarfen, Schloß und Gebäude verbrannten, und die Leute jämmerlich verwundeten und tödteten, so daß 14 Menschen auf einem Haufen gelegen und ermordet waren. Verschiedene Leute sind, die in einem Backofen sich verkrochen, hervorgesucht und zerhauen worden. Verschiedene Leute sind bei dem Brand hinunter in die Berge gestürzt, und in der Angst in den Jagstwag gefallen. Viele sind über die Brücken hinunter gestürzt, und durch den Fall durch Degen und Geschoß blessiert worden.

Ottmar Schönhuth in: Die Burgen, Klöster, Kirchen und Kapellen Württembergs, 1860

Arbeiter im Steinbruch, 1935

Die Steinbrüche im Jagsttal

Talabwärts von Neidenfels bestimmen bis zur Gronachmündung – das sind gut zwei Kilometer – Steinbrüche das Bild. Dem Natur- und Landschaftsschützer sind diese Großsteinbrüche zum Leid – dem Geologen und Liebhaber von Versteinerungen zur Freud.

Gerade das Jagsttal unterhalb Crailsheims wurde durch seinen Reichtum an Fossilien in Fachkreisen und bei Liebhabern berühmt.

Manche Schichten des Hohenloher Hauptmuschelkalkes liefern einen hervorragenden, widerstandsfähigen Baustein, so vor allem der Trochitenkalk und die „Kornsteine" in höheren Lagen der Ceratitenschichten. Hohenloher Burgen und Schlösser, Bauern- und Bürgerhäuser, alte Zehntscheuern und die in vielen Dörfern heute so typischen Trockenmauern künden davon, aber auch repräsentative Gebäude außerhalb Hohenlohes, so z.B. der Stuttgarter Hauptbahnhof.

Hans Mattern in: Das Jagsttal von Crailsheim bis Dörzbach

Ammoniten (Ceratites) aus den Bänken des Muschelkalks

Die Hammerschmiede Gröningen

Nur wenige hundert Meter oberhalb ihrer Mündung in die Jagst liegt im tief eingeschnittenen Tal der Gronach die Hammerschmiede Gröningen.

Sie gehört zu den eindrucksvollsten Kulturdenkmälern Süddeutschlands.

Gegründet 1804 von dem Hammerschmiedsgesellen Johann Adam Bäuerlein, entwickelte sich diese Anlage vom einfachen ländlichen Hammerwerk zum vorindustriellen Handwerksbetrieb mit Serienfertigung von Werkzeugen für Handwerk und Landwirtschaft. Gefertigt wurden Hebeeisen, Kreuzpickel, Steinmeisel, Maurerhämmer, Fäustel, Vorschlaghämmer, Stahlschaufeln, Steinkeile, Stechbeitel, Spaten, Hacken, Beile und Äxte.

1948 wurde der Betrieb wegen Unrentabilität eingestellt. In den Jahren 1979 - 82 restaurierte der Schwäbische Heimatbund die Hammerschmiede und öffnete sie den Besuchern als lebendiges Museum.

Seit 1988 ist die Hammerschmiede Gröningen Außenstelle des Hohenloher Freilandmuseums Wackershofen

So funktioniert das Hammerwerk

Die Hammeranlage wird durch Wasserkraft in Bewegung gesetzt. Dabei staut das „Obere Wehr" die Gronach und leitet „Oberwasser" durch einen Kanal zum „Radhaus" im Erdgeschoß des Hauptgebäudes. Hier lagert der mächtige „Wellbaum". Über eine Rinne stürzt das Wasser in die Schaufeln des Wasserrades. Durch das Gewicht des Wassers wird das „oberschlächtige Rad" in Gang gebracht. Die Drehzahl ist mit der zugeführten Wassermenge regulierbar. Die sich füllenden Schaufeln drehen das Rad nach unten weg, entleeren sich, und das „Unterwasser" fließt seiner nächsten Nutzung zu.

Hammerschmiede Gröningen

Gronachwehr oberhalb der Hammerschmiede

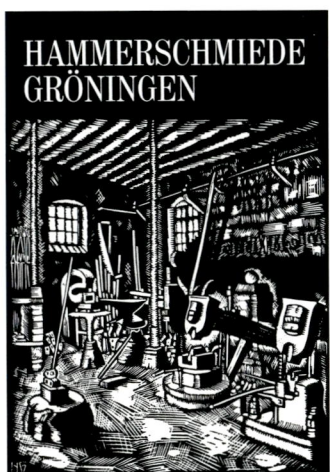

*In der Hammerschmiede
(Holzschnitt von Hans Gerner)*

Auf dem Wellbaum befinden sich drei „Daumenkränze" aus Metall. Während der Drehung der Welle drücken die Daumen auf die Eisenzapfen („Schwanzfedern") der Hammerstiele („Hammerhelme").

Dies führt zu einer Aufwärtsbewegung des hölzernen Hammerhelms. Durch Weiterdrehen der Welle gibt der Daumen die Feder wieder frei, und der „Hammerbär" am Hammerhelm schlägt wuchtig – durch sein Eigengewicht – auf Werkstück und Amboß.

Frieder Schmidt in: Die Hammerschmiede Gröningen

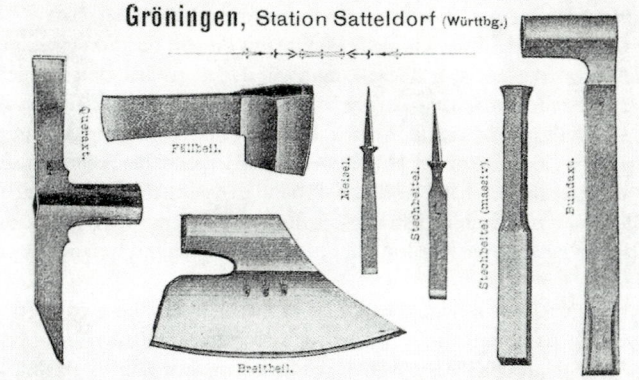

Geschäftskarte der Hammerschmiede

Leben in früherer Zeit

Der Korbmacher

Mit dem Korbwagen auf Verkaufstour

Kuhgespann mit Erntewagen

Bei der Ernte

Der Wagner

Der Schmied

Der Schäfer

Hausschlachtung

Das Naturparadies im oberen Jagsttal

Die Jagst durchfließt von der Gronachmündung bis zur Lobenhausener Mühle ihre unberührteste, abgeschiedenste Talstrecke. Meist reicht auf beiden Seiten der Wald bis zum engen Grund herab. Nur am Fuß der Gleithänge säumen schmale Wiesenstreifen den Fluß, der auf dieser engen, unwegsamen, etwa viereinhalb Kilometer langen Strecke bei einem Gefälle von über dreieinhalb Promille die harten Bänke des Trochitenkalks durchsägt. Die Prallhänge entsteigen ihm fast unmittelbar.

Die Palme unter allen Prallhängen im Hauptmuschelkalk des Jagsttales gebührt zweifellos dem Baierlesstein. Über 60 m steigt der Hang an, im oberen Teil von Felsen gekrönt, während den mittleren und unteren, immer noch sehr steilen und schwer zugänglichen Bereich Felsschutt deckt. Bergulme, Bergahorn, Esche, Sommerlinde beherrschen den urwaldartigen Bestand am schattigen, feuchten, nordseitigen Felsschutthang.

Reizvoll ist es auch, oben an der Talkante über den Felsen zu weilen, bei den knorrigen, zum Teil bizarr geformten Eichen, Linden, Hainbuchen, Feldahornen und Weißdornbüschen, die dort den oberen Talrand gegen die Felder auf der Hochfläche malerisch säumen.

Der Sage nach soll hier der Raubritter Eppelin von Gailingen mit seinem Roß hinabgesprungen und seinen Verfolgern wohlbehalten entronnen sein.

Der Blick auf das Tal ist beschränkt, aber eindrucksvoll genug. Rauschend grüßt aus der Tiefe die Jagst, oft zieht ein Roter Milan über das Tal und von den nahen Feldern erklingt das neckische „Peckperweck" einer Wachtel.

nach Hans Mattern: Das Jagsttal von Crailsheim bis Dörzbach

Tief in den Muschelkalk eingeschnittene Jagst bei der Kernmühle

nah und entsprechend artenreich und bunt, ein wohltuender Gegensatz zu den eintönigen Nadelholzforsten in den benachbarten Sandsteingebirgen.

Wander- und Naturführer für den Raum Krautheim – Dörzbach – Mulfingen

Der Bärenstein

Das Gegenstück zum Baierlesstein ist am sonnseitigen Hang etwas weiter talab der Bärenstein, der über 70 m emporsteigt, „einst gekrönt von einem efeuumrankten Felsenkranz" (G. Wagner). Obwohl wenig bekannt, gehört der Bärenstein zu den schönsten Flecken im Jagsttal. Kühle, würzige Luft trägt das Rauschen des Flusses empor, der aus engem, dunklem Waldtal strömend sich in zwei Arme gabelt.

nach Hans Mattern: Das Jagsttal von Crailsheim bis Dörzbach

Jagst unterhalb des Baierlessteins, eines hoch aufragenden Prallhanges

Der unter Naturschutz stehende Türkenbund, eine Lilienart

Flora und Fauna im Jagsttal

Ein sehr mildes Klima herrscht im tief eingekerbten Jagsttal und den Nebentälern. An steilen Hängen und auch an anderen Stellen, wo die Bodendecke über dem Kalkstein sehr dünn ist, findet man Flächen mit Magerrasen, die früher als Weideland oder als Rebflächen genutzt wurden. Diese, auch als Kalk-Trockenrasen bezeichneten Flächen, stellen eine große Besonderheit dar. Oft zeichnen sie sich durch eine sehr artenreiche Flora und Fauna aus und viele dieser Pflanzen und Tiere sind in der „Roten Liste gefährdeter Tier- und Pflanzenarten Baden-Württembergs" enthalten.

Die Wälder wachsen, was für Mitteleuropa ungewöhnlich ist, nicht nur an den Steilhängen der Flußläufe, sondern auch auf fruchtbaren, für die landwirtschaftliche Nutzung bestens geeigneten Lößlehmböden der Hochflächen. Diese Laubmischwälder sind noch natur-

Erkenbrechtshausen

Erkenbrechtshausen, ein ziemlich ausgedehnter Weiler mit 31 sauberen einstöckigen Häusern liegt 1,5 km nordöstlich von Triensbach in der Niederung des von Tr. kommenden Baches.

Am Südwestende des Weilers liegt ziemlich flach das Schloß der Frhrn. Von Seckendorf-Aberdar. Es ist ein einfaches, aber wohnliches Gebäude, umgeben von einem Graben, Oekonomiegebäuden und einem weiten Garten.

In E. saßen ritterliche Dienstmannen, wahrscheinlich ein Zweig der H. von Crailsheim.

In der Nacht vom 5./6. Mai 1525 überfielen die Bauern Kaspar v. Crailsheim in seinem Schloß und führten ihn unter dem Namen Kaspar Bauer mit sich. Kasp. V. Cr. erbaute nach dem Bauernkrieg das hintere Haus zu E. Die alte Burg lag in Ruinen.

Universal-Lexicon von Württemberg, 1841

Schloß Erkenbrechtshausen

Der Eppele von Gailingen

„Rauben und Morden ist keine Schand; das tun die Besten im ganzen Land" – so prahlten die Raubritter, die in der „kaiserlosen, der schrecklichen Zeit" nach dem Untergang der Staufer ihr Unwesen trieben. Als einer der schlimmsten galt Eppele von Gailingen. Zwischen Crailsheim und Nürnberg lauerte er den Kaufmannszügen auf, überfiel Klöster, Dörfer und Burgen, und waren seine Raubzüge noch so frech und kühn, nie konnte man ihn fassen. Es hieß, Eppele habe dem Teufel seine Seele verschrieben und

dafür ein Roß erhalten, das ihn aus jeder Bedrängnis erretten könne.

Einmal zog der Ritter mit einer kleinen Schar von Knechten aus, das Schloß von Erkenbrechtshausen an der Jagst zu überfallen. Aber der Freiherr Gaymann von Crailsheim, dem der Besitz damals gehörte, hatte davon erfahren und dem Räuber einen Hinterhalt gelegt. Eppele blieb nur die Flucht, doch die Feinde sprengten ihm nach und trieben ihn auf einen hohen Felsen über dem Jagsttal, den Beierlesstein. Schon glaubten sie ihn in ihrer Gewalt, da

faßte der Ritter die Zügel seines Rosses fester, rief: „Appele, hopp!", gab ihm die Sporen und setzte mit kühnem Sprung über den Felsen in den Abgrund hinunter. Die Wasser der Jagst schlugen über Roß und Reiter zusammen, doch zur Verwunderung der Verfolger tauchten beide wieder auf, gelangten unversehrt ans andere Ufer und jagten davon. Noch lange zeigte man auf dem Beierlesstein die Spuren der Hufeisen, die Eppeles Rappe beim Absprung im Felsen hinterlassen hatte.

Manfred Wetzel in: Vom Mummelsee zur Weibertreu

Lobenhausen

Lobenhausen, Weiler mit 160 evang. Einwohnern, am Fuße des Lobenhauser Schloßbergs, eines isolirten Gebirgtheils nächst dem Jagsttal, doch auf der entgegengesetzten Seite von letzterem gelegen. Die Au und das sonstige Terrain, das hier in großer Abwechslung gruppirt ist, bildet mit dem an den Berg angebauten Ort, den Schloßruinen und der noch erhaltenen Burgcapelle eine der schönsten Partien des Oberamtsbezirks. Der weitläufig gebaute Ort ist von der Nachbarschaftsstraße von Kirchberg nach Crailsheim berührt. Etwa 10 Minuten entfernt von

demselben liegt eine Mahl- und Schneid-Mühle an der Jagst. Von den Einwohnern sind zwei Drittel in dürftigen Umständen.

Den 11. Oktober 1556 wurde fast ganz Lobenhausen, mit Ausnahme des Schlosses, durch eine Feuersbrunst verzehrt, und 1645 Schloß und Weiler von den Franzosen und Schweden ausgeplündert, vielleicht auch zugleich das Schloß zerstört. 1634 nach der Schlacht bei Nördlingen brachten die Kriegsvölker auch hierher die Pest. Vom Schloß sind jetzt, außer der Capelle, nur noch die Ringmauern vorhanden.

Die Herren von Lobenhausen treten im Jahr 1078 in die Geschichte ein; die ältesten sind Engelhard I. und Rocho. Ums Jahr 1280 erlosch das Geschlecht. Bereits im Jahr 1298 ist die Stammburg in den Händen des Hauses Hohenlohe.

Beschreibung des Oberamts Gerabronn, 1847

Fachwerkgiebel der Lobenhauser Mühle

An der mittleren Jagst, zwischen der Kreisstadt Crailsheim und dem einst hohenloheschen Residenzstädtchen Kirchberg, liegt der malerische Weiler Lobenhausen. Das Jagsttal erweitert sich hier zu einem breiten Tal, aus dessen Sohle inselartig der Schloßberg aufsteigt. Auf der Höhe des Berges stand einst die bedeutende Burg Lobenhausen.

An der der Jagst abgewandten Seite des Schloßbergs liegt der Weiler Lobenhausen, durch den die Straße von Crailsheim nach Kirchberg führt. Die Gegend gehört zu den schönsten Partien an der Jagst, die den Besucher immer wieder von neuem entzückt. Eine Fußwanderung von Crailsheim nach Kirchberg ist jedem Wander- und Naturfreund wärmstens zu empfehlen.

Bevor die Burg Lobenhausen wohl im letzten Drittel des 11. Jahrhunderts erbaut wurde, bestand der Weiler schon längst.

Der Frankenspiegel vom 16. März 1968

Der kleine Weiler Lobenhausen hoch über der Jagst

Hoch über dem Jagsttal liegt die Burg „Lobenhausen", der ehemalige Sitz eines Hochadelsgeschlechtes. Steil führt der Weg vom Dorf Lobenhausen hinauf zur Bergnase. Durch das Tor betritt man den Schloßbezirk, in dem noch die Kapelle, ein romanischer Rechteckbau mit Apsis und einige Außenmauern erhalten sind. Der Ausblick von den efeuüberwachsenen Mauern, die den Hofraum eines dort angesiedelten Bauernhofes mit seiner malerisch-ländlichen Unordnung einfrieden, hat sich durch die Jahrhunderte nicht verändert.

Unter uns glitzert die Jagst, zu beiden Seiten von breiten Schilfstreifen gesäumt, die unberührten Lebensraum für allerlei Wasserbewohner bieten.

Schillernde, fingerlange Libellen schwirren durch die mit Gewisper und Gezwitscher erfüllte Luft. Eine Stockente, die kleinen Daunenküken im Geleitzug hinter ihr, schwimmt durch die Schilfgassen. Die Zwergrohrdommel erstarrt mit hochgerecktem Kopf beim Nahen der Gefahr und wird zum leblosen Pfahl.

In diesem Tal jagt er noch, der Edelstein unter unseren heimischen Vögeln, der Eisvogel. Aufgeschreckt fliegt er pfeilschnell mit durchdringenden Rufen knapp über das Wasser.

Nach dem schäumenden alten Wehr wird der Fluß breiter und seichter. Am Uferrand verharrt regungslos ein Graureiher mit vorgestrecktem Kopf und lauert auf Beute. In den tieferen „Gumpen" stehen armlange Hechte, nur ganz sacht die Schwanzflosse bewegend.

Herbert Schüßler in: Unbekanntes Hohenlohe-Franken

Anhäuser Mauer

Eine eigenartige Sehenswürdigkeit ist die „Anhäuser Mauer" bei Gröningen. Es ist die erhalten gebliebene nördliche Seitenwand eines Chors der Klosterkirche des Paulineneremitenklosters, das hier stand. Fünf gotische Steinstandbilder der Ritterfamilie Bebenburg finden sich an der Mauer, die in ihrer Einsamkeit die Geschichte vom Verfall eines Klosterwesens erzählt, das im Bauernkrieg geplündert, in der reformatorischen Zeit aufhörte zu bestehen und nach 1700 einfach samt Kirche, Konventsgebäuden und anderen Teilen abgebrochen wurde. Nur diese Mauer blieb erhalten. Das Volk erzählt manche Sagen und Geschichten über sie.

Vor der Anhäuser Mauer

Als wir vom hochgelegenen Kirchberg an der Jagst aus auf eine menschenleere, weite Ebene gekommen waren, erblickten wir endlich dort, in der Ferne, die einsam aufragende Anhäuser Mauer. Erstaunlich hoch erhob sich die kahle Wand wie ein schmaler Turm abseits in Getreidefeldern. Zwanzig Meter beträgt ihre Höhe. Kaum zehn Schritte brauchten wir, um ihre Breite auszumessen.

Doch das Überraschendste an dieser Steinwand ist, daß über den Büschen nebeneinander die lebensgroßen Plastiken von fünf Rittergestalten wie eine mittelalterliche Galerie erhalten blieben. Nur eine der stämmig herausmodellierten Steinfiguren haben die Bauern bei ihrem Aufstand 1525 herabgeschlagen, und

es war vielleicht Absicht, daß sie das zierlich gemeißelte Wappen neben dem Ritter kaum beschädigt haben.

Nicht mehr leibeigen sein, ihre Frondienste abschütteln wollten die Leute vom Bundschuh. Ihre alte Freiheit als Bauern. Sie zogen von Burg zu Burg und hier auch gegen das Kloster Anhausen. Der Prior und seine Mönche hatten sich in den Wald geflüchtet.

Der Überlieferung nach haben die Bundschuhbauern, die aus den benachbarten Dörfern stammten, das Kloster Anhausen zwar gierig ausgeplündert und sogar den Blasebalg und Amboß aus der Klosterschmiede mitgenommen. Aber offenbar blieb von den meisten Bauten das Mauerwerk stehen. Sie wären sonst wenig später nicht wieder bewohn-

Die Anhäuser Mauer, ein Relikt der zerstörten Klosterkirche des Paulineneremitenklosters

Die gotischen Steinstandbilder der Ritterfamilie Bebenburg

bar gewesen. Erst um 1700 fuhren immer mehr Nachbarn, die Bausteine brauchten, zu dem verödeten

Die Anhäuser Mauer

Feldeinsamkeit, Feldeinsamkeit
und Gottesfrieden weit und breit,
o wunderseliges Tagen.
Zuweilen nur vom nahen Wald
ein Vogelruf herüberschallt,
im Korn der Wachtel Schlagen.

Kein Haus, kein Dorf ist fern und nah,
nur eine Mauer hoch steht da
und mahnt an frühere Tage.
Dahier auf grünem Wiesengrund
einmal ein reiches Kloster stund,
vermeldet noch die Sage.

Vom Kloster aber Stein um Stein
zerbröckelt, bis noch ganz allein
heut steht die morsche Mauer.
Was Menschenhand gebaut, vergeht.

Fritzjacob Weller

Kloster hinaus, das 1557 aufgehoben worden war. In ganzen Karrenzügen ließ zuletzt der Graf von Kirchberg um 1740 die übrigen Quadersteine in Anhausen holen, als er sein malerisch auf dem Bergsporn über der Jagst gelagertes Schloß erweitern ließ.

Die Herren von Bebenburg gelten als die Gründer des Klosters und sind seine Gönner geblieben, voran Lupoldus von Bebenburg, der als Bischof von Bamberg bis 1363 gelebt und den der Steinbildhauer in seinem Ornat mitsamt der Mitra abgebildet hat.

Genau hat nachher der Prior in einem langen Verzeichnis die vielen Verluste und Schäden aufschreiben lassen. Zweiundsechzig Kühe und ein Dutzend guter Ochsen trieben die Bauern davon, und sie gruben sogar die jungen Apfel-, Birnen- und Nußbäume aus. Alles konnten sie brauchen, auch dreiundzwanzig

Bettladen und die dazugehörenden „Pfülben", Kissen und Decken, außerdem sechzehn Tische nebst Bänken und Truhen, Hausgeräte, Küchengeräte, Handwerkszeug. Auch Messgewänder verstauten die Plünderer auf ihren Wagen und nicht zuletzt die beiden Kirchenglocken.

Otto Rombach in: Hohenloher Tagblatt vom 24.5. 1984

Der Sage nach sollen sich die Mönche durch einen vorhandenen unterirdischen Gang zum nahen Nonnenklösterlein Mistlau im Jagsttal geflüchtet und nach dem Vordringen der Reformation mit den dortigen Nonnen manchen eigenen Hausstand gegründet haben. Der letzte Prior des Klosters soll seine reichen Schätze vor seinem Tode noch im Kloster vergraben haben.

Fritzjacob Weller in: Der Frankenspiegel

Mistlau

Mistlau liegt im Jagstthal rechts des Flusses, ½ Stunde südlich von Gaggstatt. Der Ort ist weitläufig gebaut und besteht aus meist zweistockigen ansehnlichen Gebäuden. Das Thal ist hier um 3 - 400" tiefer als die Höhen, zwischen welchen es durchzieht und auf denen der größere Theil der Markung liegt, was den Feldbau sehr erschwert.

Ein Benediktiner-Nonnenkloster war früher hier, 1282 von einer Gräfin Elisabeth von Lobenhausen gestiftet. Dasselbe wurde 1479 mit bischöflicher Erlaubniß von Seite des Abts zu Comburg, dem das Visitationsrecht zugestanden, aufgehoben und sein Vermögen zu diesem Stift eingezogen. Theils der Baufälligkeit der Klostergebäude, theils un-

züchtiges Leben der Nonnen hatten Veranlassung dazu gegeben.

Beschreibung des Oberamts Gerabronn, 1847

Mistlau mit seinem freskengeschmückten spätmittelalterlichen Dorfkirchlein beeindruckt durch seine reizvolle Lage im unter Naturschutz stehenden Jagsttal und inspiriert Künstler, die hier wohnen.

Gunthilde Zoll

Schiergoar!

Ein Ortsvorsteher im Jagsttal hatte sich einem Hausbau zugewandt. Der Kostenvoranschlag, den er sich hatte machen lassen, entsprach durchaus seinen Verhältnissen, bloß war er

nicht einzuhalten. Er mußte schon beim Fundamentbau überschritten werden, weil man beim Ausheben der Baugrube auf eine stark Wasser führende Ader stieß, dann kam an einer Ecke schwerer Fels zum Vorschein, und dann waren es schon zehntausend Mark mehr.

Als aufgerichtet war und der Innenausbau anlief, sah der Mann seinen Schuldenberg auf sich zukommen, noch höher als der Dachfirst.

Als er an einem Sonntagnachmittag kurz vor der Kaffeezeit wieder einmal eine unerwartete Rechnung im Briefkasten fand, begann er zu sieden wie ein Spätzlestopf, den die Hausfrau auf die Herdplatte gestellt und eines anderen Geschäfts wegen vergessen hat.

Die Jagst bei Mistlau, wo sich die alten Fachwerkhäuser im Wasser spiegeln

Er rannte in den Werkzeug-
schuppen, holte sich einen Kälber-
strick und rannte in Richtung Jagstufer, wo er seinem hausbauschul-
denbedrückten Dasein ein Ende zu
machen gedachte.

Er suchte sich einen über die
Uferböschung hängenden Ast aus,
befestigte daran das eine Ende des
Kälberstricks, legte das andere um
seinen Hals, schrie: „Ade, schneede
Weld!" und sprang.

Der Mann landete jedoch nicht
im Jenseits, sondern voll im Wasser,
denn glücklicher- oder auch schick-
salshafterweise hatte er nur einen
mäßig starken Weidenast erwischt,
und der hatte auch sofort nachge-
geben.

Dem Wasserhopfer kam das
Jenseits recht naß und kalt vor, und
er hörte auch keine Englein singen, was er angesichts seines sonst
ordentlichen Lebenswandels hätte
erwarten können, und wenn es die
Hölle gewesen wäre, wo er gelandet
war, dann hätten da mindestens
ein paar heidnische Wassernixen
um ihn herum sein müssen.

Als er gar noch einen tiefen
Schluck Jagstwasser nahm, breitete

Brennholzvorrat vor einem Bauernhaus in Mistlau

er eilends die Arme aus und begann
zu rudern, und da das Ufer höchstens
einen Meter entfernt war, gelangte er
auch schnell auf festes Land.

Dort schüttelte er einen Schwall
braune Brühe aus der Hose und
dazu einen dicken Schwimmfrosch
aus dem Kittel und rannte eilends
heimwärts.

Unterwegs wurde ihm so langsam klar, was er da in seiner Gähwut
beinahe angestellt hätte, und wovor
er durch ein gütiges Schicksal bewahrt worden war.

Erneut wütend, aber nun mehr
auf sich selber, raste er ins Wohnzimmer zu der bei Kaffee und Ku-
chen versammelten Familie, stellte
sich vor dieser auf und schrie voll
erbost: „Weche därre bleede Henge-
rei wär i iedsd schiergoor versoffe!"

Er wurde von seiner fürsorgli-
chen Gattin ins Schlafzimmer geleitet, dort zuerst seiner dampfenden
Kleidung entledigt und danach mit
heißen Wickeln versorgt, worauf er
innig, aber nun nicht mehr zornig,
weiterdampfte.

Unter den Kaffeegästen hatte
sich auch Tante Frieda befunden,
und als diese von dem wahrschein-
lichen Grund der tiefen Depression
des Bettlägerigen erfuhr, eilte sie zu
diesem und sprach: „Reich di nedd
uff, i hobb drhaam im Klaader-
schrank a boar dausend Marg lee-
che. Die kouschd hoowe, sogoar
ohne Zinse!"

Manfred Wankmüller in: Schlitzöhrige Geschichten
aus Hohenlohe

Schnell dahineilende Jagst unterhalb von Mistlau

Gaggstatt

Gaggstatt, früher Haagstadt oder Jackstatt, evang. Pfarrdorf mit 483 Einw. An der Hall-Rothenburger Staatsstraße, von Kirchberg ¹/₂, von Gerabronn 2 Stunden entfernt, in einer Niederung gelegen, aus welcher sich westlich eine tiefe Schlucht in das nahe Jagstthal zwischen dem in dieser Richtung ansteigenden Gebirg hinauszieht, die dem Gewässer der kleinen Bäche zum Abfluß dient, welche beim Schneegang und starken Regen nicht selten den Ort auf eine belästigende Weise überschwemmen. Derselbe ist weitläufig gebaut, freundlich und neuerlich reinlich.

Die Jugendstilkirche von Gaggstatt, 1904 von Theodor Fischer erbaut

In Gaggstatt hat der berühmte, am 9. Sept. 1809 als Professor in Göttingen verstorbene Publicist, Geschichtschreiber und Sprachforscher August Friedrich Schlözer, Sohn des damaligen Pfarrers des Orts, den 5. Juli 1735 das Licht der Welt erblickt.

Beschreibung des Oberamts Gerabronn, 1847

1904 hatte der damals noch unbekannte Baumeister Theodor Fischer vom württembergischen König den Auftrag zum Kirchenbau in Gaggstatt erhalten. Der König ließ dem Architekten freie Hand, weil er wissen wollte, was in dem vielversprechenden jungen Mann steckte. So entstand, sehr zum Mißfallen der Dorfbewohner, im kleinen Gaggstatt ein ausgefallener Jugendstilbau mit zwei Türmen und zahllosen Dächern, die eher an eine Trutzburg als an ein Gotteshaus erinnern. Die Gemeinde hätte lieber ein neugotisches Kirchlein gehabt, wie es damals Mode war, und keine „mit wenigen Fenstern in so großer Höhe, daß man das Licht mit Säcken zum Fenster hereintragen mußte."

Inzwischen aber stehen die Gaggstatter zu ihrem Pfarrer und ihrem „teuren Kirchlein", das schon über 1,5 Millionen Mark Renovierungskosten verschlungen hat.

Doris Lott in: Badische Neueste Nachrichten vom 12. 2. 1999

Das Kirchenschiff und der Chor der Jugendstilkirche Gaggstatt

Hornberg

Das erste Mal wird Hornberg als „Horenburg" 1216 erwähnt. Die größte Chance wurde vertan, als 1373 Gerlach von Hohenlohe sein Recht nicht nützte, den Ort zu einer Stadt auszubauen, mit „Wochenmarkt, Stock und Galgen", wie es hieß.

Die Herren von Hornberg spielten bis zu ihrem Aussterben 1589 noch eine Rolle in Ostfranken, doch schon 1604 kam die Burg an die Freiherren von Crailsheim, seit 1705 gehört Hornberg der Linie Crailsheim-Rügland.

Bis zur Auflösung des Landkreises Crailsheim war Hornberg die kleinste Gemeinde des Kreises, im Jahre 1950 zählte es ganze 216 Personen.

Die Burg ist heute im Privatbesitz, und wie immer ist das Tor leider verschlossen. Der Bergfried stammt noch aus der Stauferzeit, die Wohngebäude zeigen Bauformen des Renaissance im ausgehenden 18. Jahrhundert.

Herbert Schüßler in: Im Herzen Hohenlohes

Das Hammerschmiedfraale

Links der Straße, die von Gaggstatt nach Kirchberg führt, steht die alte Hammerschmiede. Im neunzehnten Jahrhundert führte ein Fußweg, links des Esbaches hinter der Schmiede vorbei, hinauf nach Hornberg. Es war ein schmaler, gefährlicher Steig, steil fiel die Böschung gegen die Schlucht des Baches ab.

Oft wurden die Wanderer nachts auf diesem gefährlichen Wegstück von einem kleinen runzligen Weibchen mit Kopftuch und alter Tracht begleitet. Es war plötzlich da, ging stumm neben dem Wanderer her, aber immer auf der gefährlichen Seite des Steilabfalles und verschwand wieder so plötzlich und spurlos, wie es gekommen war. Der Volksmund nannte sie liebevoll das „Hammerschmiedefraale".

Um die Jahrhundertwende waren zwei Frauen aus Hornberg auf dem Heimweg von Rot am See. Sie hatten ihre Schwester, die von Amerika kommen sollte, abholen wollen, aber der Zug war ohne sie gekommen. Schimpfend und voller Wut gingen sie die sieben Kilometer

Schloß Hornberg mit seinem Bergfried aus der Stauferzeit

Schloß Hornberg und das jenseits des Jagsttales liegende Residenzstädtchen Kirchberg

gegen 23 Uhr wieder zurück. Auf dem schmalen Steig über dem Bach auf der Höhe des Wehres bemerkte diejenige, die neben der Schlucht ging, daß neben ihr das „Hammerschmiedfraale" lief. Sie gab ihrer Schwester einen leichten Puffer in die Seite und machte sie auf ihre Begleiterin aufmerksam. Diese, noch voller Wut über den vergeblichen Weg, suchte schon die ganze Zeit nach einem „Blitzableiter" und so kam ihr die Kleine gerade recht. Giftig sagte sie: „Gib dem kleinen Mensch einen Schucker, daß sie hinunterfliegt." Kaum hatte sie dies gesagt, als das „Fraale" zu leuchten anfing und größer als die beiden wurde. Den ganzen gefährlichen Weg ging sie vollends neben ihnen her, die zwei kamen schreckensbleich und mit zitternden Knien zu Hause an.

Von der Frau mit dem losen Mundwerk wird erzählt, daß sie nie mehr diesen Steig gegangen ist und in Zukunft immer einen Umweg von einigen Kilometern gemacht hat.

Herbert Schüßler in: Unbekanntes Hohenlohe-Franken

Der Mann ohne Kopf

Ein Hornberger Bauer hatte in den dreißiger Jahren ein unheimliches Erlebnis. Als er vom letzten Zug von Rot am See heimmarschierte, sah er auf der Höhe der Niederwinder Brücke im Mondlicht, wie ein Wanderer über die Wiesen zur Straße herunterkam. Da er sich dachte, Gesellschaft wäre ihm auf dem Heimweg gerade recht, verhielt er seinen Schritt und wartete. Als der Fremde die Straße bei ihm erreicht hatte, sagte der Hornberger freundlich: „So, geht ihr auch des Wegs", doch

keine Antwort kam zurück. Stattdessen ging der Kerl hinter ihm herum auf seine rechte Seite. Durch das merkwürdige Verhalten stutzig geworden, musterte er den Fremden genauer: Er hatte hohe Lederstiefel an und trug einen altmodischen „Havelock". Als er nach seinem Gesicht schaute, stockte ihm der Atem – unter dem Schlapphut fehlte der Kopf.

Bis zu den ersten Häusern wurde er von dem Kopflosen begleitet und wie er später glaubhaft erzählte, ist ihm noch kein Weg so lang vorgekommen.

Herbert Schüßler in: Unbekanntes Hohenlohe-Franken

Kirchberg

Kirchberg hin. Der Uhrzeiger der Zeit scheint beim Gang durch die Stadt seit einer geraumen Weile stehen geblieben zu sein.

Die Markung ist von Südost nach Nordwest in bedeutenden Krümmungen von dem bis zu 200 Fuß tiefen Jagstthal durchschnitten, und überdieß durch mehrere in dieses ausmündende Klüfte das Gebirg zu beiden Seiten gespalten; daher gehört ein Theil der Fläche dem Thal, das Übrige aber der Ebene an, die bis zu 350 Fuß höher als jenes gelegen ist. Eben diese Beschaffenheit aber, sowie der isolirte Gebirgstheil Sophienberg in der Mitte der Au, welche das Thal ostwärts von Kirchberg bildet, dann die 3 in das Thal

Die Jagst dreht sich vor Kirchberg in übermütigen Spiralen und Kehren, die nur noch von den Haarnadelschleifen nahe Crailsheim übertroffen werden. An vielen, teilweise recht dunklen Talabschnitten sind sich die Berghänge zu beiden Seiten bis auf Steinwurfnähe entgegengerückt. Erst vor der schönen Brücke vor Kirchberg zwingt ein alter Staudamm den Fluß zur vorübergehenden Mäßigung. An dem einfach gehaltenen Brückengeländer erwartet den Reisenden ein einzigartiger Ausblick. Vor ihm liegt eine der malerischsten und geschlossensten Kleinstädte längs der Jagst. Der alte Ort zieht sich von dem spitzen, rotbehelmten Stadtturm über hohe gelbe Mauern nach dem Schloß der Linie Hohenlohe-

Kirchberg mit Stadtturm und Schloß

Die von Fürst Christian Friedrich Karl 1779 erbaute Jagstbrücke

hineinragenden Gebirgszungen, auf deren einer das alterthümliche Schloß Hornberg mit angebautem Dorf thront, die andere die Ruinen der abgegangenen Burg Sulz trägt und die dritte mit dem ansehnlichen Residenzschloß des Fürsten, mit Anlagen, Gärten und dem Städtchen selbst bedeckt ist, schaffen ein freundliches Bild, das durch die rasche Abwechslung zwischen Wald und Feld, Gärten und Wiesen belebt wird und die hiesige Gegend zu einer der lieblicheren des Landes und jedenfalls zur freundlichsten Partie des Oberamtsbezirks machen.

Kirchberg, von dem ungefähr zwei Drittel auf dem bemerkten Gebirgsvorsprung, das weitere Drittel aber im Thal zu beiden Seiten der Jagst liegen, hat nur ein einziges Thor und ist in dem letzteren Theil und in einigen Partien der Vorstadt weitläufig, sonst aber eng angelegt, meist aus zweistockigen Häusern bestehend, von denen einige von Stein, die meisten aber auf steinernen Sockeln oder Stöcken in hölzernem Fachwerk erbaut sind.

Beschreibung des Oberamts Gerabronn, 1847

Schloß Kirchberg ist durch einen tiefen Graben vom inneren Städtchen getrennt. Um drei Innenhöfe gelagert ist es eines der größten und stattlichsten Hohenlohe-Schlösser. Servatius Körber aus Bonn war der wichtigste Baumeister. Zahlreiche Räume mit Stuckdecken, ein schöner Rittersaal, dessen auf Leinwand gemalten Deckengemälde des Nürnberger Malers Kreuzfelder nach Verkauf des Schlosses an die Innere Mission, die es als Altersheim verwendet, nach Neuenstein gebracht werden, sowie ein Kunst- und Raritätenkabinett befanden sich im Schloß. Nach Aussterben der alten Herren von Kirchberg kam Burg und Burgsiedlung 1313 an die Hohenlohe, nach manchen Schwankungen war Kirchberg 1562 endgültig im Hohenloher Besitz. 1861 stirbt der letzte Fürst von Hohenlohe-

Stadtgraben mit evang. Stadtkirche von Kirchberg im Hintergrund

und schließlich ein hohenlohischer Residenzort von bescheidener barocker Pracht.

Wie still es im inneren Stadtkern vor dem Schloß ist, wird dem Spaziergänger bewußt, wenn plötzlich Tauben aufs Dach der barocken Stadtkirche flattern. Ihr Flügelschlag hallt laut zwischen den Giebeln der eng gebauten Fachwerkhäuser. Hier findet das Auge Halt an reizvollen Baudetails, grünen Ranken an den alten Fassaden und uralten Gärten. Der Charme der liebevoll sanierten Altstadt, die unberührt vom Verkehrslärm in der Sonne auf dem Bergsporn über der Jagst liegt, verleitet zu nostalgischen Träumen und weckt den Wunsch, wenigstens hier möge alles so bleiben, wie es ist.

Im Mittelalter bis ins 19. Jahrhundert florierte die Residenzstadt, die verkehrsgünstig oberhalb einer Jagstfurt an der Handelsstraße von Rothenburg nach Schwäbisch Hall lag. Als jedoch 1861 die Familie der Grafen von Hohenlohe-Kirchberg ausstarb, verloren die Handwerker und Kaufleute des Städtchens ihre besten Kunden. Von da an stagnierte die Stadt, doch ihre Bürger waren mit dem Leben in ihrer bescheidenen Idylle so zufrieden, daß sie den Anschluß ans Eisenbahnnetz verpaßten. Kirchberg geriet abseits der großen Verkehrsströme. Und während andere Orte durch den Bau von Manufakturen und Industriebetrieben ihre Wirtschaftskraft ausbauten und Weichen für die Zukunft stellten, blieb in Kirchberg die Zeit fast stehen.

Gunthilde Zoll

Kirchberg und mit ihm erlischt diese Zweiglinie des Hauses.

Die landschaftlich ausgezeichnete Umgebung, die herrliche Lage Kirchbergs, läßt die Stadt mit Recht die Bezeichnung „Perle des Jagsttals" führen. Ein Rundgang um die Stadt mit ständig wechselnder Aussicht ins Jagsttal und über die Ebene ist besonders empfehlenswert.

Rudolf Schlauch in: Württembergisches Unterland

Im Jahr 1373 gab Kaiser Karl IV. in einer zu Eger ausgefertigten Urkunde dem Grafen Krafft IV. zu Hohenlohe die Erlaubnis, vor seiner Burg Kirchberg an der Jagst eine Stadt zu bauen – mit Mauern, Pforten, Türmen und anderen Befestigungen, mit einem Wochenmarkt und einem eigenen Halsgericht. Seit der Zeit des Hochmittelalters haben viele Epochen in Kirchberg ihre Spuren hinterlassen: Aus der Burgsiedlung wurde eine gräfliche Stadt, dann eine reichsstädtische Festung

Die Jagst bei Diembot

Der Weg führt in ein grünes Dämmern aufwärts zwischen alten Bäumen. Hinter jedem Menschen, der da eintritt, fällt das Tor der Welt leise zu...

Verschwiegene Wege führen in die Büsche, bemooste Treppen weisen in irgendeine Schweigsamkeit. Der Schleier der Dinge hebt sich ein wenig, und wir schauen und schauen, bis das Herz zittert...

Draußen aber in der Welt verklingt das Lied des Sommers.

Harro G. Schaeff-Scheefen in: Geliebtes Franken

Auf steilem Berge, an drei Seiten umgürtet vom lieblichen Fluß, liegt das Städtchen. An den alten Bürgerhäusern mit ihrem Fachwerk und an den breiten, vornehmen Toren, die zu den Wohnungen früherer Hofbeamter führen, sind noch jene Zugglocken mit merkwürdigen Handgriffen aus der Zeit unserer Urgroßväter...

Aus dem Tale wächst ein Hügel mit steilen Hängen. An seinem Fuße fließt die Jagst. Ein merkwürdig runder Berg, der die Gedanken an sich zieht und sich mit Geheimnissen umgibt, die man hinter dem Dickicht seines grünen Mantels vermutet.

Da, wo der Berg eine Straße verläßt, steht eine Bank aus Stein. So wie man sie dort findet, wo der Geist des Rokoko und Barock noch in der Landschaft spukt. Von dieser Bank schaut man hinüber zum Städtchen auf der Höhe, zu den Türmen und Mauern, zu den spitzen Giebeln der Häuser und zum Schloß.

Kirchberg, die Perle des Jagsttales

Die Jagst bei der Brücke von Eichenau, einem kleinen Weiler tief unten im Tal

83   Kirchberg

Leofels

Leofels, früher Löwenfels, mit 172 Einwohnern, worunter 1 Katholik, auf der Thalhöhe links der Jagst, an der Nachbarschaftsstraße zwischen Kirchberg und Künzelsau gelegen. Der Ort ist weitläufig gebaut und reinlich gehalten.

Die alte Burg Leofels steht noch, ist aber längst, wahrscheinlich seit dem Absterben derer v. Vellberg, nicht mehr bewohnbar. Sie steht auf einem geringen, doch hohen Vorsprung des Gebirgs, südlich der Jagst. Am äußern Thor findet sich die Jahreszahl 1481. Als 1515 Daniel Trautwein den Wilhelm von Vellberg, Amtmann zu Werdeck, wie solcher zum Pfarrer in Michelbach zum Morgenimbis reiten wollte, wegen einer vorangegangenen thätlichen Mißhandlung des jungen Georg von Vellberg von Leofels von Seite des Wilhelm von Vellberg gefangen nahm und nach Leofels brachte, hatte diese Störung des Landfriedens eine Belagerung des Schlosses Leofels durch den bran-

Das Jagsttal unterhalb von Leofels

Alter Wegweiser bei Leofels

denburgischen Vogt zu Crailsheim und die Reichsstadt Hall zur Folge, wodurch Wilhelm von Vellberg frei gegeben wurde. Das Schloß wurde dabei nicht beschädigt, weil die Belagerer auf die Drohung, wenn ein Schuß gegen die Festung geschehe, „werde Wilhelm fürs Loch gehenkt", nicht zu schießen wagten; dagegen wurde der schöne und große Rittergarten verwüstet. Im Jahr 1707 wurde der Bau durch einen Blitzstrahl sehr beschädigt. Von einem größern Unfall wurde der Ort 1643 betroffen, indem ihn österreichische Truppen nach der Schlacht bei Nördlingen abbrannten. Auch war er damals von der Pest heimgesucht.

Beschreibung des Oberamts Gerabronn, 1847

Die Stauferburg Leofels, das Urbild einer Burgruine

Blick von Leofels hinunter ins Jagsttal

Weiter jagstaufwärts wartet Leofels, das Urbild einer Burgruine, auf den Wanderer. Wer sich nicht scheut, in das Innere der Anlage einzudringen, wird zwischen Gestrüpp und Holunderbüschen noch gut erhaltene gotische Durchlässe entdecken. Erhalten ist die Pallasmauer über dem Zwinger, Tore, Tragebögen, Innenmauern des ehemaligen Rittersaals und ein Rest des Bergfrieds. Ganz hervorragend sind die Fenster aus der staufischen Bauschule. Der eigenartige Zauber vergangener Zeiten, dem man in dieser staufischen Burg begegnet, fesselt den Besucher.

Rudolf Schlauch in: Hohenlohe Franken

Im Innern der Burg

Der kleine Weiler Hessenau unterhalb von Leofels

Sagenumworbenes Leofels

Einmal war ein Leofelser Bauer auf dem Heimweg von Diembot her. Es war spät geworden. Das Mondlicht ließ neben ihm seinen Schatten mitwandern. In Hessenau nahm er die alte Steige, die nach Leofels hinaufführt. Neben ihm rauschte in einer Klinge das Bächlein über kleine Wasserfälle hinunter zur Jagst. Darüber ragte mächtig und drohend der Steinklotz der Leofelser Ruine empor.

Plötzlich hörte er hinter sich jemand laut niesen. Ohne sich etwas dabei zu denken, sagte er: „Helf dir Gott!" Und als es gleich nochmals nieste, das gleiche. Als es aber zum drittenmal nieste, stutzte er, verhielt den Schritt und rief „Helf dir Gott oder der Teufel!"

Kaum hatte er dies ausgesprochen, als neben ihm eine unheimliche Gestalt in einer Tracht auftauchte, wie sie Edelleute im Mittelalter trugen. Ein breitkrempiger Hut mit einer aufgesteckten Reiherfeder beschattete das Gesicht.

Mit eisiger Stimme sagte die Gestalt: „Warum nur mußtest du deinem letzten Wunsch 'oder dem Teufel' hinzufügen. Hättest du es weggelassen, wäre ich jetzt von meinem Fluch erlöst und du wärest unermeßlich reich. Die Schatztruhe voller Goldstücke im Keller der Leofels wäre jetzt dein!"

Sprach's und war wie vom Erdboden verschluckt. Der Bauer war von diesem Erlebnis so verwirrt, daß er erst im Morgengrauen heim nach Leofels finden konnte.

Ein großer, schwarzer Hund, so erzählt man sich, sitzt heute noch in den Kellergewölben der Leofelser Burg auf der Kiste mit dem Goldschatz.

Herbert Schüßler in: Im Herzen Hohenlohes

Jagstufer

In schlanken Gräsern geht der Wind,
träumt heimlich zarter Grillensang,
und durch das Röhricht rinnt
und rinnt
der Fluß in altgewohnten Gang.

Korbweiden biegen ihr Geäst
schlaftrunken auf die klare Flut.
Horch, irgendwo versteckt im Nest
piept leise eine Zeisigbrut.

E. Kowalski

Schloß Morstein

Morstein, Weiler und ritterschaftliches Schloß mit 228 Einwohnern, worunter 3 Katholiken und 5 Juden, liegt auf der zum Jagstthal sich absenkenden Gebirgszunge. Das Schloß und die zugehörigen Häuser ausgenommen, besteht der Ort meist aus armseligen Gebäuden, deren großentheils arme Bevölkerung sich erst seit 1711 auf der früher ganz zum Schloßgut gehörig gewesenen Markung nach und nach angesiedelt hat. Gefäll- und zehentberechtigt ist bloß die Grundherrschaft: die Herren von Crailsheim.

Hier ist der auf der Markung liegenden Reiherhalde zu erwähnen. Es ist dieß eine kleine, an der südlichen Thalwandung gegenüber dem Schloß befindliche, aus Buchen, Linden, Ulmen und Ahornen bestehende Waldung, deren Bäume so zahlreich mit Fischreihern besetzt sind, daß auf jeden Baum 8 - 10 Nester kommen, und daher bis zum Ausfliegen der Jungen oft bis 800 Reiher hier horsten. Es ist der graue, mit 2 schwarzen 2 - 3 Fuß langen Federn auf dem Kopfe versehene Reiher. Diese Federn, die sie jährlich verlieren, werden gesammelt und auf Rechnung der Grundherrschaft, welche die „Reigelhalde" als hohenlohe'sches Lehen besitzt, verkauft. Ihre Nahrung holen sich diese Vögel bei dem Mangel an fischreichen

nahen Gewässern bis auf 8 Stunden im Umkreis, wo man sie dann zur Zeit der Aetzung der Jungen mit Fischen, Fröschen oder Reptilien beladen, Abends heimziehen sieht.

Die Burg oder das Schloß Morstein ist mit dazu gehörigem Vorwerk auf der Spitze der oben bemerkten Zunge erbaut und liegt 400' über dem Jagsthal. Es besteht aus dem alten Bau, dem Capellen- und Neu-Bau und einem aus Quadersteinen erbauten, ungefähr 150 Fuß hohen Thurm, der den alten und neuen Bau verbindet. Diese Gebäude sind gegen die Ebene durch zwei tiefe und breite Gräben geschützt, über welche steinerne Brücken führen.

Beschreibung des Oberamts Gerabronn, 1847

Schloß Morstein mit seinem gotischen Bergfried

Gleich am Eingang des Ortes steht die alte Burg mit ihrem hohen gotischen Bergfried, die auch heute von „derer aus Crailsheim" bewohnt wird. Durch einen malerischen, von Fliederbüschen eingerahmten Torwartturm gelangt man in den Schloßhof.

Rudolf Schlauch in: Hohenlohe Franken

Der Graureiher, der unterhalb von Morstein auf der „Reiherhalde" seine berühmteste Brutkolonie in deutschen Landen hatte

Die Reiherhalde

Schloß Morstein und die „Reiherhalde", sie gehörten viele Jahrhunderte zusammen. Es war sicher eine der berühmtesten Brutkolonien des Graureihers in deutschen Landen, nicht nur ein Naturdenkmal ersten Ranges, sondern auch ein Kulturdenkmal aus der Zeit, da die „Reiherbeize" ein Lieblingssport der Ritter und ihrer Damen war. Der Reiher wegen kam es zu mancherlei Auseinandersetzungen der Herren von Crailsheim mit den Herren benachbarter Territorien, vor allem mit den mächtigen, oft wenig zimperlichen Ansbacher Markgrafen. Sie nahmen gegen Ende des 16. Jahrhunderts gewalttätigen Charakter an. Unserer Zeit jedoch blieb es vorbehalten, die Kolonie auszulöschen. An Fischen besteht durchaus kein Mangel. Es waren sicher die Belästigungen durch den Massenbesuch und durch Photographen, welche die Vögel zur Umsiedlung von der altangestammten „Halde" am linksseitigen Hang der Dünsbachklinge in ein Gebiet weiter im Norden, nordwestlich des Schlosses, bewogen.

1972 hat das letzte Paar bei Schloß Morstein gebrütet. Nimmer fliegen die Reiher „wie traurige und sehnsüchtige Gedanken" um Agnes Günthers Schloß „Thorstein". Aber noch immer lauern sie unbeweglich, Schemen gleich, am Ufer der Jagst. Noch immer ziehen sie schweren und doch raumgreifenden Fluges über das Hohenloher Land.

Hans Mattern in: Das Jagsttal von Crailsheim bis Dörzbach

Der Ritter von Katzenstein und sein Sohn

Auf Burg Katzenstein bei Langenburg lebte einst ein Ritter, der wohl tapfer und kühn, aber hart und streng gegen Bauern und Gesinde war, und selbst seine Angehörigen fürchteten sich vor ihm. Als seine Gemahlin bei der Geburt des ersten Sohnes starb, ließ er den Knaben, den er Wildemar nannte, ganz ohne Pflege aufwachsen. Doch der Junge hatte ein gutes Herz und schlug der Mutter nach, einer stillen und bescheidenen Frau. Er weilte gern drüben im nahen Bächlingen, und weil er unter den Bauernkindern groß wurde, achtete er sie wie seinesgleichen.

Auch als Junker gesellte sich Wildemar oft zu den Bauern. Unter den Mädchen des Dorfes hatte es ihm eine besonders angetan: Gertrud, die aus Hohebach stammte und ihrem Vetter, dem Ortsrichter von Bächlingen, den Haushalt führte. Jener warnte das Mädchen und sagte, es solle von dem Junker lassen, denn heiraten könne er es nicht, und als Buhlin sei es ihm,

dem Dorfrichter, zu schade. Und der Ritter, als ihm die Kunde von der seltsamen Liebschaft zugetragen wurde, ließ seinen Sohn kommen, stellte ihn zur Rede, wetterte fürchterlich und stieß die schlimmsten Drohungen aus, doch weigerte sich Wildemar hartnäckig, auf das Mädchen zu verzichten.

Eines Abends trafen sich die beiden Liebenden wieder einmal an der Jagstbrücke. Still glitt das Wasser zu ihren Füßen dahin. Lange blickten sie schweigend hinab in den Fluß. Als sie sich zum letzten Mal umarmt hatten und sich trennten, brach plötzlich eine dunkle Gestalt aus dem Ufergebüsch hervor, packte das Mädchen und stieß es in die Fluten hinab. Ohne zu zögern, sprang der Junker ihm nach, und unter großen Mühen konnten sich die beiden ans Ufer retten. In der Nacht noch flohen sie nach Hohebach zu den Eltern des Mädchens, wo sie Aufnahme fanden. Dort lebten sie dreizehn Jahre, ohne daß jemand etwas über die Herkunft des Burschen erfuhr, den die Jungfer mitgebracht hatte.

Bald nachdem er die Untat begangen hatte, überfiel den Katzensteiner bittere Reue. Er verschloß sich den Menschen. Nur sein alter Diener durfte um ihn sein. Nun geschah es, daß die Bächlinger an einem Pfingstmontag ein Fest feiern wollten. Um den alten Herrn aufzuheitern, redete der Diener ihm zu, die Bauern auf die Burg zu laden. Unter der Linde im Schloßhof sollten sie ihren Maientanz abhalten.

Und wirklich, dem Ritter behagte das fröhliche Treiben der jungen Leute! Ein auffallend hübsches zwölfjähriges Mädchen gefiel dem Katzensteiner besonders, und er bat es zu sich, um es zu beschenken. Als er es nach seinem Namen fragte, erfuhr er, daß es Gertrud heiße nach seiner Mutter, der Base des Bächlinger Dorfrichters. Und als er weiterforschte, ward offenbar, was ihn zutiefst erschütterte: Das Mädchen war sein Enkelkind! Voller Freude ließ er alsbald seinen Sohn holen, bat ihn um Verzeihung und sorgte dafür, daß jenem alle Ehren zuteil wurden, die ihm als jungem Ritter gebührten.

Manfred Wetzel in: Vom Mummelsee zur Weibertreu

Das Jagsttal unterhalb von Morstein, geprägt von Wald und Wiesen

Bächlingen

Die Gemeinde liegt theils im Jagstthal, da wo die westliche Richtung des Flusses schnell nördlich sich wendet, theils auf dem Bergrücken zwischen Kocher und Jagst. An Gewässern hat diese Fläche die Jagst und den in dieselbe fließenden Nesselbach. Zur Fischerei besteht ein eigenes fürstliches Fischhaus in Bächlingen. Von der Jagst werden 3 Mahl-, 2 Hanfreib-, 1 Säg-, 1 Gyps-, und 1 Loh-Mühle getrieben. An Mineralien weisen die Thalwandungen fast sämmtliche Glieder der Muschelkalk-Formation, in den tieferen Schichten den Wellenkalk und Gyps, die Höhen aber die Lettenkohlegebilde, bei Nesselbach Ziegel- und Töpfer-Thon auf. Auch Keupermergel findet sich auf der Höhe, im Thal fand man vor einigen Jahren bei

Bächlingen bei dem Graben eines Brunnens den Stoßzahn eines Mammuths. Da er von den Brunnengräbern anfangs nicht gebührend beachtet wurde, mag ein großer Theil davon zerschlagen worden seyn, doch war der durch Herrn Pfarrer Witt gerettete Rest noch ansehnlich genug. Derselbe wiegt 79 Pfd. Bei 5'Länge und 5'' Durchmesser.

Die Lage ist wegen der Abwechslung, welche das Thal und die Thalwandungen bieten, freundlich. Der Ort ist weitläufig gebaut und reinlich.

Die der Jungfrau Maria und Johannes dem Täufer und dem Evangelisten geweihte Kirche ist von hohem Alter.

Beschreibung des Oberamts Gerabronn, 1847

In Bächlingen ist der Wanderer an einem der landschaftlichen Höhepunkte des Hohenloher Landes angelangt. Im vielfach gewundenen Jagsttal liegt das kleine Dorf mit seiner alten Kirche malerisch zwischen Wäldern, Wiesen und Äckern am Fluß, in dem sich Häuser des Dorfes und Türme des Schlosses Langenburg spiegeln. Wie an vielen Stellen, kommen von verschiedenen sog. Klingen Bäche von der Ebene herab, die, mit Wald bestanden, der Landschaft etwas Geheimnisvolles verleihen. Entlang des Flusses bilden sich sog. Klebe, steile, unmittelbar vom Flußufer aufsteigende Hänge, die, mit Gesträuch bewachsen, eine besondere Flora haben und Nistplätze für die Singvögel sind. Hie und da schwirrt noch wie ein fliegender

Die Jagst bei Bächlingen

Jagstwehr von Bächlingen mit dem hoch darüber liegenden Schloß Langenburg

Diamant ein Eisvogel am Fluß entlang in seine Nisthöhle, die sich irgendwo in der Uferböschung befindet. Im Sommer lockt die am Mühlwehr gestaute Jagst zum Baden, zu jeder Zeit lockt das von Bächlingen aus besonders schön auf der Spitze des „Langen Berges" liegende Burgschloß Langenburg, hinaufzusteigen und den Blick ins grüne Tal zu genießen.

Rudolf Schlauch in: Hohenlohe Franken

Die Säulen im fürstlichen Fischteich zu Bächlingen

Rudolf Schlauch

Ingaruth Schlauch

Die der Jungfrau Maria, Johannes dem Täufer und dem Evangelisten geweihte Kirche von Bächlingen, an der Rudolf Schlauch über 30 Jahre Pfarrer war

Rudolf Schlauch

Rudolf Schlauch kam 1934 mit seiner jungen Frau Ingaruth als Pfarrer nach Bächlingen und lebte bis zu seinem Tod 1971 hier. Er erwarb sich große Verdienste als Volkskundler, Historiker und Autor zahlreicher Bücher über Hohenlohe, seine Kunstschätze und seine geschichtliche Vergangenheit. Entsprechend seinem Wunsch hat man ihn nicht in einem Ehrengrab, sondern inmitten seiner Bauern und Handwerker auf halber Höhe des Tales in dem ummauerten und von alten Bäumen bestandenen kleinen Dorffriedhof bestattet.

Sein Sohn Rezzo erlangte große Bekanntheit in der Politik.

Kinder der Hohenloher Trachtengruppe Bächlingen

Die Herrenmühle unterhalb von Schloß Langenburg

Langenburg

ich aus dem Odenwalde oder von Mergentheim her kam, dieser hübschere Menschenschlag und freundlichere Gesichter."

Carl Julius Weber in: Reise durch das Königreich Württemberg

In Langenburg hält sich gewöhnlich der Fürst auf; auch haben hier ihren Sitz: das königl. Oberamtsgericht, das standesherrliche Bezirksamt, das Decanatamt, die standesherrliche Forstverwaltung, das Gerichtsnotariat und der Oberamtsarzt mit dem Oberamtswundarzt, und an fürstlichen Verwaltungsstellen: die Domanial-Kanzlei für die Standesherrschaft Hohenlohe-Langenburg und ein Rentamt.

Das Fürstentum Hohenlohe

Das Fürstentum Hohenlohe, das beinahe ein Drittel des Jagstkreises bildet, ist einer der schönsten Edelsteine in Württembergs Krone, ein Ländchen, das alles aufzuweisen hat, was man sich billiger Weise wünschen mag. Es ist ein schönes Hügelland mit malerischen Tälern, auf der Sommerseite stundenlange Weinberge, auf der Winterseite fruchtbare Ackerfelder und auf den Höhen herrliche Waldungen. Leider nicht ohne zahlreiche wilde Bewohner! Feldbau und Viehzucht stehen hoch, daher die Bevölkerung ansehnlich ist. Biedere joviale Menschen, deren Sprache mehr fränkisch als schwäbisch ist, und hübschen Schlages. Es ist mir mehr als einmal aufgefallen, wenn

Stadt und Schloß Langenburg auf dem Talsporn der Jagst *Luftbild Jutta Schwab, Bad Wimpfen*

Schloß Langenburg, Sitz des Fürsten von Hohenlohe-Langenburg

Den Namen hat der Ort ohne Zweifel von seiner Bauart und der $^1/_4$ Stunde langen, hier vom Plateau sich gegen das Jagstthal von Ost nach West über eine steile Steige absenkenden Gebirgszunge, die von Atzenroth ausläuft und auf welcher das aus einer einzigen, meist geräumigen Straße bestehende Städtchen samt Vorstadt gebaut ist. Auf der Spitze dieser weit in das freundliche Jagstthal hinausragenden Zunge steht in wohlgepflegten Gartenanlagen das Schloß, von dessen Plattform aus ein schöner Einblick in das Jagstthal sich eröffnet. Den nächsten Raum außerhalb des Grabens, der Schloß und Stadt scheidet, nimmt der ältere, früher ummauert gewesene Theil der Stadt ein, welcher von dem neueren Theil der Vorstadt durch Mauern und das obere Thor, neben welchem ein alter runder Turm steht, getrennt ist.

Schloß und Schloßgarten dürfen von Fremden und Einheimischen besucht werden.

Hoch über dem Jagsttal winkt Schloß Langenburg. Kühn sitzt es auf dem Bergesvorsprung vor dem Städtchen und schaut beherrschend talauf, talab. Mit seinen Ecktürmen und Toren, vor allem aber mit seinem prächtigen Innenhof gehört es zum Schönsten, was in dem burgenreichen Hohenloher Land zu sehen ist. Das Städtchen ist alt, verträumt, gemütlich, ganz wie es in diese weltferne Gegend paßt. Man möchte sich gerne ein paar Wochen innerhalb seiner Mauern niederlassen...

Hier haben sich landschaftliche Schönheit, alte, ehrwürdige Kunstbauten und ein wichtiger Schnittpunkt fränkischer Geschichte auf engstem Raum gefunden. Über blumige Talwiesen längs des wogenden Schilfs der Jagst führt der Weg nach

der berühmten, holzüberdachten Brücke von Unterregenbach und der frühromanischen Krypta unter dem Pfarrhaus.

Auf dem langgezogenen und weit in das Tal dringenden Bergrücken streckt sich das alte Städtchen Langenburg, auch heute noch ein Sitz der Hauptlinie des Hauses Hohenlohe. Gleich am Stadttor bietet sich ein malerischer Ausblick in die behagliche alte Hauptstraße des Ortes.

Der Schloßhof ist einer der lebendigsten und schönsten Anlagen der deutschen Renaissance.

Beschreibung des Oberamts Gerabronn 1847

Agnes Günther

Nicht weit vom Langenburger Rathaus, im mittlerweile umgebauten damaligen Dekanatshaus, hat die Pfarrersfrau Agnes Günter große Teile ihres Romans „Die Heilige und ihr Narr" geschrieben. Dieser Bestseller der zwanziger Jahre spielt auf Schloß Morstein (Thorstein), Schloß Langenburg (Brauneck) und Tierberg (Schweigen) im nahen Kochertal.

Helmut Starrach in: Leben in Hohenlohe

Agnes Günther (1863 - 1911), Dekansfrau und Schriftstellerin

„Die Heilige und ihr Narr"

Eine noch im Kindesalter stehende Prinzessin von Brauneck, die seltsam verschlossen ist und in ihrer Familie als etwas zurückgeblieben gilt, wird in der Christnacht im verschneiten Wald von dem Gutsnachbarn, dem verarmten Grafen Harro von Thorstein, einem Maler, gefunden. Sie schließt Freundschaft mit ihm und öffnet ihm ihre „Märchenseele". Bald verwandelt sich die Freundschaft zwischen dem „Rui-

nengrafen" und seinem „Seelchen" in Liebe, und, kaum erwachsen, heiratet Prinzessin Rosmarie ihren Harro. Nach der Geburt eines Sohnes und einer kurzen, glückseligen Ehezeit wird Rosmarie von ihrer diabolisch-hysterischen Stiefmutter durch einen Schuß lebensgefährlich verletzt. Unter Qualen, aber in zunehmender „Verklärung" lebt sie noch einige Monate und stirbt dann in den Armen ihres Mannes. Harro aber, der allem Religiösem ablehnend begegnete und sich aufbäumte gegen Rosmaries nahen Tod, ist durch ihr Beispiel, durch ihre demutsvolle Bejahung des Leidens zum gläubigen Menschen geworden.

Kindlers Literaturlexikon

Das Leben – ein Roman

Vergleicht man das Leben der Agnes Günther mit ihrem Roman „Die Heilige und ihr Narr", dann kann man nicht übersehen, daß die Autorin darin auch viel über sich selbst geschrieben hat. Nimmt man noch die aufschlußreichen Briefe, die ihr Sohn Gerhard 1972 veröffentlicht hat, dann wird vollends klar: „Seelchen" im Roman ist Agnes im Leben.

Agnes Günther selbst würde wohl widersprochen haben, wenn man ihr gesagt hätte, sie selbst sei Rosmarie oder Gisela – was ihr Mann zu ihrem Leidwesen ja auch getan hat – aber bei einem Vergleich des Romans vor allem mit ihren vielen Briefen an ihren Mann, ihre Schwestern und an ihren Sohn Gerhard taucht so oft die Stimmungslage auf, in der sich im Roman das „Seelchen" befindet, daß dies kaum Zufall sein kann. Manche Passagen aus ihren Briefen lesen sich wie Abschnitte aus dem Roman.

Agnes Günther stammte aus einer alten Bankiersfamilie in Stuttgart, sie wurde 1863 geboren, hatte noch drei jüngere Schwestern und einen Bruder.

Als 17jährige Schülerin in einem Schweizer Pensionat geriet sie in religiöse Schwärmerei, was sie später selbst als peinlich empfand. Daraus befreit hat sie nach ihrer eigenen Darstellung der junge Vikar Rudolf Günther, den sie 1887 heiratete und mit dem sie dann bis 1891 in Blaubeuren lebte.

Als erste richtige Heimat empfand sie Langenburg, wo sie 1891 bis 1907 lebte, nachdem ihr Mann hier die Hohenloher Patronatsstelle angetreten hatte. Hier wurde sie zum Mittelpunkt des gesellschaftlichen Lebens, schrieb drei Schauspiele („Alt-Langenburg", „Schillers Flucht" und die „Hexe"), deren Aufführungen sie selbst leitete.

Eine Lungenkrankheit zwang sie 1901 zu einem Kuraufenthalt an der italienischen und französischen Riviera. 1907 zog die Familie nach Marburg. Um ihren Roman zu schreiben, ging sie 1909 zu einem befreundeten Pfarrer in Herrentierbach.

Wegen eines Kehlkopftumors wurde sie 1910 in Davos mehrere Male operiert. Sie starb am 26. Februar 1911 in Marburg, wo sie auch begraben ist.

Wendelin Schmidt in: Hohenloher Zeitung vom 15. 5. 1991

Carl Julius Weber (1767 - 1832)

„Ich bin geboren den 20. April 1767 zu Langenburg im Hohenloh'-schen. Mein Vater war fürstlicher Rentmeister daselbst und starb bereits 1782, als ich erst 15 Jahre zählte, meine Mutter verließ das Zeitliche 1803. Ich besuchte die deutschen und die lateinischen Schulen meines Vaterstädtchens bis 1782, wo ich auf das Gymnasium nach Öhringen kam. Hier verweilte ich 3 $\frac{1}{2}$ Jahre. Man bestimmte mich der Rechts-Gelehrsamkeit, und ich bezog 1786 die Universität Erlangen, wo ich neben den Rechten ebenso fleißig die Philosophie, Geschichte, schönen Wissenschaften und neuen Sprachen, der italienischen und englischen, oblag, in der französischen war ich fertig genug. Im Spätjahr 1788 kam ich wieder nach Hause. Man wunderte sich darüber, denn man glaubte schon, ich würde Professor zu Erlangen werden. Auf Verlangen meiner Mutter hielt ich um Zutritt bei der Regierung an, den ich auch erhielt. Da aber meine höchste und nächste Aussicht blos das Justizamt zu Langenburg war, so fuhr ich sehr fleißig in meinen Studien fort, und ging unter allgemeinem Widerspruch an Ostern 1790 nach Göttingen, um da eine Professur zu erstreben. Ich studirte unmäßig, und lebte dabei erbärmlich, denn ich wollte meiner Mutter, die mich nicht hatte fortlassen wollen, keine Kosten mehr machen, und wurde krank."

Gesund machte Karl Julius Weber eine Hofmeisterstelle in Genf bei einem „Banquier". Als Kabinetts-Sekretär des Grafen von Erbach und Statthalter zu Mergentheim gewann er rasch an Einfluß. Die Jahre 1792 - 97 zu Mergentheim

Carl Julius Weber (1767 - 1832), der Demokrit Hohenlohes

zählte er zu den glücklichsten seines Lebens. Nach dem Tod seines Gönners verlebte er drei schwierige Jahre in König im Odenwald als Kanzlei-Direktor, ging auf Reisen und verlor anschließend sein Amt.

„**Ich ging zu meiner Schwester** nach Jaxthausen im April 1804. Hier verfiel ich in eine förmliche Gemüthskrankheit. Die Zeit heilt Alles. Seit dieser Zeit lebte ich ziemlich eingezogen bei meiner Schwester von den kleinen Renten, die ich beziehe, beschäftigt mit der Cultur meines Geistes, mit Literatur, Philosophie, Geschichte, schönen Wissenschaften."

Carl Julius Weber in: Reise durch das Königreich Württemberg

Aus dem „Demokritos oder Hinterlassene Papiere eines lachenden Philosophen"

Sammlung von Essays und Feuilletons von Carl Julius Weber

„**Es gibt** vier Gattungen glücklicher Menschen: Betrunkene, Verliebte und junge Leute; aber ihr Glück zerfließt, wie die Nebelwolken, die der herumgeworfene Seefahrer für Land gehalten hat, nur die vierte Gattung ist bleibend glücklich – die Narren."

„**Die Trinklust** scheint gleich nach der Geschlechtslust zu kommen; denn sie erhöht die Lebensgeister, nächst der Lust am Geschmack des Nassen, verbannt die Sorgen, macht den Armen reich, den Reichen menschlicher, den Weisen für große Gedanken und Thaten wärmer, und befördert geselliges Vergnügen, Witz und Gesundheit."

„**Es ist schön**, die Welt gesehen zu haben, ehe man auf einem andern Sterne wieder von vorne anfängt."

„**Mit der Affenverwandtschaft** hat es schon seine Bewandtnis. Überdies erzeugt Afrika die meisten, Frankreich die liebenswürdigsten und mein teures Vaterland die größten Affen."

„**Der Einfluß** der guten Laune auf unser ganzes Lebensglück ist so wichtig, daß man schon von Jugend an auf solche pflegen und pflanzen sollte, wie ein Bäumchen, in dessen Schatten man in schwülen Tagen auszuruhen oder mit dessen Früchten man sich zu laben denkt. Dem heitern Mann kommt alles entgegen, der heitere Mann überläßt sich nie so leicht den rohen Ausdrücken der Leidenschaft als der Murrkopf, und unterliegt auch nie so leicht überhäuften Geschäften und Unfällen. Die heitersten Menschen haben in der Regel auch die angenehmsten Gesichtszüge, sind die bessern unter den vielen schlechten, und nie habe ich gefunden, daß der Mann, der das Spiel der Ebbe und Flut seiner Launen war, ein Mann von großem Geiste gewesen wäre."

„**Manche spucken**, räuspern und kotzeln ohne alle Noth ewig fort, und das ist wohl eine der widrigsten Angewohnheiten, die einem bei Tische alle Eßlust nehmen kann – sie achten nicht darauf, wenn man sie auch durch ein eigenes neben sie gestelltes Spucknäpfchen aufmerksam macht; ja Manche bespeicheln einem gar im Sprechen das Gesicht, wie das Lama und Kameel im Zorne; man sollte sie ein Spucknäpfchen so lange am Halse tragen lassen, bis sie es sich abgewöhnen."

„**Bücher** regieren die Welt, die Tinte ist das fünfte Element und die Presse die Artillerie der Gedanken."

„**Bücher** sind die seltsamste Ware der Welt. Leute drucken sie, die sie nicht verstehen; Leute kaufen sie, die sie ebensowenig verstehen; und Leute binden und beschneiden, rezensieren und lesen Bücher, die oft auch nichts davon verstehen; man will sogar behaupten, daß gar Viele Bücher schrieben, ohne es zu verstehen, und endlich kommen ungewaschene, alte und junge Hände, die sie zersetzen, bis sie im Staube ruhen im Gewölbe der Herren Antiquare, die sie nach dem Gewicht kaufen, und oft um ein Zehntel des Ladenpreises. Die berühmtesten Bücher ihrer Zeit werden kaum nach hundert Jahren mehr gelesen; höchstens Bücherwürmer fahnden danach. Die meisten werden zu Pfefferdüten und Fidibus verwendet, wo nicht gar bei weichem Papier zu etwas Schlimmerem noch, was sie in noch üblern Geruch bringt."

„**Ich fürchte den Tod** weniger als das Leben; indessen wünsche ich so lange zu leben, bis mir der Tod wünschenswerth wird (so etwa im achtzigsten Jahre!), und dies glaube ich, ist Naturgang. Indessen denke ich mir das letzte Stündchen als den letzten Gnadenstoß der Natur, nach vielen tausend Stößen der Menschen und tausend Scherereien hienieden; die letzte Katastrophe macht Allem ein Ende."

„**Bedenke**, lieber Tod! Bedenke! Daß ich weder Frau noch Kinder habe, die mich pflegen und warten, und hole mich, wenn es dir gefällt, bevor ich die äußerste Grenze des Lebens erreiche, schwach, grämlich und hinfällig, mir und Andern zur Last werde, kurz, wie gebeten, Knall und Fall! .... Ich habe einige Freunde, von denen ich glaube, daß sie mich nicht vergessen werden, aber wen auch? Sie müssen mir ja bald nachfolgen und dann ist man ja ohnehin vergessen, und der Gedanke an Vergessenheit macht bloß, daß man mehr als einmal stirbt, und hinterlasse ich nicht die Schatten meiner abgeschiedenen Stunden, meine Werke?"

Das Langenburger Stadttor

Grabinschrift im Kirchhof von Kupferzell:

„**Vergnügt**, nicht gottlos habe ich gelebt. In Ungewißheit sterb' ich, nicht in Angst. Menschlich ist des Wissens Mangel, menschlich der Irrtum. Urgrund der Welt – erbarme dich meiner."

Eigentlich hatte sich Carl Julius Weber einen zweiten Grabspruch gewünscht, den aber seine Schwester nicht einmeißeln ließ:

„Hier ruhen meine Gebeine,
ich wollt' es wären Deine."

An der Jagst

Wenn dich die Sorgen drücken
und du nur bangst und zagst,
dann greife zum Wanderstabe
und komm an die Ufer der Jagst.

Da wogen die goldenen Felder,
da blühen die Blumen so bunt,
da mag sich dein Herz erfreuen
zu jeder Tagesstund.

Da winken die schattigen Wälder
und laden zu froher Rast
nach all dem brausenden Leben
mit seiner Unruh und Hast.

Da grüßt von steilem Hange
durch mächtige Bäume hindurch
aus längst vergangenen Zeiten
manch alte, trutzige Burg.

Da rauscht in des Tales Grunde
manch altes bemoostes Wehr;
verschwiegen liegt manche Mühle,
doch dreht sich das Mühlrad nicht mehr.

Fritzjacob Weller

Aus dem alten Langenburg

In der Zeit, als Agnes Günther und ihr Mann im Langenburger Dekanat lebten, kamen jeden Abend Schlag acht Uhr einige Honoratioren in der „Post" zusammen. Sie aßen dort miteinander zu Nacht und verbrachten die weiteren Abendstunden in feuchtfröhlicher Gesellschaft. Sehr spät, oft genug auch nach Mitternacht, ging man lachend und lärmend nach Hause. Dann konnte es sein, daß hüben und drüben die Fenster zur Straßen geöffnet wurden, ein verschlafener Kopf herausguckte und sich Worte des Unmuts über die Nachtruhestörer ergossen. Das war peinlich, da doch jeder der Herren ein höheres Amt im Städtchen verwaltete.

Wieder kamen die Zecher spät nach Hause, da ertönte eine zornige Stimme: „Des is allerhand, wie sell do a Christemensch beim sotte Heide-

Jagstmäander unterhalb von Bächlingen

lärm schlofe könne!" Augenblicklich verstummten die nächtlichen Wanderer, ein Spaßvogel der Runde gab seinem Nachbarn die Hand und sagte laut und vernehmlich: „Gute Nacht, Herr Dekan, schlafen Sie wohl, Herr Dekan!" Sofort fielen die andern ein: „Gute Nacht, Herr Dekan! Gute Nacht!"

Blitzschnell ging das Fenster zu. Derweilen lag der Herr Dekan Günther längst unter dem Federbett und schlief tief.

Am nächsten Morgen erzählten sich die Leute im Städtchen: „Denkt aich norr, der Herr Dekan is aa dabei, soll mer des glaabe!"

Von nun an hatten die späten Bacchusjünger unbehelligten Heimweg, denn dem beliebten Dekan Günther wollte niemand zu nahe treten. Freilich ging das nur eine Zeitlang, der Schabernack kam bald ans Licht.

Ingaruth und Rudolf Schlauch in:
Der unversiegte Brunnen

Im fürstlichen Automuseum

Das Automuseum

In dem langgezogenen Bau des Marstalls wurde im Frühjahr 1970 das Automuseum eröffnet. Einst standen in den einzelnen Boxen edle Pferde, „jeweils 1 PS". Heute ist das Museum ein begehrtes Ziel von Autofahrern und Autofans, die die Oldtimer mit Sachkenntnis und Humor betrachten. König Husseins ehemalige Prachtkutsche steht neben einem Dixi, und eine Dreirad-Draisine aus dem Jahre 1867 versetzt den Besucher ins vorige Jahrhundert.

Rudolf Schlauch in: Langenburg in Hohenlohe

Die Langenburger „Wibele", herrlich schmeckende Biscuits, ein 1763 von Zuckerbäcker Wibel für den Fürstenhof kreiertes Dessertgebäck

Oberregenbach

Ober-Regenbach, Weiler, hat 160 ev. Einwohner, die markung theilweise im Jagstthal, theils auf dem Bergrücken zwischen Kocher und Jagst. Hier führt eine steinerne Brücke über den letzteren Fluß. Der Ort pfarrt nach Unter-Regenbach.

Beschreibung des Oberamts Crailsheim, 1884

Die Begegnung war die eines noch nicht denaturierten, unbegradigten, unkanalisierten Flusses, als wir bei Langenburg die Jagst überschritten – wahrhaftig, es schwammen noch Fische, zuckende große und kleine Schatten unter der Brücke, das Wasser bleibt für sich, weder Eisenbahn noch Straße bedrängen es, Stauwehre und Mühlen, einmal ist der Fluß fünf Meter, dann wieder das Dreifache breit, man kann in ihm baden, ohne Typhus und Poliomyeltis zu fürchten, Schilf und Binse, Kaps und Buchten, Trennungen, um Inseln zu umarmen, und wie schwer finden sich die Arme dann wieder, flache, warme Laichstellen, Entenketten, säumende, weit übers Wasser hinausgehängte Bäume, Purpur des Blutweiderichs.

Gerhard Nebel in: Orte und Feste

Die Jagst bei Oberregenbach

Die Brücke von Oberregenbach, einem kleinen Weiler an der Jagst

Die Königsmühle

Unterregenbach

In einem anmutigen Winkel des Hohenloher Landes liegt das Dorf Unterregenbach, etwas abseits von Verkehr und modernem Betrieb, still, friedlich und, wie der eine oder andere „Reisende" sagen könnte, unbedeutend.

Aber ist die landschaftliche Schönheit das einzig Bemerkenswerte an Unterregenbach? Keineswegs. Es ist bekannt, daß die Unterregenbacher Pfarrkirche eine lange Ahnenreihe aufzuweisen hat. Als solche ist die bescheidene Dorfkirche „das größte Rätsel, das wir in Württemberg haben". Nicht genug, daß sie älter ist als manche andere Kirche in unserem Land. Sie hat darüber hinaus eine noch ältere Mutter aufzuweisen in der Unterregenbacher „Krypta", einer unterirdischen Kapelle, die heute noch erhalten ist und dem 1880 erbauten Pfarrhaus als Keller dient."

Der Frankenspiegel, 1953

„Eine der durch ihre **Eigenart** und die vielen Rätsel, die sie aufgibt, berühmt gewordene Kirche ist die von Unterregenbach. Auf dem Platz um die heutige Kirche und unter deren Mauern können drei Kirchen nachgewiesen werden durch Ausgrabungen und an Hand von gefundenen Überresten.

Zunächst wußte man, daß unter dem Pfarrhaus sich ein Keller befand mit einem Tonnengewölbe, das auf acht Pfeilern ruht. Als 1880 das Pfarrhaus abgebrochen wurde, entdeckte man in Fortsetzung des „Kellers" eine halbkreisförmige Apsis, in der zwei Säulen mit hoch-

interessanten und wertvollen jonisch-korinthischen Kapitellen gefunden wurden. Jetzt wußte man, daß der „Keller" nichts anderes war, als eine alte Krypta einer längst verschwundenen Kirche.

1908 grub dann der damalige Ortspfarrer Mürdel auf dem Gelände und entdeckte Mauerreste einer 47 m langen dreischiffigen Basilika. Es mußte sich bei dieser Größe um eine Kloster- oder Stiftskirche handeln. 1914 fand man nun Bildsteine und einen Inschriftenstein.

Rudolf Schlauch in: Hohenlohe Franken

Unterregenbach

Die Stille in den Straßen
horcht auf jeden fremden Laut,
der ihren Frieden stört,
wo über dem Tal und den Dächern
strahlend der Herbsthimmel blaut
und die Ruhe den Feiertag ehrt.
Der Glockenturm, der verhallend
vom Kirchturm fällt,
erinnert mich an das Vergehen der Zeit.
Doch hier, wo jeder Stein
von Gewesenem erzählt,
gedenke auch ich meiner Vergänglichkeit.
Am Fluß, die Ufer
von Schilf und Weiden gesäumt,
wo in lautlosem Fließen das Wasser zieht
und da und dort rauschend
über die Wehre schäumt, empfinde
ich, wie mir Ewigkeit geschieht.

Gottlob Haag

Die 1822 gebaute Archenbrücke von Unterregenbach

Unterregenbach mit seiner Kirche St. Veit

Bei Grabungen von 1960-62 entdeckte Dr. Fehring vom Staatlichen Amt für Denkmalpflege neben der Basilika eine karolingische Kirche von 12 m Länge und 5 m Breite.

Das Rätsel von Unterregenbach bleibt ungelöst.

Die Jagstbrücke bei Unterregenbach

Immer seltener werden sie, die gedeckten Archenbrücken aus Holz. Die meisten, darunter auch die bekannte Bächlinger Holzbrücke, wurden ein sinnloses Opfer des Krieges durch Sprengungen oder Anzünden in letzter Minute. Aber doch stehen heute noch einige Holzbrücken im Jagsttal wie der Okenauer Steg zwischen Kirchberg und Mistlau und die Archenbrücke bei Unterregenbach.

Aus dem Baubericht vom 24. Januar 1822

Da der Gemeinde Unterregenbach ein Eisgang den Steg hinweggerissen, so haben sie sich entschlossen, keinen mehr zu erbauen, sondern sich einige Jahre mit einem ganz geringen Schafsteg zu behelfen und sodann eine Brücke zu erbauen.

Zimmermann Schumm empfiehlt eine von Holz gesprengte und überdachte Brücke, die in der Länge 130 Nürnberger Schuh (42,5 m) im Lichten bekommen soll und an beiden Enden tüchtige Pfeiler 14 Schuh hoch (fast 5 m) über der ebenen Erde, so daß auch das höchste Wasser die Brücke nie erreichen könnte. Der Kostenvoranschlag belief sich auf 3130 Gulden, die tatsächlichen Baukosten betrugen wegen der ungünstigen Witterungsverhältnisse 4000 Gulden.

Die Krypta unter dem Pfarrhaus, „das größte Rätsel Württembergs"

Die Krypta von Unterregenbach

Der Tag blieb draußen stehen,
als mich mein Schritt hinab
in das Gewölbe trug,
wo ich ins dämmrige Schweigen frug,
was wohl vor tausend Jahren
hier geschehen.
War wohl das Mauerwerk zu
schwach,
das zu große Lasten trug,
als das Schiff der Kirche brechend,
in sich zusammenschlug?

Doch die Stille im Gewölbe,
sie blieb stumm
und kaum merklich hauchten nur
die Säulen
mir ihren kühlen Atem ins Gesicht.
Durch ein schmales Fenster fiel ein
Streifen Licht
und ich sah mich horchend in der
Dämmerung um,
dabei war mir,
als hörte ich leise eine Stimme in mir
sagen:
Der Grund darauf du stehst ist durch
Gebet geheiligt,
darum störe hier die Ruhe und den
Frieden nicht.

Hier zwischen Schutt und Steinen lag
der Väter Glaube mit dem Vaterunser
verschüttet und begraben
und manche meinten, was sie
gefunden haben,
sei einst gewesene, steingewordene Zeit
und jener rätselhafte Tag,
vor dem die Gewölbe mit den Säulen
in die Kniee brachen, mit der letzten
Wahrheit,
die sie bis heute nicht erfahren haben.

Ich stieg die Treppe aufwärts wieder
in den Tag,
nicht weiser und nicht klüger als
zuvor.
Mich blendete der Sonne helles Licht
und ich schloß die Augen und dachte
ein Gedicht,
daß alles, was im Dunkel liegt
im Dunkel bleiben mag,
denn was zählt, ist nur das Hier und
Heute
und das Jetzt, das wir gestaltend leben
und jeder neue, uns von Gott
geschenkte Tag.

Gottlob Haag

Eberbach

An der Mündung des Rötelbachthals in die Jagst liegt in grünem Wiesengrund, umgeben von steilen waldgekrönten Höhen, das freundliche Dorf, von dem aus der Blick auf die alte Burg bei Buchenbach, das Steinhaus, besonders hübsch ist. Das Dorf liegt größtentheils in der Thalsohle des Jagst- und Rötelbachthals, der südliche Theil wenig erhöht auf einem Bergvorsprung.

Die Bürger halten mit dem Ortsschäfer Sommer und Winter 300 St. Schafe deutscher Race. Die Schweinezucht ist ziemlich bedeutend. Es werden mehrere hundert Ferkel jährlich verkauft. Man hält die hällische Race. Die Fischerei in der Jagst wird von den Müllern betrie-

***Theodor Haecker
(Zeichnung von Richard
Seewald, 1935)***

ben. Der Aalfang ist ziemlich ergiebig. Sonst werden Barben, Barsche, Schuppe und Weißfische, auch Rotaugen gefangen.

Beschreibung des Oberamts Künzelsau, 1883

Theodor Haecker
(1879 - 1945)

Wohl nur wenige Bewohner des Jagsttales und des Umlandes wissen, daß hier in Eberbach im Jahre 1879 der Kulturphilosoph und Übersetzer Vergils, Kierkegaards und Newmans, Theodor Haecker, zur Welt kam.

In einem seiner „Tag- und Nachtbücher" schrieb er im November 1940, daß einer seine Heimat nur in seinem Heimweh hat und kennt. Und er fährt fort:

„**Meine irdische Heimat**, nach der ich oft und viel Heimweh hatte und habe, sie habe ich ja real gehabt und gekannt, aber die ewige Heimat, sie kenne ich nur in meinem Heimweh."

Gottlob Haag

Die Jagst bei Eberbach

Lebensdaten

4. Juni 1879 als Sohn des Stuttgarter Notariatscandidaten August Theodor Haecker und der Marie Margarethe Barbara Klein in Eberbach, Kreis Künzelsau, geboren.

1885 - 1894 Besuch der Elementarschule in Esslingen

1894 - 1901 Kaufmännische Lehre in einer Esslinger Wollwarenfabrik

1905 - 1910 Studium der Philosophie in München

1913 „Sören Kierkegaard und die Philosophie der Innerlichkeit"

1921 Übersetzung von „Philosophie und Glauben" von John Henry Kardinal Newman

1922 „Satire und Polemik"

1923 Übersetzung der Tagebücher von Sören Kierkegaard

1926 Vorlesungen in Wien und Tübingen

1927 „Christentum und Kultur"

1931 „Vergil – Vater des Abendlands"

1933 Hausdurchsuchung und vorübergehende Verhaftung

1936 Redeverbot

1943 Verbindung zu den Geschwistern Scholl und der „Weißen Rose"; Verfahren wegen Vorbereitung zum Hochverrat; Niederschlagung des Verfahrens

1944 Verbindung zu Pater Alfred Delp und dem Kreisauer Kreis

9. April 1945 gestorben in Usterbach bei Augsburg

Dorfidylle in Eberbach

Das Hakenkreuz der Nationalsozialisten bezeichnet Haecker als „die letzte deutsche Schmach, das Zeichen des Tieres, die Karikatur des Kreuzes".

Auszüge aus seinen Werken

„**Das Licht** der Sprache macht die Schöpfung durchsichtig."

„**Ohne den christlichen Glauben** ist Europa nur ein Sandkorn im Wirbelwind der Meinungen, Ideen und Religionen."

„**Die Sprache** ist ein Bild des Menschen, sein vollkommenstes, sie ist Leib und Seele, Sinnlichkeit und Geist."

„**Es ist einfach erschütternd**, daß ein Philosoph ... ein simples historisches Faktum auslassen darf, dieses nämlich: daß zu den unleugbaren Grundlagen unserer Kultur – das Christentum gehört, oder sagen wir einfach: der Glaube."

„**Nun ward mir** die Gabe geschenkt, den Liebenden zu erkennen und seine Sprache ... Das ist mein

Weg und mein Kampf und mein Ziel-: ich habe keine Ruhe, ich räume alles weg, verbrenne alles, bis ich auf den Liebenden stoße und auf den Ergriffenen. Er allein, sonst keiner, kann mir die Waffen aus der Hand schlagen, ihn grüße ich, vor ihm verneige ich mich, wo immer ich ihn treffe."

„**Ach**, die einsamen Stunden, da ich schreibe, bringen mir mehr Gemeinschaft mit den Menschen als die geselligen, die mich oft so einsam machen."

„**Ich schreibe für mich** und zu meiner eigenen Belehrung."

„**All mein Wissen** und auch Schreiben ruht doch auf meinem Glauben. Ich erschrecke manchmal darüber, wie sehr das der Fall ist. Alle meine Erkenntnisse zerfallen in zusammenhanglose Stücke, in sinnlose, leere Stücke, wenn sie nicht im Glauben hangen."

Wo Jagst und Kocher und die Tauber fließen
umsäumt von Haslbusch und Weidenbaum,
wo auf den Feldern goldne Ähren sprießen
ist Frankenland, ist Gottesland,
ist Hohenlohe, Heimatland.

Fritzjacob Weller

Stimmen seiner Zeitgenossen

„**Drei Kräfte ringen**, wenn ich recht sehe, um die innere Einheit und Harmonie in ihm: der Dichter, der Denker und der Christ ... alle drei sind getragen von einem ungeheuer leidenschaftlichen Ich ... Seit Nietzsche ist kein leidenschaftlicherer Denker aufgestanden."

Matthias Laros

„**Haecker** ist zuerst vor und nach dem Ersten Weltkrieg an die Öffentlichkeit getreten als Kritiker seiner Zeit. Der sprachbesessene Polemiker äußerte sich oft in Vor- und Nachworten, in der Bemühung um den großen Protestanten Sören Kierkegaard und den großen Katholiken John Henry Newman. Des Schriftstellers bittere Polemik und Anklage aus diesen Jahren hat nichts an Aktualität verloren, die Anklage gegen den Unsinn, den Wahnsinn, die Sünde des Krieges, in denen die Führer des Geistes, die Führer der Kirche und die Führer des Staates sich von nationalen Interessen verführen lassen – zum Verderben des Menschen.

Hinrich Siefken in: Marbacher Magazin 49/ 1989

Am alten Badeplatz an der Jagst

Buchenbach

In einem der reizendsten Theile des Jagstthales, das hier an südlichere Gegenden erinnert, liegt in sehr günstiger Lage das Dorf Buchenbach. Die scharf eingeschnittene Rinne des von Nitzenhausen kommenden Buchenbachs mit der schönen Straße, nördlich auf einem Bergvorsprung das alte epheubewachsene „Steinhaus" mit seinem Bergfried, südlich die alterthümliche Kirche, die mit treuem Mutterauge das Dorf zu bewachen scheint, und zwischen beiden in langer Zeile zu beiden Seiten des Baches das Dorf, in der Höhe herrliche Tannen- und Buchenwälder und am Saume des Dorfes die rauschende Jagst, das Alles gibt für den von Süden das Jagstthal herabkommenden Wanderer ein ansprechendes Bild.

Die Einwohner, ein stämmiges Geschlecht, zeichnen sich durch Fleiß und Arbeitsamkeit, wie durch strenges Festhalten an den alten Sitten und Gebräuchen aus. Hier findet sich noch die weiße „Drahthaube" und der „Butzen", der in die Jagst geworfen wird am Sonntag Oeuli. Getanzt wird bei jeder solennen Hochzeit zur Harmonika.

Beschreibung des Oberamts Crailsheim, 1884

Wer sich einen Begriff davon machen will, wie die Wege in den Wildnissen von Amerika aussehen, der betrachte nur den Fahrweg von Eberbach nach Buchenbach. Eine große Strecke ist das Bett der Jagst selbst der Weg und wo er das Wasser verläßt, da geht er über den Kies, wie ihn der Fluß nach der Überschwemmung zurückläßt. Die Verbindung zwischen diesen Orten aber hört gänzlich auf, sobald das Wasser nur einigermaßen anschwillt, und erst recht, wenn sie mit ihrem Fuhrwerk auf die Ebene kommen wollen. Sehr oft kommen daher Menschen und Pferde in die größte Gefahr...

Die Jagst, die schöne Beherrscherin dieses Tales, trägt zur Verwilderung bei. ... Die Jagst schaltet und waltet mit der wahren Damenlaune einer despotischen Königin in den Gütern der Talbewohner in dem Bewußtsein, daß sie es mit einer armen Bevölkerung zu tun hat, welche sich alles gefallen lassen muß. Bald nimmt sie diesen, bald jenen Lauf nach unerforschlichen Gesetzen, die wenigstens der mutwilligsten Laune ähnlich sehen; bald überschüttet sie eine große Wiesenfläche schuhhoch mit Sand und Kies, daß in vielen Jahren kein Gras mehr wachsen kann. Bald gräbt sie an einem andern Ort tiefe Löcher ein oder wirft den Grasboden hinweg, bald untergräbt sie eine Bergwand und stürzt sie in den Abgrund, so daß mancher armer Mann nach und nach um sein Äckerle kommt, ohne daß er weiß wie, oder sie setzt einem andern ein Stück Wiese unter Wasser, daß er sie nie mehr zu sehen bekommt, und legt einem anderen etwas unverhofft zu...

Nicht leicht wird sich ein Fluß in der Welt solche Gewalttätigkeiten erlauben, und zwar nicht bloß in außerordentlichen Fällen, sondern jedes Jahr mehrmals, so bald es nur irgendwo stark geregnet hat, wie die Jagst in diesem Tal, weil sie wohl weiß, daß sie keine Polizei und keine Wasserbaukunst sie in Schranken weist.

Wie eine Silberschlange windet sich die Jagst in schöner Wellenlinie durch das Tal, bald eng und schmal, bald eine breite Fläche bildend, in welcher sich die lieblichsten Landschaftsbilder abspiegeln, bald wirft sie sich brausend über ein Wehr und eilt, mit geschwätzigem Tosen zwischen dem Gesteine sich durchwindend, in hüpfenden Wellen dahin, teilt sich bald in mehrere Arme und bildet freundliche Inselgruppen und strömt dann zwischen einer Allee von Pappeln und Weidengebüsch von einer Mühle zur andern.

Besonders ist es die altersgraue Ritterburg in Buchenbach, welche dem Tal einen eigentümlichen Reiz gibt. Der Punkt ist so gut gewählt, daß diese Burg überall sichtbar ist, und von jeder Seite betrachtet, bietet sie ein anderes romantisches Bild. Sie ragt turmhoch empor, wie ein kolossales, verwittertes, altersgraues Ritterbild, wie wenn es heute noch Gebieter und Wächter des Tales wäre.

Nikolaus Gerber in: Kocher- und Jagstbote, April 1852

Schloß Buchenbach der Herren von Stetten

Der Grabstein Simons v. Stetten

In der Mitte des 16. Jahrhunderts wurde die Burg Buchenbach hartnäckig von Feinden belagert. Trotz aller Bemühungen gelang es Simon v. Stetten nicht, Hilfe herbeizuschaffen. Als die ersten Feinde schon das Burgtor stürmten, wußte er sich keinen Rat mehr und stürzte sich zum Fenster des obersten Turmes, wohin er geflüchtet war, hinaus. Sein treuer Hund sprang ihm sofort nach. Dabei fiel Herr Simon v. Stetten mit den Knien auf seinen Hund, wodurch der Aufstoß gemildert wurde, und der Hund mit seinem Leben das Leben seines Herrn rettete. Zum Dank und zur Erinnerung ließ Simon v. Stetten einen Gedenkstein setzen.

Mulfinger Heimatbuch

An der Jagst

Vom stillen Sonntag
lag das weite Tal befriedet
mit seinen schmucken Dörfern,
gleich einem grünen Frühlingstraum
im Nachmittag.

Unauffällig zeigte sich
tiefblau am Hang
das feierliche Blühen
des Akeleis, der Margeriten
und des Salbeis,
der mit gebogenem Horn
seines schweren Duftes
betäubend, herbe Melodie
in den Abend blies.

Streunend silberte
der laue Wind durchs Laub
der Pappeln
und der alten Uferweiden,
währenddes die Jagst
ihre regenbraunen Wasser
schäumend talwärts trieb.
Das verhaltne Reden
und das Glucksen ihrer Fluten
gerieten dem Schweigen rings
zum Monolog, vermittelnd
zwischen Zeit und Ewigkeit.

Da und dort standen im Fluß
und auf den Wiesen
aufmerksam die silberblauen Reiher
scheinbar reglos in der Pose,
als begingen sie in Ehrfurcht
das stille Glück des Abendwerdens,
das mit den Schatten wachsend
aus den Wäldern kroch.

Dies war für mich das Zeichen
und der Anlaß
mein Lied mit der Liebe
zu diesem Tal
unter die Zunge zu nehmen,
um es über die Nacht zu retten,
damit es nicht dem Vergessen
anheimfällt.

Gottlob Haag

Das Fräulein von Stetten und das Kartenspiel

In Buchenbach im hochgebauten Schlößlein wohnte ein altes Fräulein von Stetten, die eine Leidenschaft im Alter bewahrt hatte: das Kartenspiel. Diesem Spiel zu frönen, mußte der Schulmeister von Buchenbach, der ja Angestellter der von Stetten war, jeweils zum Kartenspiel ins Schloß kommen. Der Schulmeister von Buchenbach hatte zugleich die Aufgabe, das Glockenläuten in der Kirche zu versehen und auf das „pünktlich Betgeläut" zu achten. Das war ihm aber unangenehm, und er setzte eines Tages beim Spiel als Einsatz die Bedingung, das Zwölfuhrläuten unterlassen zu dürfen. Das Spiel begann, und der Schulmeister gewann es. Fürderhin unterblieb das Läuten der Glocke.

Als beide gestorben waren, das adelige Fräulein und der Schulmeister, wollte man das Zwölfuhrläuten wieder einführen. Doch als der neue Schulmeister zum erstenmal am Glockenseil zog, öffnete sich am Herrschaftsstuhl der Familie von Stetten ein Fenster, und das alte Fräulein von Stetten erschien an diesem Fenster und winkte mit großer, ängstlicher Gebärde dem Schulmeister, das Läuten zu unterlassen. Schreckensbleich entfloh der Schulmeister der Kirche, das Läuten unterblieb fortan, und das Fenster am Herrschaftsstuhl wurde zugemauert.

Rudolf Schlauch in: Hohenlohe Franken

Jagstberg

Auf einem schmalen Höhenrücken, der einer Landzunge gleicht und nur auf der Südseite mit dem etwas höheren Höhenzug zwischen Kocher und Jagst verbunden ist, während er nach drei Seiten steil abfällt, nach Osten ins Jagstthal, nach Norden und Westen in eine tiefe Klinge, die zu Regenzeiten von einem rasch anschwellenden Bache unter Wasser gesetzt wird, liegt stolz und kühn das ehemalige Städtchen Jagstberg mit seiner Kirche und Pfarrhaus und den Trümmern seiner einstigen Burg.

So ansehnlich sich jedoch Jagstberg vom Jagstthal, besonders von dem im Thal liegenden Mulfingen aus darstellt, so wenig entspricht der Ort selbst den Begriffen einer alten „Stadt". Der untere Theil des Orts hängt am nördlichen Steilabfall des Höhenrückens, als wollte er in die Klinge stürzen und würde nur von dem noch guterhaltenen starken untern Thor und den Mauern festgehalten. Die Straßen sind steil, die Häuser dicht aneinander gedrängt.

Bei der hohen Lage des Orts ist das Klima etwas rauher als im Thal und windig. Frühlingsfröste sind häufig, kalte Nebel seltener. Hagelschlag ist sehr selten, traf aber die Markung 1873 am 12. Juli sehr hart.

Im obern Theil des Ortes am Rand des Bergs steht die Kirche, dem hl. Burkhard geweiht, mit hübscher Aussicht ins Thal und auf die gegenüberliegende Hochebene.

Zwischen dem Pfarrhaus und dem Schulhaus liegen die Trümmer der einstigen Burg Jagstberg. Dieselbe wurde 1782 wegen Wassermangel bis auf den südwestlichen, massiv gebauten, 84' hohen Thurm abgebrochen. Am 10. Juni 1822 wurde dieser ehrwürdige Zeuge der Hohenstaufenzeit, eine Zierde des ganzen Thales, dessen Gemäuer so fest war, daß es allen Abbruchversuchen trotzte, mit dürrem Holz angefüllt. Durch die gewaltige Hitze wurde der Thurm auseinander gesprengt. Ein Theil fiel auf die Ruinen der Burg,

In Jagstberg

ein anderer auf das Schafhaus der Gemeinde, welches vollständig zertrümmert wurde und von der Gemeinde mit einem Aufwand von 1600 fl. 1823 neu erbaut werden mußte. Als der Fürstbischof im Jahre 1785 die Reste der mächtigen, eben abgebrochenen Burg einsah, soll er im Zorn über die Beamten, welche den Abbruch veranlaßten, geäußert haben: solche Beamten sollte man hängen.

Jagstberg, alt Jagesberg, die Burg an der Jagst, erscheint zuerst im Anfang des 13. Jh. in der Geschichte als Sitz eines Edelgeschlechtes.

Die Einwohner sind im Allgemeinen von schlankem Bau. Fleiß herrscht vor. Die engen Verhältnisse des auf einen beschränkten Raum zusammengedrängten Ortes wirken nicht ganz günstig.

Beschreibung des Oberamts Crailsheim 1884

Oberhalb von Mulfingen

liegt auf einer Bergnase Jagstberg, das eine reichlich wechselvolle Geschichte aufweist. Lange Zeit war es in den Händen tüchtiger Raubritter, die von hier aus ihr Handwerk, den Straßenraub, lukrativ ausübten.

Rudolf Schlauch in: Hohenlohe Franken

Jagstberg

Noch immer erfindet sich
die Phantasie ihre Geschichten
aus den Sagen gewesener Zeiten,
wagen sich Vermutungen
in unterirdische Verliese und Gänge
auf der Suche nach dem
märchenhaften Schatz der Templer.

Manchmal geistern auch noch
die wegelagernden Horden
der Hornecks von Hornberg
auf ihren Raubzügen
über die hohen Ebenen
und das Jagsttal,
durch die Reden der Älteren.
Doch ihre Tage sind
längst gezählt und vorbei.
Denn selbst die Zeit
duldet kein Unrecht auf Dauer.

Auch die Macht von Adel
und Bischofsstab ist gebrochen
und geborsten,
wie die Mauern der Burg.

Noch rumoren zuweilen
im Gedächtnis der Steine
die Wut und die Flüche
der geknechteten Bauern.

Doch der Mensch wurde -
wenn auch nach wie vor
von der Obrigkeit gegängelt -
frei und sein eigener Herr.

Fleiß und Umsicht der Bürger
schufen sich bescheidenen
Wohlstand und verwiesen die Not,
die den vor ihnen Gewesenen
über Jahrhunderte hin
das täglich Brot vorgab,
ihres Dorfes.

Noch halten hier die meisten Dörfler
dem Glauben ihrer Väter die Treue
und pflegen an Sonn- und Feiertagen
die Tradition des Kirchgangs.
Wohl erinnert doch so manchen
der freie Blick hin über das Tal
in die blauende Ferne,
an seine Zukunft.

Gottlob Haag

Jagstberg, hoch über dem Tal gelegen, von Mulfingen aus

Mulfingen

An der Einmündung des Roggelshäuser Baches in die Jagst liegt der stattliche Marktflecken Mulfingen. Die Lage des Ortes ist eine der freundlichsten. Auf der Höhe westlich über dem Jagstthal das alterthümliche einstige Städtchen Jagstberg mit seinem schloßartigen Pfarrhaus und seiner Kirche, zu seinen Füßen auf dem linken Jagstufer, von Pappeln umgeben, die schmucke St. Annakapelle, die waldgekrönten Höhen und die rebenreichen Berghänge bilden zusammen ein liebliches Landschaftsbild. Der Ort hat sich an den beiden Seiten des Roggelshäuser Baches, der mitten hindurch fließt, theils in der Thalsohle, theils in erhöhter Lage angesiedelt.

Das Klima ist bei der geschützten Lage des Ortes ziemlich mild. Frühlingsfröste und kalte Nebel kommen vor, jedoch selten mit schädlicher Wirkung. Gewitter sind häufig.

Die große, unregelmäßig gebildete Markung ist im Allgemeinen fruchtbar. In den Thälern ist der Boden schwer, humusreich und tiefgründig, theilweise sandig, auf den Gehängen leicht, hitzig und steinig, mit Lehm oder Kalkerde, auch Thon vermischt. Das Klima ist für das Gedeihen sämmtlicher Gewächse günstig.

Die Einwohner sind von kräftiger Konstitution. Die gedrungene Statur schlägt gegenüber der schlanken wie durchaus in Franken vor.

An Gewerben sind vorhanden: 1 Schlosser, 2 Schmide, 3 Wagner, 1 Flaschner, 1 Glaser, 3 Schreiner, 1 Sattler, 2 Seiler, 1 Hafner, 1 Zeugweber, 2 Leineweber, 1 Küfer, 1 Färber, 4 Schneider, 6 Schuster, 6 Weißbinder, 5 Bäcker sowie je ein Korbmacher, Strohflechter und Wannenmacher. Es bestehen 6 Schildwirthschaften, von denen zwei mit Bierbrauereien verbunden sind, ein Kaufladen und zwei Kramläden.

Beschreibung des Oberamts Künzelsau, 1883

In seiner Abgelegenheit

und Ungestörtheit ist die Strecke zwischen Dörzbach und Mulfingen ein kleines Paradies. Wälder, Felder, kleine Dörfer und schmale Talklin-

Mulfingen mit seinen Steinriegeln, den Überbleibseln des ehemaligen Weinbaus

Der Taubenmarkt von Mulfingen

Das Wohnzimmer befindet sich fast durchgängig überm Stall. Das Erdgeschoß der Wohnhäuser dient in diesem Fall dann meist als Rumpelkammer. Der Keller ist häufig schlecht, meist nicht gewölbt. Wohn- und Schlafzimmer stoßen regelmäßig aneinander und sind durch einen Ofen heizbar und oft durch eine Falltüre vom Innern des Hauses zugänglich. Die Bühne dient der

gen, steile „Klebe", wie man die Hänge unmittelbar am Fluß nennt, die mit ihrem reichen Blumenflor vom Fluß oder von der Straße aufsteigen, Steinriegel, Waldkuppen bestimmen das Tal, das über Ailringen hinunter führt nach Hohebach.

Rudolf Schlauch in: Hohenlohe Franken

Die Leute leben im allgemeinen nicht schlecht. Der geringste Häcker und Taglöhner schlachtet jährlich 1 oder sogar 2 Schweine, besser situierte 3 oder 4 und ein Rind. Auf Kärwe schlachtet, wer kann, erstmals.

Die Hauptnahrung ist Sauerkraut, Kartoffel- oder Erbsenbrei und Schweinefleisch, Mehlspeisen und Gemüse. Milch, viel Kaffee und Kartoffeln in ärmeren Familien. Rindfleisch wird selten und nur auf Hauptfestlichkeiten und gegen den Herbst zu gekauft, wenn das Schweinefleisch aufgezehrt ist.

Die Kochkunst steht meist auf etwas niederer Stufe; vielfach nimmt man sich auch nicht genügend Zeit dafür, zeitweise wegen Häufung der Feldgeschäfte, oft aber auch um Holz zu sparen.

Eigentümliche Speise ist hier „Gschmorgel" oder Rührei, „Pfiokele" genannt. (Zerstoßene Pfannkuchen).

Zum Vesper gibt's saure Milch, sauren Käs oder Klumpenkäs, abends saure Milch und Kartoffeln. Die gestandene Milch vertritt, wo Obst und Wein nicht geraten, die Stelle des Getränks.

Leider wird in neuerer Zeit zu viel Milch an die Molkereien abgeben und den Hausfrauen fehlts an Butter und Schmalz. Am schlimmsten aber kommen die Kinder weg.

Vor Geflügel – mit Ausnahme Tauben – haben die Leute fast einen Abscheu und verkaufen dasselbe gerne, wenn sie Gelegenheit haben.

Das Hauptgetränk ist der Most (Obstmost).

Die Wohnverhältnisse sind, namentlich bei den mittleren und ärmeren Klassen, sehr beschränkte, namentlich was die Schlafräume angeht.

Vom Turm am Hang
schwingt sich des Sonntags
Morgenglockenläuten
hin durch das weite Tal,
stößt sich an Sträuchern,
Baum und Stein
und verliert sich
in den grünen Weiten.

An den Hängen reiht
der Bürger Fleiß und Wohlstand
Haus an Haus.
Ihr Wille schafft sich Eigentum.
Ihr Alltag nimmt sie
voll in seine Pflichten.
Den Sonntag lebt ein jeder
nach seinem Gusto aus.

Strähnend treibt die Jagst
mit Glitzern und mit Glänzen
ihre Wasser durch das Tal.
An den Ufern stehn
die grauen Reiher,
sehn nach Fischen aus
oder staken durch die Wiesen
bis zum letzten Sonnenstrahl.

Der Abend legt sein Dämmerblau
vor der Stille
wie einen samtenen Teppich aus.
In der Kapelle, wo Sankt Annas
Name wohnt, schüttet eine Greisin
vor dem Namen dieser frommen Frau
ihr Herz mit allen ihren Nöten
und ihren Sorgen aus.

Gottlob Haag

Aufbewahrung des Holzes, bei beschränkten Wohnungsverhältnissen auch als Schlafraum.

Der Hexenglaube ist allgemein, namentlich unter dem Weibervolke, verbreitet.

Allgemein wird geglaubt ans Alpdrücken. Träume von Eiern bedeuten Verdruß, von Zwetschgen und Fleisch Trauer, von Verstorbenen Regen, von trübem Wasser Händel und Streit. Die Begegnung von Schafen und Schweinen links bedeutet allgemein Glück, rechts das Gegenteil.

Mulfinger Heimatbuch

Die Mulfinger Wasserfraali

An aner tiefe Stell der Jagst
die Wasserfraali hause.
Am Ufer wachse Weidebüsch,
drin leis die Lüftli sause.
Dort owe mormle d'Lausebäch,
dort unte s Wehr tuet rausche;
...
In söder schiener Summernoocht
die Wasserfraali schwewe
aus ihrem kalte Wasserschlouß
zum süße Erdelewe.
Sie frawe si am Moondeschei,
am Lied der Nachtigalle
und tanze uff der grüne Au
dem keusche Moond zum Gfalle.

Sie san vor langer, langer Zeit
ins Ort in d'Vorsetz kumme,
do hewe sie am Zeitvertreib
mit Fraade Audal gnumme.

...
A Fraali hat amol die Zeit
versäumt, is länger bliewe;
Sie hat zu tief in d'Ache guckt
dem Buwe, ihrem liewe.
Wie sie de Göicker kräwe hört,
is orich sie verschrocke;
Sie zittert, greint, is ganz verstört,
ihr Herz tuet hifti zocke.

„Leb'woul, du Gueter, i muß fort!
O weh, i mueß ietz sterwe!
I seh die heint zum letztemol!
Ma Lieb is ma Verderwe!"
Sie is verschwunde in de Flut,
die Jagst is trauri gflosse;
Dort is, wu d'Nix versunke is,
in d'Höh a Bluetstrahl gschosse.

Fr. Hahn, um 1930

Die St. Anna-Kapelle

Mordtaten in vergangener Zeit

Beim letzten Hause von Mulfingen an der Straße nach Ailringen sind 5 Kreuze in die Stützmauern eingelassen. Ein aufgegebener Bräutigam überfiel dort seine Braut mit ihrem neuen Bräutigam und ihren Eltern, erschlug sie alle und nahm sich hierauf das Leben.

2 km thalabwärts an der Steige nach Hollenbach steht ein altes Sühnekreuz. Ein Glockengieser aus Würzburg, der eine Glocke für Mulfingen gießen sollte, dem sie aber mißlang, erschlug dort aus Eifersucht seinen Gesellen, dem in des Meisters Abwesenheit der Guß gelungen, und der mit der Freudenbotschaft dem Meister entgegen gehen wollte. Der Meister nahm sich auf der Stelle das Leben.

Beschreibung des Oberamts Künzelsau, 1883

Die St. Anna-Kapelle von Mulfingen

Auf dem linken Ufer der Jagst unmittelbar am Fuße von Jagstberg liegt in reizendem Grün, von Pappeln umgeben, die niedliche St. Annakapelle, zu welcher alljährlich am St. Annentag (26. Juli) aus der Umgegend gewallfahrtet wird. Die Kapelle ist in edlem gothischem Stil gebaut. Sie stammt aus dem Jahre 1511, als Förderer des Baues wird der Amtmann Zeisolf von Rosenberg zu Jagstberg genannt. Der kleine Chor hat ein Kreuzgewölbe mit Gurten, die Fenster gothisches Maßwerk.

Sägemühle bei Mulfingen

Am Fuße des Jagstberges winkt von weitem dem Wanderer durchs obere Jagsttal ein Kirchlein schmuck und schön in romantischer Lage, die St. Annakapelle von Mulfingen. Einsam und still, im Hintergrund von Bergeshöhe abgeschlossen und gedeckt steht sie da als stummer Zeuge der beim nahegelegenen Brunnen vor Jahrhunderten so auffällig zutagegetretenen göttlichen Huld und Erbarmung für die Verehrer der hl. Anna.

Beschreibung des Oberamts Künzelsau, 1883

Der Wanderer an der Sägemühle

Dort unten in der Mühle
Saß ich in süßer Ruh
Und sah dem Räderspiele
Und sah den Wassern zu.

Sah zu der blanken Säge,
Es war mir wie ein Traum,
Die bahnte lange Wege
In einen Tannenbaum.

Die Tanne war wie lebend,
In Trauermelodie,
Durch alle Fasern bebend,
Sang diese Worte sie:

Du kehrst zur rechten Stunde,
O Wanderer, hier ein,
Du bist's, für den die Wunde
Mir dringt ins Herz hinein!

Du bist's, für den wird werden,
Wenn kurz gewandert du,
Dies Holz im Schoß der Erden
Ein Schrein zur langen Ruh'.

Vier Bretter sah ich fallen,
Mir ward's ums Herze schwer,
Ein Wörtlein wollt' ich lallen,
Da ging das Rad nicht mehr.

Justinus Kerner

Bartenstein

Gemeinde Bartenstein, aus der Stadt Bartenstein mit einem fürstlich hohenlohe'schen Schloß bestehend. Sie zählt 1082 Einwohner, wovon 269 evangelisch, und liegt auf der Grenze des Oberamts Künzelsau, 3 $\frac{1}{2}$ St. Nordwestlich von Gerabronn. Von den fürstlich hohenlohe-bartensteinischen Behörden haben die Domanialcanzlei, die Forstverwaltung und ein Rentamt hier ihren Sitz.

Schloß und Stadt mit dem größten Theil der kleinen Markung liegen auf dem Plateau, das hier durch zwei parallel nach Südwesten streichende Klüfte zu einer Gebirgszunge gebildet ist, deren Spitze das am Fuß des Gebirgs von Süden her vorüberfließende Thal der Ette berührt. Ueber jene führen sehr steile Steigen.

Das Schloß in seiner gegenwärtigen Beschaffenheit wurde von 1700 an von dem 1729 verstorbenen Grafen Philipp Karl von Hohenlohe-Bartenstein erbaut. Es bildet ein reguläres Viereck, ist geräumig und geschmackvoll eingerichtet und gilt als die schönste der hohenlohe'schen Residenzen. Den weiten Hof zieren 4 Röhrenbrunnen, von denen einer mit kunstreichen Arbeiten. Dazu gehören die an dem Weg nach Riedbach angelegten englischen Anlagen.

Das frühere Schloß war 1525 im Bauernkrieg ganz, und im Jahr 1632 durch kaiserliche Kriegsvölker (Croaten) zur Hälfte niedergebrannt worden.

Uebrigens hat das Städtchen in seiner breiten, $\frac{1}{4}$ Stunde langen Hauptstraße mehrere hübsche, theils massiv aus Steinen, theils in hölzernem Fachwerk erbaute Häuser, sonst aber auch viele kleine Wohnungen. Die Mehrzahl der Einwohner dieses Orts ist nämlich ganz arm. Die 124 Gewerbsleute und 20 Taglöhner sind bei dem Mangel besonderer Industriezweige auf spärlichen Verdienst in der Nachbarschaft verwiesen. Als vom letzten Drittel des siebzehnten Jahrhunderts an rasche Ansiedlungen Fremder begünstigt wurden,

Bartenstein über dem Ettetal

Schloß Bartenstein, Sitz der Fürsten zu Hohenlohe-Bartenstein

121   Bartenstein

scheint der Ernährungspunkt ganz übersehen worden zu seyn. Der gedrückten Lage der meisten Einwohner des Orts ist es auch zuzuschreiben, daß manche derselben nicht gut geartet sind und der Nachbarschaft in manchfachen Beziehungen zur Last fallen.

Beschreibung des Oberamts Gerabronn, 1847

Schloß Bartenstein

Schloß Bartenstein, das beherrschend über dem Tal liegt, ist eine der neuesten und damit auch eine der geschlossensten von allen Hohenlohe-Schlössern. Es ist bewohnt von der Fürstlichen Familie Hohenlohe-Jagstberg-Bartenstein. Das Schloß, die Schloßkirche und auch der Schloßgarten sind einheitlich im Barockstil angelegt.

Fürst Ludwig Carl Leopold, Erbauer des Schlosses in der heutigen Form

Um 1800 erlebte Bartenstein seine größte Blüte. Der damalige Fürst, ein ausgesprochener Frankophile, nahm Refugies der französischen Revolution auf, die Legion Mirabeau hatte in Bartenstein ihr Standquartier. Französische Art und Kultur, französischer Charm und Esprit waren eine zeitlang in Bartenstein zu Hause, Gartenanlagen, Theater, Musik, Literatur sollten den Geflohenen ihre Heimat ersetzen. Rokoko in Bartenstein. Das verschwand jedoch schlagartig, als mit Napoleons Hilfe Württemberg die Fürstentümer mediatisierte.

Heute liegt Bartenstein im grünen Winkel, in noch fühlbarer Abgelegenheit als andere Hohenlohe-Städtchen. Eine Fahrt von Bartenstein über Ettenhausen das grüne Tal der Ette hinab, die bei Mulfingen in die Jagst mündet, ist wegen der romantischen Ruhe empfehlenswert.

Rudolf Schlauch in: Württemberg. Unterland

Von allen hohenlohischen Schlössern ist Bartenstein auch heute noch das abgelegenste, doch war dies nicht immer so und daß gerade hier eine Burg erbaut wurde, hat seinen guten Grund. In unmittelbarer Nähe der ersten, etwa 1247 erstmals genannten Burg verliefen zwei wichtige Straßenzüge: die heute noch unter dem Namen „Kaiserstraße" bekannte Verbindung von Mergentheim nach Crailsheim und die damals noch wichtigere Straße vom Rhein nach Böhmen, die alten Kaiserstädte Speyer am Rhein und Prag miteinander verbindend.

Karl Schumm in: Der Frankenspiegel, 1953

Bartenstein

Er suchte, fand aber nicht
das verschollene Wort.
Er dankte dem Gruß des Fremden
und ging auf den Spuren
vergessener Geschichten
mit dem Wind über die Ebene.

Noch immer demonstrieren
die zimtfarbenen Fassaden
des Schlosses über dem Tal
den Anspruch der Herrschaft
auf Macht und Ergebenheit
und den Gehorsam der Untertanen.

Niemand spricht noch gerne
über die Armut, die Not
und das Elend,
unter denen das Leben einst
hier unter dem Schloß
in armseligen Hütten
sein Dasein gefristet.

Mit den Vätern starben
die Geschichten gewesener Tage.
Not und Armut
wichen bescheidenem Wohlstand
und machten den Menschen
das Leben erträglich.

Bernsteinäugig schaute am Abend
die kleine Stadt hinab in das Tal,
wo dem Tag das Licht zur Dämmerung gerann
und die Ette ihre geschwätzigen
Wasser hinab in das Bett
der Jagst trieb,
wo noch immer die Zeit
mit dem Wasser
der Ewigkeit durch die Finger rinnt.

Gottlob Haag

Bartenstein liegt auf einem Bergrücken über der Ette, einem Seitentälchen der Jagst. Stadttor, Hauptstraße, Hofgarten, Schloß – das ist Bartenstein, eine absolutistische Schöpfung des Frühen 18. Jahrhunderts. Es liegt da wie auf einem Präsentierteller, heiter, sonnenbemalt, in verblichenen Farben und maßvollen Proportionen. Das Zwergstädtchen lebte von der Residenz mit ihrem Hofstaat und Beamtenapparat. Mit der Mediatisierung der Fürsten zu Hohenlohe-Bartenstein zu Beginn des 19. Jahrhunderts sank der Ort in die Bedeutungslosigkeit zurück.

Reiche Heiraten und Erbschaften ermöglichten diesem katholischen Zweig der Dynastie Hohenlohe gegen Ende des 18. Jahrhunderts eine glänzende Hofhaltung mit 75 Chargen, vom Hofmarschall bis hinab zum Hoftrompeter.

Neben dem barocken Schloß mit seinen behäbigen Beamtenbauten öffnet sich der Hofgarten mit einem entzückenden Pavillon. 1796, fünf Jahre nach der Uraufführung, wurde hier Mozarts „Zauberflöte" in Szene gesetzt; zwei Bartensteiner Prinzen hatten die Rollen des Sarastro und Tamino übernommen. Die Hofkapelle, die zeitweise 27 Mitglieder umfaßte, genoß einen guten Ruf.

Die französischen Künstler und Kavaliere, die vor der Revolution über den Rhein geflüchtet waren, fanden hier in Bartenstein gastliche Aufnahme. Ein Emigranten-Blatt schrieb: „Gerührt durch fremdes Unglück, war das Haus Hohenlohe das erste, welches den verbannten französischen Prinzen auf die uneigennützigste und rührendste Weise freundschaftliche Hilfe bot. Mit den französischen Prinzen waren die Bourbonen und späteren Könige Ludwig XVIII. und Karl X. sowie der Prinz Condé gemeint.

Carlheinz Gräter in: Beiträge zur Landeskunde, Febr. 1997/1

Der Gartenpavillon inmitten des verwunschenen Schloßparks

Schloßanlage Bartenstein

Die Fremdenlegion kam aus Hohenlohe

Kein Treppenwitz der Weltgeschichte – Eine Schöpfung der Neuzeit

Noch immer ist die französische Fremdenlegion eine lebende Legende. 1831 wurde sie als Söldnertruppe aufgestellt, um Algerien zu erobern. Von Anfang an setzte sie sich „aus den unruhigen Köpfen aller Nationen" zusammen, wie es in einem der ersten Berichte über die Legion Etrangére hieß. Abenteuerlustige, Landsknechtsnaturen, Desperados, politische Emigranten und auch Kriminelle suchten in der Anonymität der Legion eine neue Heimat. Die Truppe entwickelte rasch einen bemerkenswerten Korpsgeist, mit eigenen Bräuchen, eigener Justiz. Ihre Kopfstärke schwankte zwischen 3000 und 45 000 Mann. Eingesetzt wurde sie vor allem in den Kolonialkriegen Frankreichs.

Im Jahr 1831, so heißt es in den Lexika, sei die Fremdenlegion aufgestellt worden. Das ist nur die halbe Wahrheit. Etwas älter war in Frankreich die Legion Hohenlohe, eine vor allem aus Deutschen angeworbene Truppe von Berufssoldaten unter dem Kommando des Fürsten Ludwig Aloys zu Hohenlohe-Bartenstein. Und seine Legion ging wiederum auf die Tradition zweier Regimenter zurück, die 1792 in den fränkischen Duodezresidenzen Schillingsfürst und Bartenstein zum Kampf gegen die französischen Revolutionsarmeen aufgestellt worden waren.

1829 verstarb Fürst Ludwig Aloys zu Hohenlohe-Bartenstein als Pair und Marschall von Frankreich hochgeehrt. Auf dem Soldatenfriedhof Mont Valérien liegt er begraben. Ein Jahr darauf stürzte die Julirevolution die Herrschaft der Bourbonen endgültig. Der neue Bürgerkönig Louis Philippe aus dem Hause Orléans löste die Legion Hohenlohe auf. Diejenigen Offiziere und Mannschaften, die sich für die französische Staatsbürgerschaft entschieden, wurden in die Armee aufgenommen. Die restlichen Troupiers, hauptsächlich Deutsche, Schweizer und Polen, bildeten die Kader der 1831 für den Algerienkrieg gegründeten Legion Royale Etrangére, der heutigen Fremdenlegion.

Carlheinz Gräter in: Beiträge zur Landeskunde, Febr. 1997/1

Ailringen

Bildstock, der Heiligen Familie geweiht, bei Ailringen

Im Jagstthal liegt das schöne Pfarrdorf Ailringen in freundlicher Umgebung. Die Jagst macht unmittelbar vor Ailringen ihre dem Kocherlauf entsprechende Wendung. Die Bergwände auf dem linken Ufer sind mit herrlichem Wald bewachsen. Der Haupttheil des Dorfes hat sich zu beiden Seiten des Forellenbaches, der aus tief eingerissenen Schluchten hervorbricht und den Rißbach aufnimmt, und längs der mit der Jagst gehenden Hauptstraße angebaut.

Das Klima ist verhältnismäßig mild, die Sommertage sehr heiß, die Nächte durch die Nähe der Jagst ziemlich kühl. Kalte Nebel verursacht in den Uebergangszeiten die Jagst. Gegen starke Winde ist der Ort durch die Höhen, welche den Ort ringsum schirmend umgeben, geschützt. Die feineren Gemüse und der Weinstock gedeihen deshalb ganz wohl.

Die Häuser, im unteren Theil des Dorfes dicht nebeneinander, im oberen Theil, der sich gegen die Kirche hinzieht, von Gärten unterbrochen, sind gut gebaut, mit hellen Farben getüncht und mit Ziegeln gedeckt.

Die Kirche zum hl. Martin steht, das Dorf beherrschend und weithin sichtbar mit ihrem schönen Thurm, auf einer Anhöhe nordwestlich vom Dorf. Ein reizender Weg an üppigen Obstgärten vorbei führt auf vielen steinernen Stufen hinauf. Die Kirche mit dem rings sie umgebenden Gottesacker wird von einer hohen festen Mauer umschlossen. Ueber den beiden Thoren, von denen das hintere jetzt zugemauert ist, erheben sich kleine Gaden, die ursprünglich wohl zur Vertheidigung des Kirchhofes, später aber Einsiedlern als Wohnung dienten.

Die Ailringer Kirche St. Martin

Das Ailringer Rathaus, ein Meisterstück des Fachwerkbaus

welche sich zur Synagoge in Hohebach hält und dort auch ihren Begräbnisplatz hat.

Ailringen, ursprünglich Adalringen, später Edelringen, Elringen, erst in neuerer Zeit Eilringen und Ailringen geschrieben, vom Volk Alringen genannt, ist der Sitz der Nachkommen Adalhers.

Beschreibung des Oberamts Künzelsau, 1883

A jedes Tierle hat san Feind

Vom alte Schulze vo Aalringe
do könnt mer ah manchs Liedle singe.
Der hockt bo'nere groaße Hitz
e mol im Rothaus uff sam Sitz
Hemdärmeli und raacht Duwak
vo dem bekannte guete Gschmack,
sa Kappe hat er ah uff g'hott,
roo hat er's ner vor'm Pfarr und Gott.–
Uff aa mol kummt zur Stuwe rei
e Herr, net groß, un fräct ganz fei:
„Sind Sie vielleicht der Schulz
von hier?" –
„Ja", sect der, „un wer sann'd denn
Ihr?" –
„Ich bin Regierungsrat von Hirt,
der's Oberamt jetzt visitiert,
und heute will ich visitieren,
wie Sie die Amtsgeschäfte führen!" –
Mei Schulz, der läßt sa Kappe uff,
bläst Wolke naus und sect no druff:
„I glaab's net, sou könnt jeder kumme!
Was maant Ihr, i g'hör zu de
Dumme?"–
Der Herr ziecht iatzt san Ausweis raus,
daß der Rechierungsrat von Hirt
im Recht is, wenn er visitiert.
Der Herr fräct: „Nun, mein Schultheiß meint?" –
„A jedes Tierle hat san Feind!" –

Friedrich Hahn

Die Einwohner sind von mittelkräftigem Bau, besonders die Frauen sind von zarter Konstitution, aber ausdauernd bei der anstrengenden Arbeit, welche das bergige Terrain, das für den Ackerbau benützt wird, erheischt.

Im Allgemeinen ist Fleiß und Sparsamkeit, religiöser Sinn und Ordnungsliebe vorherrschend.

Die Wasserkräfte werden von zwei Mühlen mit je drei Mahlgängen und einem Gerbgang benützt, von denen die eine mit einer Hanfreibe verbunden an der Jagst, die andere am Bache steht, und zwei Sägemühlen.

Die vom Deutschorden aufgenommenen Israeliten, „Schutzjuden", welche für den Deutschorden Jagdhunde und Postpferde zu halten hatten, haben größtentheils ihren Wohnsitz aus Ailringen verlegt. Nur eine Familie ist von der früher ansehnlichen Bevölkerung übrig,

Das Alte Amtshaus der Deutschordensritter von 1580

Der Hohenloher Unternehmer Reinhold Würth und das „Alte Amtshaus"

Nicht vom Tellerwäscher zum Millionär hat es der Hohenloher Reinhold Würth gebracht, sondern vom Lehrling in der kleinen väterlichen Schraubenhandlung zum Milliardär und Inhaber eines Konzerns mit über 30 000 Mitarbeitern, der in über 70 Ländern der Welt vertreten ist.

Geboren wurde der Großunternehmer 1935 in Künzelsau, wo er die Volksschule besuchte. Reinhold Würth, mittlerweile Ehrendoktor der Universität Tübingen und Honorarprofessor an der Universität Karlsruhe, engagiert sich stark im kulturellen Bereich und hat u.a. das „Alte Amtshaus" in Ailringen vor dem Verfall gerettet.

Fest steht, daß der Renaissancebau etwa 1580 als Amtshaus der Deutschordensritter bezogen wurde.

Ab 1784 diente der Bau zur Lagerung der Naturalabgaben der Ailringer Untertanen und als Unterkunft für reisende Beamte des Deutschordens. Nach Aufhebung des Ordens ging das Amtshaus 1809 in württembergischen Besitz über und diente als Wohnhaus.

Anfang 1996 nahm Reinhold Würth die aufwendige Restaurierung des denkmalgeschützten Gebäudekomplexes in Angriff. Heute gehört das „Alte Amtshaus" als kleines, aber feines Hotel zu den besten Gastronomiebetrieben Hohenlohes.

Winteraustreiben in Ailringen mit dem „Butz"

Hohebach

Der stattliche, einem Städtchen gleichende Ort Hohebach liegt in anmuthiger Lage auf dem linken Ufer der Jagst und zieht sich an einem von 2 Bächen eingeschlossenen Hügel allmählich in die Höhe. Besonders günstig ist der Anblick des Ortes vom rechten Jagstufer, wo vor dem Wanderer die breite herrliche Brücke und mehrere große Privathäuser stehen.

Die schöne Kirche zu St. Jacob steht im untern Theil des Dorfes, vom alten Kirchhof, einer hübschen Anlage, Pfarr- und Schulhaus umgeben.

Hohebach, alt Hohbach, war ursprünglich Besitzung der Herren von Krautheim Reg. 1238, nach deren Aussterben es an die Grafen von Hohenlohe fiel.

Die Gemeinde hat 206 Morgen gemischten Wald, aus dem 10 Kl. und 4000 Wellen gehauen werden.

Zur Weide dient Brach- und Stoppelfeld, das von einheimischen Schafen befahren wird.

Von den Gütern der Gemeinde ist der größte Theil dem Farrenhalter, ein Stück dem Gänsehirten überlassen.

Der Viehhandel wird von 17 israelitischen Familien im ganzen Bezirk schwunghaft betrieben.

Das von Konrad von Krautheim gegründete Frauenkloster stand hinter dem Gasthof zur Linde im Baumgarten des Konrad Rutsch, wo man noch heute Bausteine und Ziegelstücke findet.

Beschreibung des Oberamts Künzelsau, 1883

Aus der Chronik des Hohebacher Pfarrers Ludwig Eyth

Die Hohebacher Jagstbrücke

Im Laufe des Jahres 1810 wurde der Brückenbau über die Jagst vollendet, mit einem Aufwand von mehr als 100 000 fl.

In vier mächtigen, steinernen Bögen überspannt sie den Fluß, gegen Osten erhebt sich auf ihr in der Mitte eine starke, steinerne Gedenksäule, an der das württembergische Wappen, überragt von der Königskrone, angebracht ist.

Am 26. Juli d. J. kam König Friedrich auf einer Reise nach Mergentheim, zu welcher die Gemeinde 8 angeschirrte Pferde von Hermuthausen bis Hollenbach zu stellen hatte, durch Hohebach und machte

Die Steinbrücke von Hohebach, erbaut unter König Friedrich, „die schönste Brücke Württembergs"

zwecks Besichtigung der neugebauten schönen Brücke hier Halt.

Über den Eindruck, den die neue Brücke auf den König machte, wird noch erzählt, daß der König sehr ungehalten gewesen sei über die großartige Anlage des Baues, welche nicht im Verhältnis zu dem (im Sommer allerdings) sehr bescheidenen Gewässer der Jagst stehe. Die kolossalen Wassermassen, welche die Jagst zu anderen Jahreszeiten das Tal herunterwälzt, rechtfertigen aber wohl die Solidität der neuen Brücke. Man weiß hierzulande nur zu gut, wie viel Brücken leichterer Konstitution die Jagst schon mit sich fortgerissen hat. Deshalb kann auch den Baumeister der neuen Brücke keine Schuld treffen. Aber begreiflich ist es auch, daß derselbe bei der Kunde vom Nahen des Königs dessen Ungnade fürchtend das Weite suchte.

Die Jagstmühle

Die Jagstmühle war eine sog. Bannmühle, d.h. die herrschaftlichen Untertanen von hier und Hollenbach hatten die Verpflichtung, ihre Früchte mindestens zur Hälfte des Ertrags in dieser Mühle zu mahlen. Müller, Mahl- und Fuhrknechte mußten schwören, daß sie dem Armen wie dem Reichen fleißig mahlen sollen und wollen und über das Festgesetzte niemand nichts nehmen, sondern einem jeden das Seinige fleißig zusammenhalten und, wie sichs gebührt, wieder überantworten.

Das herrschaftliche Fischwasser ist seit Jahrhunderten immer verpachtet. An Fischgattungen finden sich: Aal, Hecht, Karpfen, Barbe, Barsch, Schuppfisch, Weißfisch (von den Juden besonders begehrt), Rotauge, Forelle und Riesenforelle.

Brückensäule von 1810, Anschluß an Württemberg

Dreißigjähriger Krieg

Erst am 28. August 1650 wurde das Friedensfest gefeiert. Die Feststimmung mag freilich keine sonderliche gewesen sein, wenn man erwägt, wie furchtbar dieser Krieg allerorten gewütet hatte. Das Land war entvölkert und verödet. Hier allein lagen sieben Wohnhäuser und zwei Scheunen in Schutt und Asche, elf weitere Häuser und sechs Scheunen waren schwer beschädigt. Dabei war der Mangel an Zugvieh so groß, daß man, wie Graf Johann Friedrich

nach dem Krieg zu erzählen pflegte, Menschen mühsam den Zug ziehen sah, um nur einen kleinen Teil des Feldes anzubauen.

In den Häusern war oft kein Bett, kein Ofen, keine Türe mehr vorhanden; alle Vorräte waren aufgezehrt: ein Laib Brot stieg im Preis auf einen 1 Reichstaler, bei den Armen war kein Hund und keine Katze sicher; Eicheln wurden an Stelle von Früchten gemahlen; das ausgeführte Aas von Pferden und Rindvieh wurde wieder ausgegraben; manche aßen

Stroh, andere starben Hungers. In vielen Orten war wie hier nur noch 1/3 oder $\frac{1}{4}$ der Einwohner da.

Die Russen in Hohebach

1735 sah man hier eine ganz ungewohnte Erscheinung, die ersten Russen, welche Lacz Ende August von Mergentheim her über Hohebach und Künzelsau Prinz Eugen zuführte. 6000 Russen kampierten in der Au zwischen Dörzbach und Hohebach: Es waren starke Leute, gesund, wohl exerciert und voller Mut zum Fechten. Ihre Lebensart war sehr rauh und hart, und waren mit Grütz oder Spatzen, Salz und Brodt wohl zufrieden, auch kochten sie die grünen Kräuter nebst dem rohen und unzeitigen Obst in einem Kessel alles untereinand, nicht besser, ja nicht einmal so gut, als es unsre Schweine zu fressen bekommen, und schütteten dann Öhle, was vor

Gattung sie bekommen konnten, darein und aßens mit größtem Appetit; sie entkleideten sich und badeten sich sehr viel, sowohl Winters- als Sommerszeit, auch lagen den Winter sehr viele bei uns im Winterquartier.

Jüdischer Friedhof

Die Steine, eingesunken, vermoost, verwittert und von Flechten überzogen, schief und krumm, mit Zeichen, kaum zu lesen. Nur in der Dorfgeschichte gehen noch die Namen dieser Toten um.

Das Vergessen hat die Namen aller, die hier gebettet ruhen, eingeholt und an sein Herz genommen. Nur die Steine bewahren ihnen noch das Gedenken für all jene, die als Besucher hierher kommen.

Gottlob Haag

Hungerjahre

1739 suchte Gott der Herr Deutschland heim mit Mißwachs am Getreide, auch Hagel und Schloßen, daß an vielen Orten die Leute von ihrer ganzen Saat nicht so viel einernteten, daß sie nur davon aussäen konnten.

Es strafte aber Gott der Herr nicht nur Deutschland, sondern auch andere Länder mit einem erschröcklich harten Winter, dergleichen in Hundert und mehr Jahren nicht erhöret worden. –

Solcher hebte sich 14 Tag vor Martini an mit der größten Heftigkeit, daß Schnee und Eis an allen Orten gefunden und währete bis auf die Christfeiertage, da das kalte Wetter und der unleidliche Frost ein wenig nachgelassen. Solcher harte Winter aber fieng sich bald nach dem neuen Jahre wiederum an und zwar mit solcher Strenge und Heftig-

Der Judenfriedhof von Hohebach

keit, daß die Vögel von der Luft tot auf die Erde gefallen, das Wild in den Wäldern erfroren, viele Menschen durch die allzu strenge und schneidende Luft ersticket und erstarret tot auf der Erde stehend gefunden worden, wie denn vielen Soldaten auch auf ihrem Posten dergleichen begegnet. Vor Wölfen und Bären getrauten sich die Pohlen und Schweden nimmer mehr aus ihren Häusern. Das Eis war über Ellen dick in der Jagst gefroren.

Hohebach wird württembergisch

Gleich der Anfang des 19. Jahrhunderts brachte das für die Geschichte des Dorfes bedeutsamste Ereignis in diesem Zeitraum, nämlich die Angliederung an Württemberg. Als Belohnung für seinen Anschluß an den sogenannten Rheinbund, dessen Protektor Napoleon I. war, erhielt König Friedrich I. von Württemberg einen beträchtlichen Länderzuwachs, darunter auch die hohenlohischen Fürstentümer (außer Schillingsfürst und Kirchberg, welch letzteres aber 1810 auch noch württembergisch wurde). Damit kam auch Hohebach unter württembergische Staatsoberhoheit (12. Juli 1806). Eine Gemeindedeputation mußte sich noch im Laufe des Jahres in Künzelsau einfinden und in die Hand des Kgl. Steuereinnehmers Ludwig von Schönthal das Gelübde der Treue zur Krone Württemberg ablegen. Darauf folgte bei Posthalter Lindner ein solennes Mahl, das die Gemeinde auf 12 fl. 12 kr. zu stehen kam.

Alte Hohenloher Tracht

Der Komet von 1811

Der Komet, welcher 1811 am Himmel stand, erfüllte die Gemüter mit bangen Ahnungen und neuen Befürchtungen. In der Tat bahnte sich schon in diesem Jahre der Bruch Napoleons mit Rußland an, der dann im folgenden Jahr offen erfolgte. Unsägliche Not kam über viele Familien durch die 1811 bereits erfolgende Rekrutierung für den russischen Feldzug.

Art, Sitte und Brauch der heutigen Einwohner

Der Typus des ostfränkischen Stammes hat sich hier bis auf die neueste Zeit herein gut erhalten. Untersetzt und dunkelhaarig, ist der Franke im Auftreten und in den Bewegungen nicht so schwerfällig wie die Schwaben, seine Bewegungen sind gelenker, sein Schritt leichter, aber seine Konstitution weniger kräftig.

Die Lebensweise des Franken ist einfach, gesund und solid; sein Grundsatz ist: „Nicht zu viel."

Die Gemütsanlage der Leute ist weich und heiter. Sie sind mitleidig gegen das Unglück, auch gegen das selbstverschuldete, mitteilsam und freigebig gegen die Armut, leicht durch augenblickliche Eindrücke von Freud und Leid hingenommen und lieben in den Mußestunden heitere Geselligkeit. Deshalb gehen die Männer jahraus, jahrein am Sonntag auf ein Stündchen ins Wirtshaus, wo sie meist ruhig und gesittet, die Kappe auf dem Kopfe, hinter dem Glase sitzen, das Bletle (Kocher- und Jagstbote) lesen, von Handel und Wandel, von den Angelegenheiten des Dorfes reden und mit harmlosen Scherzen und Neckereien über Nachbarorte sich belustigen. Die Dörzbacher heißen dann nur „d'Mirakelmänner“. Die Hohebacher selbst führen den Spitznamen „d'Lumpe“. Diese Bezeichnung soll daher rühren, daß einmal zwei Hohebacher Fuhrleute Lumpen, die für Heilbronn bestimmt waren, nach Waldenburg führten, dort in die Bahn verluden und nach Heilbronn telefoniert haben sollen: „D'Hohbacher Lumpe kumme.“

Die hier gesprochene Mundart ist noch die ausschließlich ostfränkische, eine halbe Stunde talabwärts in Dörzbach gewinnt schon der rheinisch-fränkische oder pfälzische Dialekt Einfluß.

Werktags wird das Wirtshaus wenig besucht; sommers hat man keine Zeit dazu und an den langen Winterabenden geht man in „Vorsetz“.

Für Gesang, Spiel und Tanz ist der Franke stets zu haben. Daher findet der Gesangverein stets aufmerksam lauschende und dankbare Zuhörer, ebenso der Kirchenchor, der an den Festtagen zu singen pflegt.

In der Mitte des Jahrhunderts (1842 ff) wanderte alljährlich eine Schar von 12 - 20 unbemittelter Einwohner männlichen und weiblichen Geschlechts Sommers in die Rheingegend, um sich durch Fruchtschneiden einen Verdienst zu schaffen und da die Ernte dort früher begann, so kamen sie gewöhnlich zur Einheimsung der eigenen Ernte wieder heim.

Häufiger noch kams zu völliger Auswanderung nach Amerika und neuerdings nach England.

Der tragischste Mordfall des Jahrhunderts

Der tragischste Fall des Jahrhunderts ist eine gräßliche Mordtat im Jahre 1766. Der Tatbestand ist folgender:

Bei Johann Markus Schmid, Bürger und Nadler hier, kehrte ein von Weikersheim nach Heilbronn mit herrschaftlichen Geldern abgeschickter Bote namens Ott, ein Zeugmacher, aus guter Bekanntschaft, ein. Unvorsichtigerweise zeigte er dem Schmid das Geld, das er bei sich trug. Schmid faßte sogleich den teuflischen Entschluß, dem Ott nachzugehen und ihn zu ermorden. Er lief Ott, nachdem dieser sein Haus wieder verlassen hatte, nach, überholte ihn ungesehen und erwartete ihn bei Kirchensall auf freiem Felde unter einem Baume. Nach Abendglockenzeit passierte Ott diese Stelle. Schmid griff den Ott unversehens an, schlug ihm mit einem Mörsel auf den Kopf, daß er alsbald taumelte und von Schmid vollends auf den Boden geworfen wurde, wo dieser ihm noch etliche Stiche ins Genick gab, an denen er gleich starb. Ehe der Ermordete noch weggeschleppt werden konnte, kamen zwei Reisende des Wegs und gingen

unmittelbar an der Stelle vorüber, an der der Mord vor sich gegangen war.

Um nicht gesehen zu werden, legte sich der Mörder dicht neben den Ermordeten. Nachher raubte er seinem Opfer alles Geld, ließ aber bei seinem Weggang aus göttlichem Verhängnis den Mörsel und das Messer, die er bei der Mordtat benutzt hatte, liegen. Diese Instrumente halfen den Mörder entdecken. –

Die Tat war am Samstag nachts geschehen und am folgenden Mittwoch wurde der Mörder bereits inhaftiert. Beim dritten Verhör gestand er seine abscheuliche Tat mit Heulen und Schreien. Drei Wochen vor seiner Hinrichtung ließ Pfarrer Knapp von hier ein Abschiedsschreiben an ihn abgehen, das er gar wohl aufgenommen. Pfarrer Knapp wurde daraufhin von Schmid und der Herrschaft nach Weikersheim berufen. Dort söhnte er den Mörder mit den Seinigen und des Ermordeten Leuten aus, kommunizierte ihn auch noch früh vor seiner Hinrichtung, bat aber, ihn von der Begleitung zum Richtplatz um Schwachheit des Leibes und anderer Ursach willen zu verschonen. Schmid wurde aus Gnaden von oben herab geradebrecht und der Körper aufs Rad geflochten.

Genannter Schmid war in früheren Zeiten ein angesehener Bürger in Weikersheim, aber von da wegen des Verdachtes, seine Frau vergiftet zu haben, fortgeschafft worden. Dasselbe widerfuhr ihm in Dörzbach, wo er eine Zeitlang wohnte, dann aber auch weiterziehen mußte. Schließlich wurde er hier aufgenommen. Er galt für einen Erzdieb mit seinem ganzen Hause. Seine zweite Frau, die einige Zeit mit ihm hier hauste, wurde bald nach der Mordtat wegen ihrer Diebereien von hier fortgejagt.

Die Mordinstrumente Schmids, Mörsel und Messer, sind im Archiv zu Weikersheim aufbewahrt.

Strafen des Dorfgerichts Hohebach

„Die Gemeindebuß ist 3 Pfund (1 Pfund = 30 Pfg.).

In diese Buße fällt:

∗ wer nicht zur Gemeinde geht, wenn man die Gemeindeglocken läutet

∗ wer einen Hund in die Trauben laufen läßt

∗ wer unvorsichtig ist mit Feuer, mit Spanlicht auf die Gasse oder in Ställe geht oder Feuer beim Nachbar holt und dasselbe unverdeckt und unverwahrt über die Gasse trägt

∗ wer Feuer ausbrechen sieht und es nicht sofort beschreit

∗ wer der Gassenwacht nicht gehörig nachkommt und solche versäumt

∗ wer an Sonn- oder Feiertagen fischt

∗ wer Äscherich an den Weg schüttet und den Bach verunreinigt

∗ wer der Gemeinde Maß, Mezen und Schlägel entlehnt und über Nacht daheim behält

∗ wer vor dem Betläuten Wäsche aufhängt und nach dem Betläuten zu Nacht noch wäscht

∗ wer das wilde Feldobst der Gemeindt vor Betläuten morgens schüttelt und aufliest

∗ wer nicht nachkommt allem, was die Bürgermeister gebieten oder verbieten

Hohelohe

Im Hohelohische, wu seit Mensche-gedenke
d Schliitzoehre gmacht werde,
secht ner selde aaner deß,
woß seii Maaning denkt.
Drum haaßt de Hoheloher
ihr Woohlschpruuch:
„I sooch nidd sou und a nidd sou,
daß hindenoech näemer sooche kou,
i häed sou odder sou gsocht."

Uff und um de Häehe zwische Kocher,
Dauwer und Joogscht, wu dr Wiind
und s Grabbegschraa ihr Haamet
hewwe,
secht: „Gsundheit is mer lieeb!"
souviel, wie: „Griß Gott!"

Mit Induschtrie und groeßi Schtädt
kou diee Geiichend kann Schtaat
mache.
's ganz Land schtäeht unter Sense
und Pfluech
und Dooch fer Dooch schpuutze
d Bauere
ihrer Ärrwedd neii d Hend,
därre nix anderschts iwwerichbleiit,
wie fleißich z sann,
daß sie ihrn Mann dernäehrt,
wall dr Baoud ner woß häergeiit,
wenn er gschafft und gfladdiert wird.

Iwwerool uff de Häehe und in de
Deeler
schtäehne Buriche und Schlesser,
vo wue aus frieeher s Land räggieert
worde is.
...
Es wext e gueder Weii ou de Dool-
häng
und in de Ortschafte schtäeht viel
und schäes Vieeh in de Schtäll.
Dunde im Joogschtdool
is vor e boer hundert Joehr
a dr Läggmiiemoersch uff d Welt
kumme,
uff den mir Hoheloher a haiit
haamlich noch e wenig schtolz sann,
wall er uns, wenn s emoel en Ärcher
geiit,
meischtens hilft und scho ger oft
gholfe hat.
Jeder schafft em Dooch diee Ärrwedd,
wu er em uffgeiit.
Und wenn s emoel ou s Schtärwe
gäeht,
secht dr Hoheloher ner:
Herr, wie Du willscht,
awwer brässieere
duet s nouni.

Gottlob Haag

St. Wendel am Stein

Vor Dörzbach gewinnt die Jagst an jugendlicher Kraft und windet sich in eigensinnigen und lustigen Schleifen durch die hohenlohische Ebene. Ein Juwel des Jagsttales, die Wallfahrtskirche St. Wendel zum Stein, entgeht am linken Ufer unter den langen Schatten uralter Bäume leicht dem zu eilig Reisenden.

St. Wendel zum Stein, vom Volk die Steinkappel genannt, eine geräumige Kapelle mit der Wohnung des Kapellmanns, liegt auf einem Tuffsteinfelsen hart über der Jagst zwischen Dörzbach und Hohebach, aber näher beim letzterem, in überraschend schöner Lage. Der herrliche Wald im Rücken, die senkrecht aufsteigenden Tuffsteinfelsen, die mächtigen Bäume, welche

die Kapelle beschatten, der Blick in die jähe Tiefe und das Rauschen der Jagst zu den Füßen wirken stimmungsvoll auf den Besucher.

Auf steilem engem Pfade steigt man herab auf einen Felsvorsprung, auf welchem die Kapelle steht. Die Kapelle ist in einfachem gothischem Stil gebaut.

Ottmar Schönhuth in: Die Burgen, Klöster und Kapellen Württembergs

Sagenumwobene Kapelle St. Wendel am Stein

Es war einmal ein Schäfer, der fand auf der Waldwiese, dort oben über der jetzigen Kapelle einen Schatz. Der Schäfer ist ein gar frommer Mann gewesen und wollte das Geld, das Gott ihm in die Hand gegeben, auch zu Gottes Ehren verwenden. Er beschloß an der Stelle, an der er den Schatz gefunden, eine Kapelle zu bauen, Gott und St. Wendel, dem Schutzpatron der Schäfer zu Ehren. Schon war auf der Waldwiese alles zum Bau bereit, die Steine behauen, das Holz zugerichtet, der Graben für das Grundgemäuer ausgehoben. Als die Werkleute am frühen Morgen kamen, den Bau zu beginnen, siehe, da waren Balken und Steine ver-

Die Kapelle St. Wendel am Stein, gelegen auf einem Tuffsteinfelsen hart an der Jagst

schwunden. Man fand alles unten am Ufer der Jagst, auf dem schmalen Streifen zwischen der Felswand und dem Wasser, aus dem eben dort ein Felsen emporragte. Mühsam schafften die Werkleute Steine und Balken wieder hinauf und begannen, nach der Weisung des Schäfers, die Grundmauern an der Fundstelle des Schatzes einzusetzen. Am anderen Morgen lagen die Steine samt dem Bauholz wieder am Fuße des Felsens, doch nicht mehr durcheinander geworfen, sondern so gerichtet, daß der Grundriß der Kapelle deutlich erkennbar war. Jetzt wußte der Schäfer, was das bedeutete. In dem wunderbaren Begebnis erkannte er den Willen Gottes und baute die Kapelle an der Stelle, die eine unsichtbare höhere Gewalt ihm angewiesen. Also lag der Segen Gottes sichtlich auf dem Bau, daß niemand, der daran arbeitete, je ermüdete, und kein Tropfen Schweiß dabei vergossen ward.

Als die Kapelle fertig war, trat der fromme Stifter über die Schwelle des Kirchleins, stellte das Bild des heiligen Wendelinus auf den Altar und sprach: „Dem Schutzpatron der Hirten soll die Kapelle geheiligt sein, denn ich bin ein Schäfersmann." Und St. Wendel zu Ehren weihte der Bischof die Kapelle.

Viel Volk wallte bald, besonders am Wendelinstage (20. Oktober) nach St. Wendel zum Stein, und oft und viel lenkte der fromme Stifter hierher seine Schritte zu heiliger Andacht. Als er alt und schwächlich geworden und nicht mehr Schafe hüten konnte, baute er neben der Kapelle ein kleines Häuschen, hier seine Tage zu beschließen. Er läutete das Glöcklein auf dem Turm und administrierte als Sakristan, wenn der Frühmessor von Dörzbach die

von ihm gestiftete Messe las. Eines Abends erklangen nur einige schwache Klänge des Glöckleins, und es erklang so traurig. Dann blieb alles still. Man hörte das Kapellenglöcklein nicht mehr, den frommen Kirchenmann aber fand man, die im Tod erstarrten Hände über dem Strang des Glöckleins fromm gefaltet. Noch einmal läutete es ihm über dem Grab, das dem Stifter neben der Kapelle bereitet ward.

Beschreibung des Oberamts Künzelsau, 1883

Über dem Chor erhebt sich ein kleines Türmchen, dessen Glocke nach Dörzbach versetzt und dort beim ersten Läuten zersprungen sein soll. Hinter der Kapelle führt ein steiler Pfad am Felsen aufwärts. Dann gelangt man zu einer rauchgeschwärzten Höhle, mit einer Fensteröffnung, die gemauert war. Hier soll die berüchtigte Vagabundin, das „Peitschenbabele", gehaust haben.

Dörzbacher Heimatbuch

St. Wendel zum Stein

Dem launischen April
gelang sein erster,
warmer Sonnentag
und ließ uns den Weg
am Hang entlang
unter Birn- und
Apfelblüten gehen.

Im Schatten blühten
weiß und dottergelb
des Frühlings Anemonen,
und der Geruch
des Bärlauchs hing
herb und schwer
im Unterholz.

Silbern zog im Tal
die Jagst mäandernd
durch die Wiesen.
Am Hang begann der Tag
seine ersten Falter
hoch ins Blau
zu spielen.

Im Buchenschatten
überm Abgrund stand
unter löchriger, ausgehöhlter,
aufgebrochener Tuffsteinwand
Sankt Wendel einsam
in der grünen Stille
und lud zum Verweilen ein.

Wir traten ein,
und federnd schwang
hinter uns die Tür im Wind,
als herrschte ständig hier
ein Kommen und Gehen
jener, die lange vor uns
einmal hier gewesen sind.

Seit hier Kanzel
und Altar verwaist,
herrscht nur noch
ein Schattentreiben.
Denn es bedarf das Wort
des Lautes, soll dieser Ort
nicht ganz verkommen
und geheiligt bleiben.

Gottlob Haag

Meßbach

Wenn man von Dörzbach auf dem linken Jagstufer eine steile Höhe hinansteigt und über eine kahle Schafweide hinzieht, wird man plötzlich bei einem kleinen Tannenwald überrascht von einem lieblichen Blick auf das kleine, von Obstbäumen umgebene Dorf Meßbach, dessen schöne Kirche mit dem freiherrlich von Palmschen Schloß von der jenseitigen kleinen Höhe ganz stattlich herüberschaut. Meßbach liegt in einem engen Thälchen, das der Meßbach bildet, der oberhalb Altkrautheim in den Ginsbach mündet. Der Ort theilt sich in zwei Hälften, die einige hundert Schritte von einander entfernt sind. Der eine Theil gruppirt sich um das Schloß und die daneben gelegene Kirche,

der andere Theil liegt etwas weiter östlich am Bache. Der schöne, wohlgepflegte Schloßpark und das kleine Wäldchen verleihen dem einsamen Thälchen einige Abwechslung und entschädigen für die mangelnde Aussicht auf die Hochebene.

Das Klima ist gemäßigt, etwas rauher als im Thal. Die hohe Lage des Orts gibt den Winden freien Spielraum. Die Sommernächte sind kühl, Hagelschlag und kalte Nebel selten. Die Gewitter ziehen meist rasch über der Hochebene weg.

Auf einer kleinen Anhöhe liegt die der Hl. Trinität geweihte Kirche mit ihrer eindrucksvollen Front. Die ganze Kirche ist im Zopfstil (Jesuitenstil) gebaut und erinnert in ihren Formen an die Schönthaler Klosterkirche.

Das ansehnlichste Gebäude des Ortes neben der Kirche ist das Schloß des Freiherrn Julius von Palm, ein längliches Viereck mit drei Stockwerken und als solches ein ganz bequemes Wohnhaus. Das Schloß wurde wahrscheinlich vor 1750 erbaut.

Beschreibung des Oberamts Künzelsau, 1883

Das Schloß Meßbach, Sitz der Freiherren von Palm

Unter der Herrschaft der Herren von Eyb wurde das Meßbacher Schloß erbaut, ein rechteckiger Bau mit vier runden Ecktürmen, die Zwiebeldächer tragen. Der im Süden des Schlosses angelegte Park mit herrlicher Rasenfläche und mit einem wertvollen Baumbestand an ausländischen Bäumen, einem kastanienumstandenen See samt einer kleinen Insel ist für dieses hübsche Landschloß, das mit der Kirche zusammen einen freundlich-vornehmen Baukörper bildet, bemerkenswert.

Rudolf Schlauch in: Hohenlohe Franken

Die Meßbacher Kirche, der Heiligen Trinität geweiht

Der Chor im Jesuitenstil

Dörzbach

Das freundliche, stadtähnliche Dörzbach liegt in einem der anmuthigsten Theile des mittleren Jagstthales an der Mündung des von Rengershausen kommenden Baches. Im Norden des Dorfes erheben sich sorgfältig bebaute Rebhügel, im Süden steigt hart an der Jagst eine bewaldete Bergwand steil empor, die unterhalb Dörzbach bei Klepsau eine wassertriefende Felswand bildet,

ein Kleeb. Daher der Name Klepsheim, jetzt Klepsau. Während im Osten das Jagstthal sich verengert, indem der Ringgarten-Berg stark gegen die Tuffsteinwand an der St. Wendelskapelle vorspringt und den Blick thalaufwärts nach Hohebach hemmt, öffnet sich das Thal nach Westen und bildet ein Becken mit sandigem Boden, dessen Rand das stolz von seinem Berg herab-

schauende Städtchen Krautheim bildet.

Das hervorragendste Gebäude des Ortes ist das Schloß der Herren von Eyb, zwischen der Kirche und der Jagst gelegen. Umgeben von Gärten, mächtigen Bäumen, dem theilweisen erhaltenen Burggraben ist der vielgestaltige Bau ein reizender Edelsitz. Zu dem ältesten Theil gehört der nordöstliche Thurm. Der nördliche Theil, das Vorderteil des Schlosses genannt, war 1526/27 durch Meister Apelt von Künzelsau für Valentin von Berlichingen erbaut worden.

Der Ort war mit einem Bannzaun versehen, Reg. 1483, und hatte 3 Thore, das Hohebacher, Klepsauer und Rengershauser Thor.

Die Jagstbrücke von Dörzbach

Ehemaliges Gesindehaus im Schloßareal

Das Schloß Dörzbach war in der zweiten Hälfte des 15. Jahrhunderts ein unruhiges Haus und „als böses Nest" verrufen. Von hier befehdeten die Herren von Berlichingen mit ihren Mitganerben die Grafen Ulrich und Wilhelm von Oettingen und den Propst v. Mönchsroth.

1471 den 17. Dez. ließ Pfalzgraf Friedrich das Schloß und Dorf durch seinen Marschall Lutz Schott erobern, weil darin „viel Gebubens enthalten ward", welche die Leute beraubten und auf dem Odenwald streiften, und von Dörzbach aus besonders Lupold v. Seldeneck vergewaltigt worden war. Das Schloß wurde gebrochen, und dem Ort eine Auflage von 20 Malter Haber und 2 Fuder Wein, jährlich nach Möckmühl zu liefern, gemacht.

Die Markung durchzieht die Jagst, welche mit ihren häufigen Ueberschwemmungen nicht unbedeutenden Schaden anrichtet. Außerdem berühren noch 3 Bäche die Markung, der Goldbach, Kiesgraben- und Oesenklingenbach.

Auf dem linken Jagstufer werden Tuffsteine gewonnen, welche sehr geschätzt sind und weithin versendet werden.

Das Klima ist mild, die Sommertage schwül, auch die Sommernächte oft ohne nachhaltige Abkühlung, weil der Ort gegen Norden sehr

Der Fluch der Bedrückten

Ein Dorfherr einst zu Dörzbach saß,
der quälte ohne Unterlaß
die armen Untertanen sehr
mit vielen Lasten groß und schwer.
Gült, Bete, Zinsen, Zehnten, Fronen
hieß heischen er ohn jedes Schonen.
In seiner Burg, dem „bösen Nest",
ist des „Gebubens" viel gewest.
Drum konnten seine Hintersassen
den harten Herrn nur gründlich
hassen.

An Stelle seiner Burg, der grauen,
wollt' er ein neues Schloß erbauen.
Kaum schaffte man am neuen Haus,
da zog er zu einem Raubzug aus.
Doch scharf befahl er vor dem Reiten
den vielgeplagten armen Leuten:
„Nun rühret eure faulen Glieder,
in vierzehn Tagen komm ich wieder,
wenn ich den Bau nicht fertig sehe,
dann weh' euch Hunden, wehe, wehe!"

Da rief der Älteste ihm nach:
„Grausamer, du wirst keine Schmach
uns antun, denn ein Rächer lebt,
der über deinem Haupte schwebt,
du sollst, so wahr ich hier mag stehn,
den Bau niemals vollendet sehn!"

Nach vierzehn Tagen kam zurück
gebeugt der Mann, den das Geschick
schwer strafte, den er war beim
Morden
wie durch ein Wunder blind
geworden.
So hat des Bauherrn Glück geendet,
er sah den Bau niemals vollendet."

F. Hahn

Das Wasserschloß der Freiherren von Eyb

Die malerische Ölmühle Dörzbach

geschützt liegt. Frühlingsfröste sind häufig, aber Nebel selten; Gewitter sind besonders häufig.

Die Einwohner sind von gesunder Konstitution; ihre meisten Krankheiten bestehen in Athmungsbeschwerden. Fleiß und kirchlicher Sinn herrscht durchaus vor, mit rühmenswerther Freigebigkeit für wohlthätige Zwecke. Neben der Betriebsamkeit ist besonders der verständige Sinn und die rasche Auffassungsgabe der Einwohner hervorzuheben.

Die Vermögensverhältnisse der Einwohner sind günstig. Auch für die ärmere Klasse fehlt es nie an Verdienst.

Beschreibung des Oberamts Künzelsau 1883

Mein Dörzbach

Von Bergen rings umgeben,
umkost vom Sonnenstrahl,
bekränzt von Wald und Reben,
liegst du am Fluß im Tal:
– mein Dörzbach

Ein Schäfer führt die Herde
am Waldesrand dahin ...
Seht, jenes Fleckchen Erde
will nicht aus meinem Sinn:
mein Dörzbach!

So traulich, reich an Freuden,
so froh die Menschen dort!
Doch ich muß mich bescheiden
am fremden, fernen Ort.
– mein Dörzbach!

Gebt mir die Heimat wieder
mit Bergen, Tal und Wald,
ihr sing' ich meine Lieder,
die Fremd' ist ewig kalt:
– mein Dörzbach!

Fritz Leiser, Bäcker in Philadelphia, 1936 zum Heimatfest:

Sieben Teufel in der Jagstmühle

Der Jagstmüller in Dörzbach, er hieß Johann Michael Barnickel, hatte das Siebente Buch Mose. Einmal kam ein Malkunde in die Mühle, fand den Müller nicht, aber das aufge-

Der Kollergang, in dem die Ölsaat zerquetscht wird

Der Weißstorch, ein Wahrzeichen von Dörzbach

Kadaver nicht in die Flüsse!

In dem Kocher- und Jagsttale herrscht der Gebrauch, krepierte Schweine, Schafe usw. in den Kocher- und Jagstfluß zu werfen. Es ist dieses ein ekelhafter Gebrauch, auch werden dadurch die öffentlichen Gewässer verunreinigt. Das Oberamt fordert daher die Gemeinderäte hiermit auf, diesem üblen Gebrauche zu steuern und diejenigen, die sich nicht daran kehren, zur Strafe zu ziehen. Krepierte Schweine, Schafe etc. sind dem Kleemeister zu übergeben oder doch in die Erde oder in Düngerhaufen zu vergraben, wo sie besser und nützlicher untergebracht sind.

Am 6. Dezember 1850, Königliches Oberamt

Die Schlange und die Magd

Eine Magd schlief immer beim Melken ein, wobei ihr eine Schlange aus dem Mund kroch und Milch trank. Wenn sie genug hatte, nahm sie wieder den alten Weg in den Körper der Magd. Die Leute beobachteten dies öfter. Als die Magd wieder einmal beim Melken saß, kam die Schlange wieder, um zu trinken. Schnell wurde die Magd samt dem Melkstuhl hochgezogen. Die Schlange fand ihren Weg nicht wieder und wurde totgeschlagen.

Alte Leute erzählen auch, daß oft Schlangen aus der Jagst kamen und aus den Eutern der Kühe tranken.

Diebstahl und Selbstmord

1768, den 28. July

Johann Dietzens ertrunkener Sohn Johann, Kaspar, ein boshafter Knabe, so dem Nachbar Phillip Wunderlich 12 Xer gestohlen und von seinem

schlagene Buch. Er las laut darin. Da kamen plötzlich sieben Handwerksburschen daher und verlangten Arbeit. Sie hatten zweierlei Füße und bucklige Stirnen. Als sie merkten, daß nicht der Müller vor ihnen stand, wollten sie ihn packen. Da kam der Müller, sah die Bescherung, nahm schnell ein Simri und streute den Weizen auf den Boden, daß sie Arbeit hätten, die Körner aufzulesen.

Inzwischen las der Müller die andere Zauberformel aus dem Buche, daß die Teufel wieder verschwanden und nur Gestank zurückblieb.

Dörzbacher Heimatbuch

Der Bahnhof Dörzbach, Endstation der ehemaligen Jagsttalbahn

Vater gedrohet wurde, ihn desshalb zu züchtigen, ging abends aus dem Hause und blieb aus, ohne daß man wußte, wo er ward. 3 Wochen später, als Hambrecht in der Jagst fischen wollte, fand er ihn auch ertrunken, statt eines Fisches, zog ihn hinaus und zeigte es an. Bey der Unter- suchung fand sichs, daß der Bub aus Furcht vor angedrohter Strafe, sich selbst ins Wasser gestürzt habe.

Durch die Milde des Rechtes, wurde ihm doch ein ehrliches Be- gräbnis gestattet, doch so, daß nur eine Glocke läutete. In der Kirche wurde auch keine Orgel geschlagen.

Er wurde unter dem oberen Nuß- baum im Aufgang des Gottesackers linker Hand hingelegt.

Dörzbacher Heimatbuch

Mit der Postkutsche unterwegs entlang der Jagst

Dörzbach, 30. April 1912

Ach! Nun wars das letzte Mal,
daß die Postkutsch fuhr durchs Tal!
Nimmer springen jetzt die Gäule,
zottelnd mit bedächt'ger Eile;
nimmer rumpelt rasselnd mehr
der gelbe Kasten schwer daher.

Ja, das ist der Zeiten Lauf:
Manches Alte höret auf,
vorwärts soll man kommen stets,
mit der Post zu langsam geht's!
Mann und Weib und Kind jetzt will
fahren im Automobil!

Gottlob Haag

Gottlob Haag, am 25. Oktober 1926 im hohenlohisch-fränkischen Wildentierbach (Main-Tauber-Kreis) als Sohn eines Korbmachers und einer Tagelöhnerin geboren, zählt zu den bedeutendsten lebenden Dichtern Frankens.

Der Kulturpreisträger des Jahres 1987 ist an Auszeichnungen gewöhnt: Der Mundartautor Gottlob Haag erhielt nicht nur 1965 den Förderpreis der Stadt Nürnberg für Literatur, sondern 1973 auch das Bundesverdienstkreuz für literarische Leistungen und die Erhaltung und Förderung der Hohenloher Mundart.

In Gottlob Haags Dichtungen ist nichts oberflächlich in den Raum gesprochen, sondern jedes Wort klingt sorgfältig gesetzt und mit Liebe schlicht geformt. Haag beschreibt die Natur, das Leben auf dem Land, er reflektiert über Religion, aber er ist auch ein Wahrheitssucher, ein Freiheitsforscher und ein entschiedener Gegner von Krieg und Gewalt. Ohne seine Stimme wäre Franken und seine Literatur um vieles ärmer.

„Haag hat Hohenlohe, seine Nußschale, in die Literatur eingebracht. Oder sagen wir's deutlicher: Er hat es in Literatur verwandelt", schreibt Professor Dr. Buhl.

Bekannt wurde der Dichter durch seine Lyrikbände „Hohenloher Psalm", „Mit ere Hendvoll Wiind", „Haitzudooch", „Laß deinen Schritt auf leisen Sohlen gehen", „Mit der Elle des Herzens gemessen", „An Tagen wie diesen", „Die Stunde des Anglers" u.v.a. sowie durch seine Rundfunkfeuilletons und Volksstücke in hohenlohisch-fränkischer Mundart.

Gottlob Haag,
der „Homer Hohenlobes"

Dörzbach

Über den Dächern
schiebt der späte Sommer
dem Nachmittag die Sonne
durch den wolkenlosen Himmel.
Auf den Straßen und Gassen
entbieten die Passanten
einander mit ihrem Gruß,
ihre Wertschätzung
und Freundlichkeit.

Hinter dem Laut
des Knirschens der Schritte
auf dem Weg zum Schloß,
die Ahnung eines Echos
von verhalltem Pferdegetrappel
aus gewesenen Tagen.

Kaum hörbar, das leise,
ächzende Reden des Holzes
der alten Bäume
vor und um den Burggraben,
in deren Kronen sich
flüsternd der Wind fängt.

Nur die alten Mauern,
in deren Ritzen sich
die verblichene Macht verkroch,
erinnern noch an die Mächtigkeit
jener Edlen, die einst
hier residierten.

Doch längst hat sich auch hier
der Adel durch Beruf und Besitz
mit dem Bürgertum abgefunden
und etabliert.
Im Schloßhof rankt wilder Wein
und schmückt die Fassaden.
In den Fensterscheiben
langweilt sich zeitweilig
die Bläue des Himmels.
Machmal läßt das späte Jahr
hier auch seine Winde exerzieren.

Drunten über den Wassern
in den Tümpeln des Burggrabens
blitzt auf Libellenflügeln
die Gunst eines
nichtwiederholbaren Augenblicks.

Mit dem Blick auf die
ziehenden Wasser der Jagst,
die silbernd über das Wehr strähnen,
und die mit Reben bestockten Hänge
des Tales nehme ich,
unter dem Anflug eines Storches
zum Schloß,
meinen Abschied
und denke ans Wiederkommen.

Gottlob Haag

Laibach

In dem äußersten nördlichen Ausläufer des Bezirks liegt wie abgeschnitten und weltvergessen das kleine Dorf und Schloß Laibach. Das Dorf ist eingezwängt in die Rinne eines kleinen munteren Bächleins, das im Ort selbst nur der Thalbach heißt. Ueber dem wiesengrünen Thälchen mit seinen Berghängen und Wäldern ragt das mittelalterliche Schloß. Der Ort zieht sich dem Bach entlang, besteht aus bescheidenen Häusern und bildet nur eine Hauptstraße. Die Kirche des Orts befindet sich im Schloß.

Auf einer Anhöhe südwestlich über dem Dorf steht das Schloß, das von der Ferne gesehen sich sehr günstig ausnimmt. Einst feste Burg und 1621 zu einem stattlichen Herrschaftssitz von Erh. V. Muggenthal neu erbaut, hat es jetzt bedeutend an Umfang verloren.

Beschreibung des Oberamts Künzelsau, 1883

Ein Schloß der Freiherrn von Racknitz befindet sich in Laibach. Hoch über dem Ort gelegen, kann man es auf steilem Zickzackweg erreichen. Es ist ein vierflügeliges Schloß mit Treppentürmen. Eine Schloßkapelle mit einer Rosenkranzmadonna gehört zum Laibacher Schloß.

Rudolf Schlauch in: Hohenlohe Franken

Das Schloß Laibach der Freiherren von Racknitz

Der Schloßturm

Klepsau

Klepsau, Pfarrdorf, vom Amtsorte Krautheim ¾ St. Östlich entfernt, liegt 384 Fuß über d.M. an der Jaxt, und hat 1 evang. und 476 kath. Einw. in 90 Familien und 80 Häusern. Die Nahrungsquellen der ziemlich bemittelten Einwohner sind Feld-, Wiesen-, Weinbau und Viehzucht. Der Deutschorden besaß hier den Pfarrsatz.

Universal-Lexikon vom Großherzogthum Baden, 1847

Der Weinbau in Klepsau

Zu Klepsau an der Jagst wächst der beste Jagstwein.

Carl Julius Weber in: Reise durch das Königreich Württemberg, 1834

Die Klepsauer gehören zum Weinbaugebiet Badisch-Franken, das seit 1936 seine besseren Gewächse auf Bocksbeutel abfüllen darf. Eine zweite Spezialität bilden hier die durchgegorenen Jagsttäler, die nicht nur von den Diabetikern, sondern auch von allen Liebhabern eines trockenen Weines gesucht werden.

20 Hektar stehen in Klepsau im Ertrag, am Heiligenberg und am Altenberg. Eine Beregnungsanlage schützt die Stöcke vor Maifrösten und sprüht im trockenen Sommer als eine riesige Gießkanne über die dürstenden Reben. Mit zwei Dritteln beherrscht am Heiligenberg der Müller-Thurgau das Feld, gefolgt vom Silvaner und einem Zehntel Portugieser. 1950 wurde hier die Bezirkskellerei Jagsttal gegründet.

Heute wird der Klepsauer in Beckstein ausgebaut. Seit 1252 ist Klepsauer Weinbau urkundlich nachgewiesen.

Carlheinz Gräter in: Hohenloher Weinbrevier, 1974

Der Wein an der Jagst wird gerne an Ort und Stelle getrunken. Macht wenig Aufhebens, denn gute Viertele schöppeln die Franken am liebsten selber. So auch zu Klepsau, wo das Tal der Jagst sich zu einer lichten Aue weitet und schon im Jahre 1253 der Edelfreie Konrad von Krautheim Weinberge an das Kloster Gnadental vermacht hat. Bis Krautheim hin zieht sich der fruchtige Weingarten an der mittleren Jagst.

Heinz Bischof in: Das Frankenland

Klepsau

Das fränkische Gräberfeld von Klepsau

Das fränkische Gräberfeld von Klepsau ist der erste vollständig ausgegrabene merowingerzeitliche Reihengräberfriedhof im Raum zwischen Neckar, Jagst und Tauber.

Im April 1964 stieß man in Klepsau, damals Kr. Buchen, bei Erschließungsarbeiten im Gewann „Berglein" auf das Gräberfeld aus dem 5. Jahrhundert. Lehrer Hassel entdeckte die Bodenfunde. Im Aushub des Wasserleitungsgrabens las er fünf Teile einer Spathaklinge, die mittlerweile zerfallen sind, sowie das silberne Ortband der Scheide auf.

Rettungsgrabungen fanden hier 1964 und 1965 - 1967 unter der Leitung von Dr. A. Dauber statt. Dabei konnten 36 Gräber untersucht werden.

Der Weinbau in Klepsau, seit 1252 urkundlich nachgewiesen

Das Gräberfeld liegt 400 - 500 m nördlich des Dorfes Klepsau, fast 600 m von der am Südrand des Dorfes unmittelbar an der Jagst stehenden Kirche entfernt. Während sich die Siedlung im Tal selbst befindet — bei 233 - 235 m ü. NN nur knapp 1 m über der Flußaue — und nicht hochwasserfrei ist, erstreckte sich das Gräberfeld auf einem sanft nach Süden zum Jagsttal und gleichzeitig nach Osten zum Bocksbachtal geneigten Hang.

Die Toten waren in Klepsau überwiegend in der Grubenmitte bestattet worden und dabei häufig nach

Das Stauwehr von Klepsau

Klepsau von der Jagstseite

Bootfahren auf der Jagst, eine beliebte Freizeitbeschäftigung, die nicht immer mit dem Naturschutz in Einklang zu bringen ist

Westen, d.h. ans Kopfende gerückt, um am Fußende ausreichend Raum für Speisen und Getränke zu haben.

Der Eisvogel in seinem Rückzugsgebiet an der Jagst

Eisgang und Hochwasser der Jagst
Krautheimer Heimatbuch

20. Februar 1784

Es ist das Eis gegangen, eingefallener Regen und Tauwetter so groß gewesen als niemand gedenket. Freitag auf Samstag ist der 1. Jagstbrückenbogen eingestürzt und mittlere Pfeiler und Joch 40 Schuh breit weggerissen. Im ganzen Jagst- und Kochergrund sind fast alle Brücken und Stege weggerissen. Ganz Klepsau steht im Wasser. Zwischen Klepsau und Krautheim ist keine Handbreit Land zu sehen. Dem Müller von Klepsau sind zwei Jährlings-Rinder, 4 Schweine und 3 Schafe ersoffen. Die Mühle ist so zu Grund gerichtet, daß sie bis Ostern nit mehr mahlen kann. Alle Mühlen sind fast ganz ruiniert.

13. März 1929

Zwei Tage stärkster Anstrengung kostete es, bis acht Männer die gewaltige Eisdecke der Jagst gesprengt hatten. Zuletzt mußte noch ein Sprengschuß abgegeben werden. Eisplatten von sechs bis acht Meter Breite, bis zwanzig Meter Länge und bis achtzig Zentimeter Dicke lösten sich los und trieben rasch in dem hohen Wasserstand talabwärts. Von der hiesigen Brücke aufwärts bis Dörzbach liegt das ganze Wiesengelände voll der mächtigen Eisblöcke. Den zahlreichen Zuschauern wird der Eisgang unvergeßlich bleiben.

5. Februar 1935

Das Jagsttal hatte sehr unter Hochwasser zu leiden. Seit Sonntag stiegen ununterbrochen die Schmelzwasserfluten, so daß bis Montag das ganze Tal, so weit man es übersehen kann, einer gelben Wasserwüste glich, aus der Bäume, Gebüsche und Sträucher, Masten, Brückengeländer, sogar überraschte Schäferkarren noch hervorragten. Am Montag war der Straßendamm nach badisch Krautheim unterspült. Die der Jagst zunächst gelegenen Häuser standen unter Wasser.

Höckerschwan mit seinem Nachwuchs

1947

In der Nacht vom Samstag, 22. Februar auf Sonntag 23. Februar, hörte man von der Jagst her ein Krachen und Tosen, das von einem starken Eisgang herrührte. Das durch Regen und Tauwetter hervorgerufene Hochwasser riß die bis zu 50 Zentimeter dicke Eisdecke der Jagst auf und drückte die großen Eisschollen über die Ufer hundert Meter weit in die anstoßenden Wiesen und Felder hinein. Unterhalb von Dörzbach

entstand ein ein Kilometer langes Eisfeld, das sogar die Hauptverkehrsstraße in das untere Jagsttal bei der Markung Dörzbach – Klepsau vorübergehend außer Benützung setzte. Das große Eisfeld vor Klepsau war schuld, daß die dortigen Einwohner in Gefahr gerieten und teilweise ihr Vieh in Sicherheit bringen mußten. Großer Schaden wurde auch in angrenzenden Wiesen und Feldern, sowie in Gärten und an Bäumen angerichtet.

Lebensrettung am 17. Mai 1883

Gestern nachmittag zwischen 2 und 3 Uhr spielte das 5 Jahre alte Söhnchen des J.M.Stang hier mit anderen Kindern an der Jagst, glitt auf dem dort angebrachten Notstege aus und fiel in den Fluß. Auf das Hilfegeschrei der in der Nähe sich befindenden Frauen und Kinder sprang der eben vom Weinberg kommende Fischer Herrmann herbei und seines starken Schweißes ungeachtet, stürzte er sich in die Jagst um den bereits in der Tiefe verschwundenen Knaben zu suchen. Es gelang ihm auch, denselben aufzufinden, und brachte er ihn in anscheinend leblosem Zustande an's Ufer. Nach vieler Mühe brachte man den Knaben wieder zum Leben. Dem edlen Manne, der mit eigener Gefahr für Gesundheit und Leben den Knaben rettete, gebührt alle Ehre, zumal er vor zwei Jahren im strengen Winter den Sohn des hiesigen Kronenwirts vom Tode des Ertrinkens rettete.

Die Flussmuschel, Indiz für die gute Wasserqualität der Jagst

Kalksinter baut die verwunderliche Rinne auf: Das Quellwasser des Baches enthält aus dem Gestein des Unteren Muschelkalks gelöstes Kalziumkarbonat.

Spritzer des kalkigen Wassers bleiben an den unmittelbar daneben wachsenden Pflanzen hängen, vor allem an Moosen und kleineren Gräsern. Die Feuchtigkeit verdunstet, der Kalk scheidet sich ab und verkrustet die Pflanzen. Die Moose und Gräser sterben ab. Auf diese Weise wächst der Wall aus toten Pflanzenresten und Sinterkalk langsam, aber stetig in die Höhe.

Allerdings braucht dieses Wachsen viel Zeit: Man geht davon aus, daß der Wall mit der Rinne in 100 Jahren maximal um 30 Zentimeter höher wird. Damit liegt das Alter des Krautheimer wachsenden Baches bei mindestens 350 bis 400 Jahren.

Leonie und Eckhard Jedicke: Naturdenkmale in: Baden-Württemberg

Der „wachsende Bach" bei Krautheim

Der wachsende Bach bei Krautheim

Wo der Lauf der Jagst am weitesten gen Norden reicht, liegt unweit von Krautheim ein kaum beachtetes Naturdenkmal: ein wachsender Bach. Was dem Autofahrer auf der Talstraße von Krautheim in Richtung Dörzbach, rund 800 Meter hinter dem mittelalterlichen Burgstädtchen linker Hand am Hang gelegen, als seltsames Kunstprodukt aus Menschenhand erscheint, beruht tatsächlich auf natürlichen Vorgängen.

Der kleine Bach quillt wenig oberhalb der Straße aus dem Berg. Das Wässerchen fließt über einen steinernen, grasbewachsenen und bemoosten Wall, der oberhalb des Straßengrabens mit etwa einem Meter seine größte Höhe erreicht. Der oben nur einige Zentimeter breite Wall trägt eine glattpolierte Rinne, durch die das Wasser hinabschießt.

Krautheim

Altkrautheim

An der Einmündung des Ginsbach-thales in die weite Aue, welche das Jagstthal von Dörzbach bis Gommersdorf bildet, liegt das Dorf Alt-krautheim wie eingebettet in die Mulde des Ginsbachs. Der Umgebung verleiht das wiesengrüne Jagst-thal mit der schönen Brücke, die jenseits gegen Nordosten schroff aus dem Thal aufsteigende Bergwand, welche das mächtige Schloß und die schöne Kirche des Städtchens Kraut-heim krönt, und das an den Fuß des Bergs sich anschmiegende badische Thalkrautheim mit seinem saubern Kirchlein einen Reiz vor andern Orten der Umgegend.

Altkrautheim, die ursprüngliche Niederlassung gegenüber von der aus dem 12. Jahrhundert stammenden Burg Krautheim, um welche sich das badische Städtchen Berg-Krautheim angesiedelt hat.

Beschreibung des Oberamts Künzelsau, 1883

Bergkrautheim

Krautheim, Amtsstadt im Unterrhein-kreise, liegt 1000 Fuß über d.M. nicht weit weg von der Jaxt, und hat in 156 Häusern und 195 Familien 25 evang. und 709 kath. Einwohner, welche von Feld-, Wiesen-, Weinbau und Viehzucht leben und nicht sehr bemittelt sind. Es ist hier ein altes Schloß mit der Ruine einer Kapelle, die ihrer Bauart wegen sehr gepriesen wurde. K. ist sehr alt, und hatte seinen eigenen Adel, der schon im J. 1144 erscheint, sich auch von Boxberg benannte und im Jahre 1313 erlosch.

1803 fiel K. an den Fürsten von Salm-Krautheim, kam 1806 unter badische Oberhoheit und wurde 1839 ganz an Baden verkauft. -

Berg-Krautheim mit seiner Burg   *Luftbild Jutta Schwab, Bad Wimpfen*

Der Oberbeamte zu K. hatte während der Erledigung der Prälatenstelle des Klosters Schönthal im Namen des Churfürsten diese Stelle zu versehen, bis zu einer neuen Wahl geschritten wurde; er soll so bedeutende Einkünfte (man sagt über 5000 Gulden) bezogen haben, daß man erzählt, als einmal der Churfürst in Geldverlegenheit war, habe ihm sein Hofnarr gerathen, nach K. zu gehen und dort Oberamtmann zu werden.

Universal-Lexikon vom Großherzogthum Baden, 1844

Bis Krautheim hin zieht sich der fruchtige Weingarten an der mittleren Jagst, einem Städtchen mit dem alten Bergschloß, das schon in vorgeschichtlicher Zeit als Fliehburg benutzt wurde. Die mittelalterliche Burg dürfte wohl aus dem Anfang des 13. Jahrhunderts stammen. Der runde Bergfried erhielt sich ebenso wie die alte Schildmauer. Zierde staufischer Baukunst stellt das Portal des mittelalterlichen Pallas dar sowie die Burgkapelle. Landschaftlich herrlich gelegen trutzt dies alte Bergschloß der längst ausgestorbenen Herren von Krautheim ins Tal. Das gastlich einladende Städtchen zeigt in seinem ältesten Teil immer noch romantische Winkel verträumter Mittelalterlichkeit.

Heinz Bischof in: Das Frankenland

„**Die Kanonen** der Burg ragen drohend auch vom Tal sichtbar über die Mauern der Festungskanzel. Im Feuerschein der von den Berlichinger Knechten angezündeten Nachbardörfern hat der streitbare Götz hier seinen „fränkischen Gruß" nach oben geschleudert. Der kluge mainzische Amtmann ist aber weder durch den schwelenden Brand, noch

Krauthe!

Dr Hannes secht zum Juli:
I konn des net verschtiehn,
daß alleweil üweroli
Leut uf Amerika giehn!
In Gummerschdorf un Morli
san neuli a Zwah fort.
Die mane all, schi mache
ihr Glück dodrüwe nord.
In Krauthe is halt hanli,
do hewe die ärmschte Leut
e Gaaß un Äcker un Ranli,
wu's Ebirn un Gaaßfuder geit;
un all sansch ganz zefriede,
's will kaner ebes mehr,
desweche geht a kaner
mit denne üwer s Meer.
E jeder bleit in Krauthe,
un wer net do is, künnt
uf Oschtern oder Pfingschte;
net hamgiehn wär e Sünd.
So secht dr Juli: Freili
bei unsch is allzefort fei;
i moch dr werkli gor net
lang vun dr Jogscht wech sei.

Rudolf Weber

Die Stauferburg Krautheim

Das Torwächterhäuschen der Burg

durch die verletzenden ritterlichen Kraftworte aus seiner sicheren Burg herauszulocken gewesen."

Rudolf Schlauch in: Hohenlohe Franken

Das Urtheil von Altkrautheim

Der Flur „Urtheil" auf dem Höheberg war zwischen Altkrautheim und Unterginsbach streitig. Ein Bürger von Altkrautheim schwur, nachdem er zuvor im Ort Erde in seine Schuhe gethan, und indem er in seinem Hut einen großen Löffel (Schöpfer) verborgen über sich hielt: „So wahr der Schöpfer über mir ist, stehe ich auf Altkrautheimer Erde", und gewann damit seiner Gemeinde das „Urtheil".

Krautheimer Heimatbuch

Aus den Memoiren des Götz von Berlichingen

„Nun war jch deß sinns, daß ich die Landßart ein weill gesegnen unnd wolt weitter mein heil versuchen, unnd nam mir doch fur, jch wolt mich vor ein wenig rechen, unnd brand in einer nacht an drei orten, hett nit mehr dann nur sieben Pferd, daß war Ballenberg, zu Oberndoff unnd daz Schaffhauß zu Krautheim unnder dem Schloß herab, do wir auch hinauff in daz Schloß von der Maurn herab mit einander reden kunten, unnd hab gleich woll nit gern gebrent, aber eß geschahe uff dißmahl darumb, daß ich gedacht, der amptmann solt über daß feuer ruckhen, unnd hielt woll ein stund oder zwo zwischen Krautheim unnd Neünstetten, dann eß war gar hell, unnd lag ein schnee darzu, ob ich mit ihm möchte zu handlung kom-

Götz von Berlichingen

men sein, unnd wie ich also hernider brand, da schrie er der amptmann oben herauß, vornen fur Klepßen zu, da schrie jch wider zu ihme hinauff, er solt mich hinden leckhen, Nun eß war nit lang sattel hengkens da, ich macht mich wider auß der art."

Der Klingenbätscher

Im Johanniterhaus in Krautheim
hat früher ein Geist sein Unwesen
getrieben, der „Klingenbätscher"
hieß. Oft guckte er oben zum Fenster heraus und jagte den Krautheimern Angst und Schrecken ein.
Endlich ging ein mutiger Mann mit
Namen „Jörgle" ins Johanniterhaus,
stieg hinauf und warf den Klingenbätscher in eine Wasserbütte. So trug
er ihn auf dem Rücken zur oberen
Klinge. Die Last war aber schwer
und unterwegs stellte der Jörgle einmal ab, um auszuruhen. Da war
auf einmal die Bütte leer, und als
der Jörgle nach Hause kam, stellte
er zu seinem Schrecken fest, daß der
Klingenbätscher wieder frech oben
zum Fenster herausguckte. Nun
holte ihn der Jörgle ein zweites Mal
und trug ihn in der Bütte hinaus.
Unterwegs rief der Geist: „Jörgle,

stell ab!" Der Jörgle aber gab zur
Antwort: „Desmool stell i di nett ab
un wann i vreck!" So hat er den
Geist in die Klinge geschafft.

Krautheimer Heimatbuch

Der alte Hühfranz aus Bieringen

Als die Schmalspurbahn Möckmühl-Dörzbach gebaut wurde, gab es im
abgelegenen Jagsttal gar viel zu
besehen und zu bestaunen. Der alte
Hühfranz aus Bieringen, der mit seinen 65 Jahren noch nie eine Eisenbahn gesehen hatte, sagte damals:
„So, jez ka mer d'Gäul ond Küh
abschaffe, jez goht d'Welt onder!"

Schöntaler Heimatbuch

Die Jagst bei Krautheim

Die Jagsttalbahn

Die Jagsttalbahn schließt im unteren Bereich der 196 km langen Jagst in Möckmühl an und folgt dem Fluß 40 km aufwärts bis Dörzbach. Eine Verlängerung darüber hinaus kam aber nie zur Ausführung. Und so endet die Bahnstrecke heute im mittleren Bereich des Jagsttales in Dörzbach, 15 km südlich von Bad Mergentheim, 15 km nördlich von Künzelsau.

Ab 1860 etwa setzte im damaligen Königreich Württemberg die zweite große Bahnbauphase ein, während der viele hauptbahnähnliche Nebenstrecken entstanden. Am 27. September 1869 wurde die Linie Jagstfeld-Osterburken eröffnet. Damit erhielt das untere Jagsttal bis Möckmühl seine Eisenbahn. Verständlicherweise bemühten sich auch die Gemeinden des mittleren Jagsttals um einen Anschluß an den Schienenverkehr. Die Staatsbahn des Königreichs Württemberg und die des Großherzogtums Baden lehnten aber eine Strecke entlang ihrer Staatsgrenze das Jagsttal hinauf in

Richtung Schöntal, Krautheim und Dörzbach ab. Beide Bahnverwaltungen erachteten eine solche Linie als nicht ausreichend rentabel. Man stellte jedoch den interessierten Gemeinden anheim, sich an eine private Bahngesellschaft zu wenden. Das Jagsttal-Bahnkomitee bemühte sich über Jahrzehnte hinweg vergebens um eine Bahnverbindung. Mittlerweile bemerkte man auch, daß die Errichtung einer privaten Normalspurbahn im Jagsttal zu teuer käme, daß aber die Schmalspurbahn den Bedürfnissen des Tales vollauf genügen würde. Schon seit etwa 1885 hatten sich verschiedene Schmalspurbahnen in Süddeutschland und in den angrenzenden Ländern durchweg gut bewährt. Während im Großherzogtum Baden ausschließlich meterspurige Bahnen gebaut wurden, setzte sich im Königreich Württemberg die noch schmalere Spurweite von 75 cm durch. Im Gegensatz zu Baden betrieb in Württemberg auch die Staatsbahn einige Schmalspurbah-

nen. So einigte man sich schließlich im Jagsttal auf eine Schmalspurbahn mit 75 cm Spurweite und verwarf die ebenfalls eingebrachte Idee einer Dampfstraßenbahn. Gebaut wurde die Bahn durch ein Konsortium, bestehend aus der Mitteldeutschen Creditbank Berlin, dem Baron von Cohn aus Dessau und der Eisenbahngesellschaft Vering & Waechter.

Da die Bahn zwischen Möckmühl und Dörzbach mehrfach die Staatsgrenze überschreiten mußte, war zunächst ein Staatsvertrag zwischen den beiden deutschen Ländern erforderlich, der im Februar 1898 unterzeichnet wurde. Sofort nach der Konzessionserteilung im Jahr 1899 begann der Bau. Im Herbst 1900 war die Strecke soweit fertiggestellt, daß man den Betrieb hätte aufnehmen können. Die „Eröffnungs-Feier der Nebenbahn Möckmühl – Dörzbach", für den 10. Dezember 1900 vorgesehen, fiel aber buchstäblich ins Wasser. Kurz zuvor niedergegangene Unwetter hatten den Bahndamm derart beschädigt, daß die Eisenbahn-Aufsichtsbehörde den öffentlichen Personenverkehr noch nicht genehmigen konnte. Nach der Instandsetzung des Bahnkörpers wurde am 18. Dezember zunächst der Güterverkehr aufgenommen. Die offizielle Eröffnung des Personenverkehrs konnte dann am 13. März 1901 gefeiert werden.

Um den Güterverkehr zu verstärken, wurden Rollböcke zur Weiterbeförderung von Normalspurwagen beschafft. Der Personenverkehr war im Jagsttal nie bedeutend.

Eröffnung der Jagsttalbahn am 15. 3. 1901

1952 wurde der Personenverkehr auf der Schiene ganz aufgegeben. Regelmäßig fuhren dann nur noch Güterzüge auf den Schienen, gelegentlich kam ein Sonderzug dazu. Ab 1959 wurden Dieseltriebwagen beschafft; mit ihnen sollte der Schienenverkehr wirtschaftlicher als mit den arbeitsaufwendigen Dampflokomotiven bewältigt werden. Einer dieser drei gebrauchten Triebwagen diente in erster Linie dem Ausflugsverkehr, denn die Nachfrage nach nostalgischen Bummelzügen stieg schon damals von Jahr zu Jahr. Die Dampflokomotiven wurden nur noch im herbstlichen Zuckerrübenverkehr eingesetzt.

Die Südwestdeutsche Eisenbahn-Gesellschaft mbH (SWEG) übernahm im Jahre 1963 die heruntergewirtschaftete Jagsttalbahn und begann unverzüglich mit der Modernisierung und ihrer wirtschaftlichen Stärkung. Die Gleisanlagen wurden überprüft und verbessert. Die SWEG bemühte sich um die Wiederaufnahme des inzwischen aufgegebenen Personenverkehrs auf der Schiene. Ab 1966 wurden die schulpflichtigen Kinder der Anliegergemeinden durch Schülerzüge zu den teilweise neu erbauten Mittelpunktschulen befördert.

Eisenbahnfreunde unterbreiteten der SWEG den Wunsch, im Jagsttal regelmäßig historische Bummelzüge verkehren zu lassen. Die „Deutsche Gesellschaft für Eisenbahngeschichte e.V.", Karlsruhe trat auf den Plan und erwarb von der DB die kleine Tenderlok HELENE. Sie wurde nach Dörzbach gebracht, dort von Eisenbahnfreunden in der SWEG-Werkstatt aufgearbeitet und 1971 erstmals vor einem historischen Zug eingesetzt. Sie zog 10 Jahre lang treu und brav alle

Die Jagsttalbahn zwischen Krautheim und Dörzbach

sonntäglichen Personenzüge. Nun wurde die Jagsttalbahn als Museumsbahn weit über die Grenzen des Ländles hinaus bekannt und als nostalgische Attraktion beliebt.

Aber der Erfolg der letzten regulär betriebenen Schmalspurbahn Baden-Württembergs war nicht von Dauer: Am 23. Dezember 1988 wurde die Jagsttalbahn wegen schlechter Gleislage gesperrt. Sie fiel in einen Dornröschenschlaf. Trauriger Höhepunkt im Tauziehen um das „Bemberle" war die Entwidmung und der daraufhin sofort vorgenommene Abriß der Strecke von Möckmühl nach Widdern.

Jetzt soll die Strecke zwischen Dörzbach und Krautheim reaktiviert werden.

Nach: „Die Jagsttalbahn kommt wieder" der Jagsttalbahnfreunde Dörzbach

Blitz-Rasur in der Jagsttalbahn 1904

Ein geschickter und zugleich pflichteifriger Frisör scheint Herr Hecht aus Berlichingen zu sein. Kam da am Samstag der „Abendschnellzug" in Schöntal angesaust, in den Herr Hecht mit seinem Rasierzeug einstieg. Eine Unterhaltung war schnell im Gange und wie der Blitz wurde ein rasierwilliger Herr im Wagen eingeseift und rasiert, während der Fahrt nach Berlichingen. Alles war stumm vor Erstaunen ob der Schnelligkeit und Sicherheit des Meisters, und die Sache ging auch unblutig ab, was bei dem Schaukeln der Wagen der Jagsttalbahn immerhin ein Meisterstück ist. Der betr. Herr kam unversehrt von dem Rasiermesser davon und als der Herr Schaffner „Berlichingen" rief, war gerade Herr Hecht mit dem Einpacken fertig und verließ freundlich grüßend die Passagiere.

Schöntaler Heimatbuch

Meine Liebe zur Jagsttalbahn

Irgendwo in meiner Erinnerung gibt es sie noch, die Schmalspurbahn im Jagsttal. Die Dampfzüge voll besetzt mit fröhlichen Leuten: Kinder mit glänzenden Augen, Eisenbahnfans, aber auch ältere Menschen, für die das Bähnle gleichzeitig eine Reise durch das schöne Jagsttal und zurück in ihre Jugend machte.

An einem sonnigen Herbsttag im Jahr 1997 faßte ich mir ein Herz und fuhr hinunter ins Tal. Am Bahnhof in Jagsthausen traf ich das erste Mal auf die Überreste dieser einst so liebenswert-lebendigen Schmalspurbahn. Die Natur hatte sich das Gelände zurückerobert. Hüfthoch stand das Gras, junge Bäumchen wuchsen zwischen den Schwellen hervor, die rostigen Gleisanlagen waren kaum zu sehen. Schlimmer noch in Möckmühl: Dort, wo früher die Leute aus dem Bundesbahnhof einfach über den Platz zum wartenden Schmalspurzügle geschlendert waren, bot sich ein Bild der Zerstörung. Die Gleise herausgerissen, anstatt der Fachwerkbrücke nur noch die leeren Widerlager, aufgerissen und sinnlos auf beiden Seiten des Flusses.

Aber sie ist immer noch da, von Dörzbach bis zum Bahnhof Widdern winden sich die schmalen Gleise noch gute 30 km durch das Tal. Von Zeit zu Zeit taucht sie unvermutet neben der Bundesstraße auf, überquert sie hier und da – aber anstatt Andreaskreuzen warnen nur noch Schilder „Achtung Bodenwelle" vor dem seit über 10 Jahren ruhenden Bähnle.

Aber da sind die Jagsttalbahnfreunde. Dieser Verein, bereits 1984 in Krautheim gegründet, ist fest entschlossen, der alten Dame wieder auf die Räder zu helfen. Die Jagsttalbahnfreunde halten die Fahne für das „Bemberle" hoch.

Ich hatte das Glück, mehr durch Zufall, über ein paar von diesen unglaublichen Idealisten zu stolpern. Damit war mein Schicksal besiegelt: Ich bin seitdem auch ein Jagsttalbahner.

Ich habe mich lange davor gedrückt, mich einzumischen. Habe aus der Ferne die wenigen Nachrichten aus dem Jagsttal mit Ärger und Bestürzung verfolgt, wie so viele andere auch. Aber es geht hier um mehr als ein paar rostige Gleise. Es geht darum, zu verhindern, daß noch ein Stück Alltagsgeschichte, einer der letzten Dinosaurier aus dem längst vergangenen Zeitalter menschlicher und begreifbarer Technik sang- und klanglos von der Bildfläche verschwindet. Ich möchte eines Tages mit meinen Kindern bei den Brücken von Winzenhofen stehen und dem vorbeischnaufenden Zügle nachwinken mit dem guten Gefühl, für sie ein Stück lebendige Technikgeschichte bewahrt zu haben. Deshalb bin auch ich ein „Jagsttalbahner" geworden.

Harald Hechler

Gommersdorf

Gommersdorf, Pfarrdorf, vom Amtsorte Krautheim ³/₄ St. südwestlich
entfernt, liegt 825 Fuß über d. M.,
an der Jaxt und bei der württembergischen Gränze, und hat in 81 Häusern und 109 Familien 621 kath.
Einw.

G. gehörte früher dem Kloster
Schönthal, nachher dem Fürsten
von Salm-Krautheim, welcher
1834 hier eine große Bierbrauerei
errichtete.

Lexicon von dem Großherzogthum Baden, 1813

Die abgeschossene Nase

An der südlichen Außenseite des
Kirchturms zu Gommersdorf befindet sich das alte steinerne Bild eines
Ritters. Dasselbe soll den Freiherrn
Konrad von Aschhausen darstellen,
der in früherer Zeit dort große Besitzungen hatte.

Während des Dreißigjährigen
Krieges marschierten häufig Soldaten durch den Ort. Eines Tages fre-
velte einer derselben gegen das Bild,
indem er höhnend rief: „Dem alten
Herrn da oben ist seine Nase zu lang
gewachsen, ich will sie ihm etwas
kürzen." Mit diesen Worten spannte
der Soldat sein Gewehr, zielte nach
dem steinernen Ritter und schoß
ihm die Nase weg.

Wenige Tage darauf kam das Regiment des Soldaten in den Kampf,
nach dessen Beendigung es aber-
mals durchs Jagsttal zog. Der Frevler
war auch wieder darunter; aber er
hatte jetzt gleichfalls keine Nase
mehr, da sie ihm im Gefechte abgeschossen worden war.

Beim Anblicke des verstümmel-
ten Ritters wurde der Soldat von
solcher Reue über seine Freveltat
ergriffen, daß er laut weinte und
sprach: „Hätte ich dir deine Nase
gelassen, so hätte ich die meinige
wohl auch noch."

Krautheimer Heimatbuch

Überflutete Talaue bei Gommersdorf

Ehemaliger Klosterhof in Gommersdorf, dem Kloster Schöntal zugehörig

und Wagen verschwanden. Der junge Fuhrmann erlitt auf dem Rücken ziemliche Verletzungen von den Hufen des Pferdes und seine Nerven sind schwer erschüttert. Im Laufe des Tages konnte das tote Pferd, ein Teil des Wagens und einige Fruchtsäcke dem feuchten Element entrissen werden.

Aus dem Schöntaler Heimatbuch

Fuhrwerk in der Jagst
11. Januar 1932

Als Samstag vormittag 9 Uhr das Zügle der Jagsttalbahn talaufwärts fuhr, waren die Insassen Zeuge eines schweren Unfalls. Ein junger Bauer aus der Gemeinde Gommersdorf wollte nach Marlach Getreide in die Mühle fahren. Als er mit seinem jungen, mutigen Pferde das Zügle kommen sah, stieg er vom Wagen und führte das Pferd am Halfter. Doch das Pferd scheute und rannte auf die zur Zeit hochgehende Jagst zu. Der junge Mann ließ das Tier nicht los und bald sah man das ganze Gefährt, einschließlich des Fuhrmanns, in den schmutzigen Fluten der Jagst verschwinden. Einige 100 Meter weit sah man Fuhrmann und Gefährt immer wieder auftauchen. Das Zügle hielt und Helfer sprangen herbei, konnten aber bei den hochgehenden Fluten nichts leisten. Als Not an Mann ging, ließ der Fuhrmann sein Pferd los und schwamm ans Ufer, und Pferd

D'Jogscht

„Was for de Schwob dr Necker isch,
fors deitsche Reich dr Rhei,
des is for uns halt unser Jogscht:
sou ischs un sou muß's sei!
A so e sauwers Flüßle geits
sunscht nerchends uf dr Welt,
un wenn erscht d'Sunne einischeint
no glänzts wie Silwergeld.

Die schene Renkli guck d'r ou,
die Schlößli uf dr Höh,
die sauwre Höft im grüne Dool,
mei Liewer, des muscht seh!

Der Kocher schlupfet gar zu gern
noch näher zu're nou;
er denkt: Zu so'ner schiene Fraa
ghört aa en schiener Mou.

Am Summer pfuddle d' Buewe drin
mit dene Gensch um d' Wett,
die Kerli schlooche Borzelbeem
wie klaani Borsch im Bett.

Un Schwälwli flieche driwer her,
un unde schnalzet d' Fisch;
des geit e Bild, sou friedlich schee,
daß's net zum Sooche isch.

Drum hörsch du bei uns iwerool,
wu'd gehsch un schtehsch un hockschd,
's schönst Flüßle uf der ganze Welt
isch unscher liewi Jogschd!

N. Landwehr, 1932

Marlach

Marlach liegt freundlich an der Mündung des Sindelbachs in das hier ziemlich breite Jagsthal, mitten in einem Wald von Obstbäumen. Das Dorf mit seinen stattlichen, saubern, buntgetünchten und ziegelbedachten Häusern macht den Eindruck der Wohlhabenheit. Die stattliche Kirche zum hl. Georg steht auf dem rechten Ufer des Sindelbachs, umgeben von dem großen, schönen Gottesacker. Sie wurde 1646 den 1. September von den Schweden unter Königsmark verbrannt. 1648 fing man an, die eingeäscherte Kirche wieder zu bauen.

Die Haupterwerbsquellen bestehen in Feldbau, Viehzucht, Weinbau und Obstkultur.

Die Knaben lernen und treiben das Strohflechten.

Marlach, alt Marloch, vom Volk gesprochen Marle und Morle, der Wald am Sumpf, erscheint schon frühe unter den fuldaischen Schenkungen im Jagstgau, ohne daß sich die Zeit bestimmen ließe.

1108 saß zu Marlach ein edelfreies Geschlecht.

Beschreibung des Oberamts Künzelsau, 1883

Aus der Reuther'schen Chronik

1812 Russlandfeldzug

Am Aschermittwochen mußten alle beurlaubten Soldaten Württembergs einrücken und nach Rußland abziehen, wo ich, Karl Reuther, auch dabei war, es komt aber den 25ten Dezbr. ein Württemberger Kurier von Rußland in Ludwigsburg eingesprengt und brachte die Bohtschaft, daß die ganze Französische Armee in Rußland fast alle Erfrohren, Verhungert und die noch Lebente von den Russen gefangen und erschlagen wurden. Bei der obengenanden Feldzug hatt Napoleon mit seiner Armee großen Schaden erlitten. Die Armee ist zwar bis in die große Statt Mosskau einmarschiert, dann haben die Russen diese Statt abgebrannt und die Französische und deutsche Armee mußten Retrieren und Munition und alles zurücklassen.

Es sind über 30 000 deutsche erfrohren und zwar stehent, von den 15 bis 17 000 Württemberger sind keine 300 mehr zurückgekommen und die meisten von diesen sind auf dem Rückzug gestorben, sie haben fast nicht mehr den Menschen gleich gesehen, sie haben Hände Nasen und Ohren verfröhrt, es waren auch 5 Mann von Marlach nicht mehr zurückgekommen.

Die Heiligkreuzkapelle aus dem 14. Jh.

1849 Badische Rebellion

Im Sommer ist in Baden eine Revulution entstanden. Sodaten und Unterthanen haben zusammen gehalten, der Großherzog hat sich nach Preußen geflüchtet und von da aus ist dan Militär gekommen nach Baden um Ortnung zuhalten. Das Badische Militär hat sich nach Rastatt in die Festung geflüchtet, die andern Rebelln sind wieder nach Hause gegangen, nachher wurde die Vestung aufgegeben viele Soldaten und andere Rebelln welche daran theilgenommen haben sind erschossen, und zum theil auf mehrere Jahre ins Zuchthaus gekomen.

Pferdeunglück 1892

Am 14. März ist Alois Möhler sein 2ter Sohn und Lammwirt Hofmanns Knecht auf der Jagstbrüke einander begegnet und durchs ausweichen hat die Deichsel dem Möhler sein Gaul über das Gesims geschlagen und ist 6 ½ Meter hoch in die Jagst hinunter gestürzt und hat einen Huf gebrochen der Rückgrath war ganz zersplittert man hat in auf einem Wagen nach Hause geführt, dieselbe Nacht noch hat in der Schäfer Todt geschlagen.

Erster Weltkrieg 1914/18

Was man schon seit Jahren befürchtet hatte, einen großen Krieg, das trat im Sommer 1914 ein.

Nach den Kriegserklärungen am 1. August rückten schon am 5. August gegen 50 Mann ein. Jammer war in den Herzen aller, und es gab viele Tränen. Wilde Gerüchte schwirrten umher; es entstand eine Kriegspsychose; die Leute sollten mit Waffen die Wälder nach französischen Goldschmugglern Richtung

St. Georgsritt in Marlach

Rußland durchstreifen und dergleichen mehr.

Im Frühjahr 1917 erfolgte die Beschlagnahme der Glocken und der zinnernen Orgelprospektpfeifen. Diese Beschlagnahme machte auf die Leute einen üblen Eindruck. Während in den ersten beiden Kriegsjahren, bis 1916, Begeisterung und Vertrauen auf einen günstigen Kriegsausgang vorherrschte, empfanden die Leute die Wegnahme als eine Profanierung und meinten "jetzt ist Mathäi am letzten" und steht die Sache verzweifelt. Ebensowenig vertrauenserweckend wirkte die allmählich einsetzende Rationierung der Lebensmittel, obwohl die Kriegsjahre, namentlich 1917, ausgezeichnete Erntejahre waren.

Beschwerlich fanden auch die Leute, besonders die Frauen, die von Regierung und Ordinariat befohlene Sonntagsarbeit.

Schöntaler Heimatbuch

Jämmerlich war der Ausgang des großen Krieges.

Es fielen oder starben als Opfer 32 Mann. Von dem Wedelin Klose erfuhr der Vater erst nach Jahr und Tag, daß er elend in Baku gestorben sei. Große Trauer herrschte jeweils in den Familien beim Eintreffen der Todesnachricht, und der Pfarrer konnte die Leute gar nicht trösten.

Der Krieg mit der folgenden Inflation vernichtete auch das Kirchen- und Stiftungsvermögen.

Schon zu Ende des Krieges mußte man für einen amerikanischen Dollar 33 Mark in Papier bezahlen. Die Geldentwertung oder „Inflation", d.h. „Aufblähung" ging weiter, besonders von 1922 an und erreichte den Höhepunkt im September 1923, wo man nur noch in Milliarden rechnete. Viele Leute kauften Sachwerte, Möbel, ließen ihr Haus reparieren oder zahlten ihre Sachschulden mit dem elenden Papiergeld. Nicht bloß finanziell war die Inflation ein großes Unglück, sondern auch moralisch (Streit in den Familien), weckte die Geldgier, machte unzufrieden und anspruchsvoll und tötete bei manchen den Sparsinn. Freilich, sparsame Leute hoben auch die Geldscheine auf, ganze Stöße, um später zu merken, daß sie dafür kein Hemd kaufen konnten.

Schöntaler Heimatbuch

Winzenhofen

Die alte Brücke

E alti Brücke schmool un rund
wölbt steil schi üwern dunkle Grund.
Schi spiegelt schi im Wasserglanz
un is in Traam versunke ganz.

Seerosche gaugeln grün un grau
im Spiegelbild vum Himmelsblau.
Schilfhälmli zittern leicht im Wind,
mutwilli schnalzt e Fischle g'schwind.

Vum Weidebusch am Brückerand
horch i nei's weite Wiescheland.
Die Jogscht verzäjlt vun Kämpf' un
Siech',
vun Ritterzeit un Bauernkriech.

Die Sunn verlischt! E dunkli Glut
steht jetz im Fluß wie Bauernblut."

Rudolf Weber

*Die Eisenbahnbrücke von Winzenhofen, Überbleibsel der
Jagsttalbahn*

Winzenhofen, ein kleines Dorf an der Jaxt, 1 $\frac{1}{2}$ Std. von Ballenberg und ebenso weit von Krautheim. Es zählt 206 Bewohner und gehört in das Bezirksamt Boxberg. Hier ist die Wasenmeisterey für die Cent Ballenberg. Auch befindet sich ein Wehrzoll hier.

Lexicon von dem Großherzogthum Baden, 1813

Die Landwirtschaft

Die Lage Winzenhofens im engen Jagsttal und der Umstand, daß die Mehrzahl der Felder – etwa 100 Meter Höhenunterschied – auf der Höhe liegt, weiter die Kleinheit der meisten landwirtschaftlichen Betriebe, sind die Gründe dafür, daß das Pferd hier nicht recht Fuß fassen kann. Im 18. Jahrhundert treffen wir den mittleren Bauern unterwegs mit Stieren oder Ochsen am Wagen auf der steilen Steige an, während die kleineren Landwirte mit ihren „rotbloodigen" Kühen unterwegs sind. Die Kuh ist für die kleine Landwirtschaft am wirtschaftlichsten, weil sie gleichzeitig Milch und Arbeitskraft liefert.

Schöntaler Heimatbuch

Immer noch
Furtbenutzung 1951

Die Gemeinde Winzenhofen im
äußersten Zipfel des badischen
Kreises Buchen hat auf der anderen
Jagstseite etwa 30 Hektar Wiesen.
Die nächsten Brücken sind viele
Kilometer ober- oder unterhalb der
Gemeinde in Marlach und Westernhausen. Da die Bauern nicht so viel
Zeit an diesen Weg rücken können,
sind sie gezwungen, ihre vollgela-
denen Wagen durch die Jagst zu
fahren. Für die Zugtiere ist diese
Art des Einfahrens eine besondere
Belastung, und auch die Fahrzeuge
werden dabei nicht geschont. Hin
und wieder kam es auch schon vor,
daß ein Wagen mitten im Fluß um-
kippte, und dann waren alle verfüg-
baren Hände nötig, um die wertvolle
Ladung zu retten.

Schöntaler Heimatbuch

Der Schatz im See

In Winzenhofen liegt im See eine
Kiste voll Gold. Nur mit Mühen darf
der Schatz gehoben werden. Einst
versuchte man ihn zu heben, indem
man über eine Rolle ein Seil in den
See ließ, das ein geschickter Taucher
an einem Ringe befestigte, der sich
oberhalb der Kiste im See befand.
Hierauf zogen sechs Kühe am anderen Ende des Taues, und schon
befand sich die obere Hälfte der Kiste
über dem Wasser, als der Ring zerbrach und die Kiste wieder versank.

Schöntaler Heimatbuch

Bis anfangs der fünfziger Jahre musste der Ertrag der Auwiesen
mit Rindern durch die Furt (beim heutigen Brückle) geführt
werden

Aschhausen

Aschhausen liegt in dem reizenden Thal des Erlenbachs, der bei Assamstadt entspringt (und bei Bieringen in die Jagst mündet).

Während die nördlichen Höhen von Aschhausen den kahlen winterlichen Charakter des badischen Baulandes theilen, zeigt die imponirende Lage des Schlosses auf dem rechten Ufer über dem Erlenbach mit seinem schönen Hintergrund, einem herrlichen Wald, und auf dem linken Ufer das am Thalhang aufwärts sich ziehende Dorf, beherrscht von seiner freundlichen Kirche und dem Gottesacker, entschieden malerische Reize.

Die meist weißgetünchten Häuser stehen an der Hauptstraße, welche nach Bieringen und Oberkessach, wie nach dem nahen Baden führt. Einige wenige Häuser, so das gräflich Zeppelinsche Amtshaus, stehen auf dem rechten Ufer.

Hoch über dem Thal auf dem rechten Ufer des Erlenbachs dem Dorf gegenüber liegt das Schloß des Grafen von Zeppelin mit stattlicher Front, von zwei gewaltigen Thürmen flankirt, von denen der Nordostthurm noch dem zweiten Schloß angehörte, welches nach der Zerstörung 1523 wieder aufgebaut wurde. Von dem ursprünglichen Sitz der Edelherren von Aschhausen besteht nur noch ein Theil des 4eckigen alten Bergfrieds mit 5 Stockwerken, von dem noch ein Stück von 80' Höhe mit moderner Kappe erhalten ist.

Das nach der Zerstörung 1523 wieder aufgebaute Schloß liegt etwas niederer.

Das jetzige Schloß wurde von Abt Angelus von Schönthal im Renaissancestil erbaut und dabei die Reste der im 16. Jahrhundert erbauten Burg mit benützt, so der alte Thurm mit dem Burgverlies und wohl auch der Keller. Abt Angelus richtete zugleich eine Kirche im Schloße ein für den Gottesdienst der Gemeinde Aschhausen.

Hinter dem gutunterhaltenen Schloß, das eine Sammlung von Alterthümern und Münzen aus der Gegend enthält, befindet sich das Pächterhaus mit seinen Oekonomiegebäuden.

Mit gutem Trinkwasser ist Schloß und Dorf wohl versehen.

Eine Eigenthümlichkeit ist der Reichthum an Erdfällen auf der Markung.

Die Einwohner sind fleißig und sparsam und kirchlich, körperlich gesund und von ziemlicher Lebenskraft.

Das 1523 wieder aufgebaute Schloß der Grafen von Zeppelin   *Luftbild Jutta Schwab, Bad Wimpfen*

Der Vermögensstand der Einwohner ist ein mittlerer. Die Hauptgewerbe sind Landwirthschaft und Viehzucht. Der größte Grundbesitzer ist Graf v. Zeppelin mit 560 Morgen.

Ein Krämer und 2 Schildwirthschaften genügen den Bedürfnissen des Dorfes.

Das Klima ist milder als in dem anstoßenden badischen Bauland, gehört aber zu den rauheren des Landes.

Aschhausen ist einer der wenigen Orte im Bezirk, wo die Bienenzucht mit Erfolg betrieben wird und auch im Zunehmen begriffen ist. Honig wird ziemlich viel abgesetzt.

Nach der Säkularisation von Schönthal an Württemberg gekommen, wurde von König Friedrich das Rittergut Aschhausen 1803 mit der Reichs-Erbpannerwürde an den Grafen Joh. Friedr. Karl Zeppelin, Sohn seines verdienten Ministers, verliehen.

Das einschneidendste Ereignis für Aschhausen war die Zerstörung der Burg 1523. Hans Georg von Aschhausen war einer der Helfershelfer des Raubritters Hans Thomas von Absberg. Deshalb wurde vom Schwäbischen Bund Jörg Truchseß von Waldburg mit Zerstörung des Schlosses beauftragt. Alle Güter und Dörfer des Ritters wollte der Bund konfisziren. Am 24. Juni 1523 schickte der Truchseß einen Feindesbrief nach Aschhausen und ordnete den Bürgermeister Dornsperg von Ueberlingen ab, die Burg zu erobern. Derselbe fand keinen Widerstand, aber alles war ausgeräumt, Geschütz und Fahrnis geflüchtet, so daß ihm nur übrig blieb, die Burg auszubrennen. Freilich hatten damit die Raubzüge des Hans Georg von Aschhausen kein Ende.

Beschreibung des Oberamts Künzelsau, 1883

Madonnenbild im Schloßpark von Aschhausen

Doch bevor uns der Weg zum lieblichen Jagsttalwunder Schöntal , „speciosa vallis", wie es im Mönchslatein auch heißt, führt, muß ein Abstecher gemacht werden, das schmale, von Bieringen nordwärts führende Erlenbachtal hinauf.

Man glaubt der Abgelegenheit wegen sei man hier am Ende der Welt. Eine Ruhe und Ausgeglichenheit liegt über der Landschaft, bis nach einer kleinen Steigung das Dorf und dahinter das Schloß Aschhausen auftaucht. Wer vergäße, bei der Besichtigung der zahlreichen und so verschiedenartigen Schlösser im Lande Aschhausen auszulassen, würde tatsächlich etwas versäumen. Allein schon die träumende Steinmadonna im romantischen Burggarten könnte zu heiterer Andacht einladen.

Ja, gibt es entlegenere Winkel des Landes als die Gegend um Bieringen, Schöntal und Jagsthausen? Und noch entlegener ist Aschhausen. Das Schloß der Reichsgrafen Zeppelin, das in völliger ländlicher Einsamkeit liegt.

Anheimelnde Stille eines ländlichen Gutshofs mischt sich mit der Pracht des Barockschlosses, dazu gesellt sich die alte Burganlage mit mächtigem, schweren Bergfried, wo Einstiegstor und Zinnen und aller ritterliche Zubehör noch erhalten sind. Und im Schatten des Bergfrieds, von ihm bewacht, blüht das Mauergärtchen der alten Burg, Akelei und Heckenrosen, Stiefmütterchen und Tausendschön. Eine verträumte Laube lockt in der Ecke des Burggartens, um von dort aus hinauszublicken ins fruchtbare Land – aber das schönste: aus dem Garten blüht gleichsam eine steinerne Madonna, so fröhlich und sommerlich, so leuchtend und lieblich, daß man unwillkürlich meint, selten unter den vielen Madonnenbildern etwas derart Reines und Mütterliches gesehen zu haben. Die steinerne Muttergottes lacht ihr Kind an, wie wenn sie aus Fleisch und Blut wäre und sich freute über das kleine Wesen in ihren Armen.

Aschhausen liegt selbst in der Abgeschiedenheit Hohenlohes nochmals abseits vom Wege, aber es ist ein Kleinod, das entdeckt zu haben jeder glücklich ist, der den Weg dorthin gefunden hat.

Rudolf Schlauch in: Württembergisches Unterland

Westernhausen

Westernhausen, umgeben von einem Wald von Obstbäumen, liegt auf dem linken Jagstufer und zieht sich an den Ufern des Baches entlang, der unterhalb des Dorfes in die Jagst mündet, in die Höhe. Die beiden mit der Zeit ausgewaschenen Wände des Bachthälchens bilden einen Schutz nach Ost und West.

Die Kirche hoch oben im Dorf auf einem Bergvorsprung, von dem man einen freundlichen Blick auf das Dorf, das Thal und die jenseitigen Höhen mit dem hochgelegenen Heßlingshof genießt, ist 1742/44 vom Kloster Schönthal erbaut.

Beschreibung des Oberamts Künzelsau, 1883

Jagsthochwasser 1844

25.-28. Februar trat Tau- und Regenwetter heftig ein und so, daß auf den Schneegang auf den Gebirgen der Bach zu einem reißenden Strom, die Jagst aber dergestalt heranwuchs, daß sie 2 Tage lang das ganze Tal 3-5 Schuh tief überschwemmte und selbst die Kapelle mit Wasser überzog. Erst am 28. konnte man Westernhausen verlassen, über die Brücke setzen und, nachdem man seit geraumer Zeit wie im Gefängnis eingeschlossen war, durch Spaziergang freier Luft schöpfen.

Auswanderer – Abschied 1845

3. Mai. Während des Monats April hatten sich mehrere Familien entschlossen, sich nach Amerika zu begeben und ihr Hab und Gut zu verkaufen und sich wirklich reisefertig zu machen.

Am obbezeichneten Tage früh 8 Uhr wurde, nachdem die „Amerikaner" die hl. Sakramente empfangen hatten und zwei Mädchen, der Elementarschule noch zugehörig, die hl. Kommunion gereicht war, feierlicher Gottesdienst mit Anrede für ihr Seelenheil gehalten.

Am 4. Früh 4 Uhr reisten sie ab; unter inniger Umarmung und Tränengüssen verabschiedeten sie sich bei ihren Angehörigen und nahmen ihren Weg nach Heilbronn, Rotterdam usw.

Die nach Amerika Gezogenen sind zusammen 31 Personen.

Schöntaler Heimatbuch

Mein Westernhausen

Eingeschmiegt in Hang und Hecken liegt der liebe, traute Ort; wo der Sternbach um die Ecken talwärts plätschert immerfort.

Glücklich, wer in Westernhausen lebt und liebt in Freud und Leid. Heimgekehrt bist du von draußen gern zu diesem Feste heut.

Eiswinter 1929

Der Winter, der anfangs Januar einsetzte, war grimmig kalt und dauerte ein ganzes Vierteljahr. Die größte Kälte war Mitte Februar; das Thermometer sank bis 30 Grad und darunter. Ein Schauspiel, das alles anlockte, war der Eisgang; das Eis mußte mit Dynamit gesprengt werden. Einige Wochen lang waren die Jagstufer mit über meterdicken Eisschollen übersät.

Schöntaler Heimatbuch

Am Jagstwehr von Westernhausen

Bieringen

Am Rande eines alten Seebeckens, das die Jagst gebildet, ehe sie sich beim Kreuzberg den Weg thalabwärts gegraben, liegt langgestreckt das saubere Dorf Bieringen mit seiner schmucken Kirche und seinem Schlößchen, dem jetzigen Pfarrhaus. Jenseits der Jagst dehnt sich ein weiter Wiesengrund. Die umgebenden Höhenzüge sind an den Abhängen meist kahl, nur von mächtigen Steinriegeln und tief eingeschnittenen Schluchten unterbrochen. Auf der Anhöhe „Rauhe Hälde" zwischen Bieringen und Westernhausen genießt man einen freundlichen Ueberblick über das Jagstthal bis Krautheim und die Umgebung von Dörzbach.

Das Dorf ist regelmäßig gebaut, der südwestliche Theil am Eingang des Dorfes von Schönthal her liegt sehr tief und ist dem Hochwasser ausgesetzt. Am südöstlichen Ende des Dorfes gegen Westernhausen steht die Kirche, dem hl. Kilian geweiht, umgeben vom Gottesacker. Sie wurde 1722 vom Kloster Schönthal neuerbaut. Bieringen, alt Biringen und Beringen, wohl Sitz der Nachkommen eines Bero, erscheint schon 800 als kirchlicher Mittelpunkt der Umgegend.

Beschreibung des Oberamts Künzelsau, 1883

Das Pfarrort lieget etwas tief und bergig, ist zunächst mit Weinbergen, Wiesen, Feldern und Wäldern umgeben, hat auch eine angenehme und gesunde Lage und gesunde Luft. Der Ort ist fruchtbar und hat gutes Wasser, worin nie ein Mangel eintritt. Der größte Teil der Gemeinde und ihrer Familien nährt sich vom Feld- und Weinbau, der geringste Teil aber von Professionsverdiensten und Taglöhnen.

Pfarrbeschreibung von Bieringen, 1818

Bieringen, das seit 1631 dem Kloster Schöntal gehörte, war ein reicher Ort. Schon 800 wird die Kirche zum hl. Kilian dem Kloster Lorsch geschenkt. Bieringen ist eine sehr alte Siedlung, eine der Tal-Urgemeinden im fränkischen Land. Das ehemalige Schloß der Berlichingen und Aschhausen ist heute Pfarrhaus. Es liegt sehr schön an der Mündung des Erlenbaches in die Jagst. Am Ortsende führt eine breite, geschwungene Brücke über den Fluß; der Nepomuk, der auf hohem profiliertem Sockel steht und mit dem Kreuz die Passanten grüßt, trägt als Chronogramm die Jahreszahl 1764.

Rudolf Schlauch in: Württembergisches Unterland

„Müller Henslin" von Bieringen

Hans Reiter, genannt „Müller Henslin", war neben dem Ballenberger Wirt Jörg Metzler die einflußreichste Persönlichkeit im Bauernheer. In einer erregenden Auseinandersetzung soll er Götz von Berlichingen zur Annahme der Hauptmannswürde über die Bauern gezwungen haben.

Schöntaler Heimatbuch

Bieringen mit seiner Kirche St. Kilian

Aus schwerer Zeit: 1945

Im März 1945 rückte die Front immer näher heran. Die zurückflutenden deutschen Wehrmachtseinheiten boten in einem unorganisierten Rückzug ein Bild des Zusammenbruchs. Schwere Waffen fehlten gänzlich. Die Verpflegung wurde von der Bevölkerung übernommen.

Die Jagstbrücke wurde am Ostersonntag, 1. April, gegen 10 Uhr 15 von deutschen Truppen gesprengt.

In der Nähe des Hauses von Anton Frank und beim Rathaus errichtete man Panzersperren. Alle Vorkehrungen zur Verteidigung waren getroffen. Doch nach dem Abzug des deutschen Militärs entfernte die Zivilbevölkerung die Panzersperren wieder, da man die völlige Zwecklosigkeit dieser Verteidigungsart erkannte und die Einwohnerschaft von Seiten des Gegeners nur Nachteile befürchtete.

Einige Tage lang herrschte eine bedrückende Ruhe. Ständig rechnete man mit dem Auftauchen feindlicher Panzerspitzen. Da donnerten am 5. April zwischen 16 und 17 Uhr die ersten feindlichen Granaten über die Häuser hinweg. Eine schlug östlich der Kirche in einen Acker, während eine zweite die Schloßscheuer in Schutt und Asche legte.

Am Freitag, den 6. April, nachmittags zwischen 2 und 3 Uhr erfolgte die Besetzung des Ortes durch die amerikanischen Truppen. Die Bevölkerung hatte sich in den Häusern, vorwiegend jedoch in den Kellern versteckt. Nun folgten Hausdurchsuchungen nach Waffen und Munition sowie Wehrmachtsangehörigen. Einige deutsche Soldaten gerieten dabei in Gefangenschaft.

Als ein Panzer unterhalb der Jagstbrücke den Fluß überqueren wollte, versank er, so daß nur noch der Turm aus dem Wasser ragte. Die Besatzung konnte sich retten.

Die ersten Wochen unter der feindlichen Herrschaft waren für die Bevölkerung eine Zeit des unsicheren Abwägens. Dagegen spielten sich die ausländischen Arbeiter, vor allem die Polen, als Herren auf. Die amerikanischen Soldaten machten Jagd auf Geflügel. Der Tauschhandel mit Schokolade und Zigaretten gegen Eier u.ä. blühte.

Am 9. April stellten amerikanische Pioniere die Jagstbrücke wieder her. Pausenlos rollten nun Nachschubkolonnen darüber hinweg. Durch Maueranschläge wurden Versammlungen verboten und die Ausgehzeit der Bevölkerung auf 6 bis 17 Uhr festgesetzt. Der Ortsetter durfte nicht verlassen werden.

Am 12. April waren Waffen, Ferngläser, Munition, Fotoapparate u.s.w. abzuliefern. Gleichzeitig erlaubte man den Bauern, wieder aufs Feld zu gehen.

Schöntaler Heimatbuch, 1982

Rückkehr eines Arbeitssklaven 1949

In diesen Tagen kehrte der jüngste Kriegsgefangene von Bieringen aus polnischer Kriegsgefangenschaft zurück. Im März 1945 bekam der damals 16jährige Josef Mütsch den Stellungsbefehl. Er kam wenige Wochen später in polnische Gefangenschaft und mußte 4 Jahre lang im Kohlenbergwerk arbeiten. Er hat so seine schönsten Jahre unter unmenschlicher Behandlung in Leid und Drangsalen als Arbeits-Sklave im Bergwerk verbracht.

Hohenloher Zeitung

Eine Fundgrube in Bieringen

Im Bieringer Steinbruch befindet sich eine Fundstelle eiszeitlicher Säugetiere. Die Grube in ihrer ganzen Ausdehnung ist etwa 30 m lang, 12 m breit und 15 m tief. In der Grube wurde ein Riesenhirsch gefunden, Reste eines Wildes, das 15000 Jahre hier an der Jagst im Grabe lag. Letzteres befand sich nur 3 m unter der Erdoberfläche.

Dr hohelohisch Bauer

Sa roti Bäckli sauwer gricht,
Hellblaue Aachle in seim G'sicht
Um d'Nos die dünne Falte
Konnscht für a Spottfurch halte.
Halt immer freundli bom Willkomm,
So drunternei a bisle fromm.
„Er moch's net howe" – wenn mer'n frächt,
Geit alle Leute gere recht.
Er hat san Gspass, macht gere Riss.
Worum? Weil er a Frank halt is.
Trinkt wacker gern a Schöppli a,
Noch liewer awer sau na zwa.
Richt d'Fraa a gattichs Vesper nou,
No stellt er do a gern san Mou.
Er uzt de Nachber vor sam Haus,
Lacht, wenn si's trifft, 'n Stadtfrack aus.
Korz: allerhand steckt in'm drin.
Er hat s'bondander, sa fünf Sinn:
A bisli brav – a bisli bäs,
A bisli süß – a bisli räs.
Halt schö durchwachse: „Sou is recht."
Des is dr Frank, wenn mr de frächt.

Hans Hohenlohe

Neusaß

Neusaß, ein Jägerhaus mit der alten Kapelle zur hl. Maria, liegt 1,9 km Südöstlich von Schönthal mitten in Wäldern und ursprünglich von Seen umgeben. Die Kapelle, der letzte kaum mehr erkennbare Rest der ersten Niederlassung der Maulbronner Mönche, wurde 1667 nahezu neu erbaut.

Neusaß ist die ursprüngliche Stelle, wo Wolfram von Bebenburg mitten im Wald ein Kloster gründete.

Beschreibung des Oberamts Künzelsau, 1883

Der Ort, der zum neuen Kloster bestimmt wurde, war Neuwensen oder Maria Neusaß, ein Alodialgut der Herren von Bebenburg. Dieses trat der von Bebenburg ohne einigen Vorbehalt dem neuen Kloster ab.

Da auf dem Berge eine der hl. Maria gewidmete Kapelle stand, in der ein weit berühmtes und wunderthätiges Muttergottesbild aufbehalten war, zu dem seit undenklichen Zeiten eine Menge von Menschen aus nahen und fernen Orten, ihre Andacht zu verrichten, strömte, so schien auch dieses dem Ort größeren Werth und vorzügliche Angemessenheit für die neue Stiftung zu geben. Allein, noch ehe der Bau des Klosters begann, da ereignete sich Etwas, wodurch auf einmal dieser ganze Plan aufgegeben wurde. Nach dem Zeugniß aller vorhandenen Chroniken, die sich auf die Aussagen der älteren Brüder, auf etliche Beschreibungen und eine alte Abbildung des Klosters berufen, war die Geschichte folgende:

Als eben die Stifter und die drei Mönche von Maulbronn auf dem zum Kloster bestimmten Platze wegen des neuen Baues sich berathschlagten, stand plötzlich ein unbekannter, alter, aber sehr ansehnlicher Mann vor ihnen, der sie fragte, über was sie sich so eifrig unterreden? Und als er ihre Absicht vernommen, zu ihnen sagte: verlasset diesen Platz und sehet bergabwärts, dort unten ist ein schönes Thal – worauf er sich plötzlich ihren Augen entzogen. Da man nicht zweifelte, daß der Unbekannte vom Himmel gesandt sey, um sie von einem Platze zu entfernen, der es allerdings unmöglich machte, der Regel des h.. Benedikt ganz getreu zu leben (die Cisterzienser sollten nur in Wüsten

Wallfahrtskapelle zur Hl. Maria in Neusaß, von Fischteichen umgeben, wo Wolfram von Bebenburg ein Kloster gründete

und Einöden wohnen) – um ihnen einen zu diesem Zweck angemesseneren Ort anzuweisen, so warfen sie alle sogleich ihr Auge auf das bezeichnete Thal. Wolfram von Bebenburg unternahm es bei seinen Verwandten (seine Mutter war eine geborene von Berlichingen), um dasselbe anzusuchen. Sogleich war das zur Stiftung nöthige Ackerfeld nebst dem daran anstoßenden Grund und Boden von der Berlichingen'schen Familie dem Kloster abgetreten; nur wurde die Bedingung hinzugefügt, daß den Herren von Berlichingen das Begräbniß in dem zu bauenden Kreuzgang auf alle Zeiten gestattet werde. Abt und Convent sollen die vor die Klosterpforte gebrachte Leiche prozessionsweise in die Kirche begleiten. Nun wurde also Neusaß aufgegeben, und das Kloster unten in dem abgetretenen Thale, nahe der Jagst erbaut.

Schönhuth in: Die Burgen, Klöster, Kirchen und Kapellen Württembergs ..., 1862

Nach Neusaß hinauf führt aus dem Honigwäldchen, wo über Kalkstaffeln der Honigbach tropft, ein schmaler Pfad, bald aus Tretsteinen, ein alter Wallfahrerweg. Dämme queren die Wiesenmulde, von den vielen Fischweihern der Brüder lagen einige dort, ein paar sind gefällt, zwischen alten Bäumen blinkt der oberste, der Kapelle zunächst: Rohrkolben, Laichkraut, Froschlöffel in dichten Beständen, das grünfüßige Teichhuhn treibt sein Wesen. Die Kapelle, nüchtern, hold, einsilbig, schiebt ein Vordach zum Ausruhen vor. Neusaß spielt für die Anfänge des Klosters eine Rolle, das Allodium wird in Schenkungsurkunden genannt. Es ist alter Boden, eine Försterei, etwas Bauernwesen, dies alles

Chor der Kapelle

überragt von einer Linde gewaltigen Alters mit einem Stangenrost hoch in den Ästen.

Neben dem Teich fließt die wundertätige Quelle in einer kunstlosen Wölbung, die knapp ein Stehen erlaubt. Frisch und süß schmeckt das Wasser; es gilt aber, nicht bloß davon zu trinken, man muß auch beide Augen damit netzen, auf die es seine Kraft übt. Aber auch damit nicht genug: Ins Gewölbe ist ein Stein eingelassen, blankgewetzt, ein dunkler, kopfgroßer Kiesel; es heißt, ihn habe der Bebenburger, der Schenker und Gründer, von seinem Kreuzzug mitgebracht. Man muß die Finger in den Stein legen, und in der Tat ist er

Grotte mit Heilquelle

von unzähligen Fingerdrücken so ausgedellt, daß man sein Alter am Ort glauben möchte.

Ludwig Eyth in: Chronik des fränkischen Dorfes Hohebach a. d. Jagst

Der Wirt von Neusaß

Wer heute die Einsiedelei Neusaß auf einer Wanderung zu Gesicht bekommt und näher zuschreitet, der steht vor einem alten Jägerhaus. Daneben befindet sich die Kapelle zur heiligen Maria. Diese Kapelle war einst mit reichem Ablaß ausgestattet und die Chronik erzählt, daß am 11. Dezember 1397 König Wenzel dem Kloster das Recht erteilte, bei den Wallfahrern allein Wein schenken zu dürfen. Das hier stehende Haus muß also früher ein Wirtshaus gewesen sein, das nicht bloß den Wallfahrern Unterkunft bot, sondern das eines von jenen an der Hohen Straße gelegenen, typischen, einsamen Wirtshäusern darstellt. Hier hielten die Fuhrleute an, fütterten und tränkten die müden Tiere, um sich hernach mit einigen Schoppen Wein in der warmen Wirtsstube für die Weiterreise zu stärken.

Der Wirt auf dieser Herberge war durch die vielen Leute, die hier vorüber kamen, weit und breit in der Gegend bekannt. Besonders an den Markttagen, die da abgehalten wurden, bildete das „Neusicher Wirtshaus" einen Mittelpunkt für alle Teile der Gegend. Von weit her kamen da die Leute. Primitive Karussells boten der Jugend unvergleichliches Vergnügen. Fahrendes Volk war hier zu sehen, Bärentreiber, Dudelsackpfeifer, Wahrsagerinnen suchten sich hier ihre Kreuzer zu verdienen.

An solchen Tagen war im Wirtshaus großes Leben.

Der „Neusicher" Wirt war durch seinen Handel, den er mit allem Möglichen trieb, überall bekannt. Da er ein reicher Mann geworden war, wurde er allseits geachtet und geehrt. Er hielt sich viele Knechte, die die Gäste bedienten und die Gespräche, die am runden Tisch geführt wurden, unbemerkt scharf belauschten. Wenn einer vielleicht den teuflisch freudigen Zug gesehen hätte, den des „Neusicher" Gesicht annahm, so oft davon die Rede war, daß da und dort ein schwerer Raubmord oder Einbruchsdiebstahl vorgekommen sei, der hätte glauben können, daß der Wirt vielleicht schon darum wisse, wenn nicht mit den Räubern unter einer Decke stecke. Ja, es war mit dem Ansehen, das er genoß, im Grunde nicht so weit her, und da und dort ging das Gemunkel, als ob es im „Neusicher" Wirtshaus nicht ganz echt sei. Aber niemand wagte etwas zu sagen, denn der Wirt war nicht nur geachtet, sondern auch gefürchtet. In Wirklichkeit war er das Haupt einer weitverzweigten Räuberbande, die der Gegend übel mitspielte und schon viele Mordtaten auf dem Gewissen hatte. Hier im waldgeschützten Wirtshaus gab man sich das Stelldichein. Hier war auch der Stapelplatz der erbeuteten Waren. Daher auch die große Zahl der Knechte. Es konnte auch nicht auffallen, wenn schwer beladene Wagen hier ankamen und wieder abgingen. So kam es, daß die Bande ihr unsauberes Spiel viele Jahre im Jagst- und Kochertale treiben konnte, ohne daß etwas ans Tageslicht kam.

Da wurde einmal im Schafhaus zu Finsterrot eingebrochen. Die Schäferin, eine unerschrockene Frau, stellte sich kühn den Einbrechern gegenüber und biß einem der Beteiligten einen Finger halb durch. Der Raubzug zwar gelang, die finstere Nacht nahm die Räuber auf – aber einer war gekennzeichnet, und das war der „Neusicher" Wirt.

An einem Herbstsonntag ging ein Weingärtner aus Jagsthausen den Berg hinauf nach Neusaß, um sein Weingeld beim „Neusicher" Wirt zu holen. Er wurde freundlich empfangen und die Taler wurden ihm blank auf den Tisch gezählt.

„Was hast du denn an deinem Finger?" fragte teilnehmend der zufriedene Weingärtner. „Ach, ich habe gestern ein Kalb gestochen und habe mich dabei verletzt", war die Antwort...

Noch vor Abend schickte sich der Weingärtner an, sich auf den Weg zu machen und ließ sich nicht mehr bereden, vom aufgetischten Wein weiter zu trinken. Als er noch keine Viertelstunde gegangen war, hörte er ein Rascheln im Walde nebenan. Seine Schritte beeilend sah er aber plötzlich vier Männer auf sich zukommen. Nichts Gutes ahnend, setzte er sich in eiligen Lauf, die andern hinter ihm drein. Als der Verfolgte die Schöntaler Straße erreicht hatte, zogen sich des „Neusicher" Knechte wieder zurück, denn diese Straße war viel begangen.

Der Mann aber fiel zu Hause in ein schweres Nervenfieber, das er noch nicht überwunden hatte, als der „Neusicher" schon verhaftet wurde. Der gebissene Finger war ihm zum Ankläger geworden. Es kam alles an den Tag, und in Ballenberg büßte der Räuberhauptmann mit sieben seiner Gesellen am Galgen schwere Schuld, ohne Reue und trotzigen Sinns."

Kocher- und Jagstbote, 10. 2. 1912

Die 500jährige Linde von Neusaß, ein Naturdenkmal

Schöntal

An den Fluß schließt das Leben an. Draußen aber, auch wenn er die Wiese tränkt, sind die Ufer schwer betretbar, dunkel stockt er zwischen Schilfdickichten, das Gebüsch verbirgt ihn. Wiesen, dann Korn und Klee, dann die Hangwälder an der Schattenhalde, an den Mittagseiten die Weinberge zwischen Steinriegeln, mit brandheißen Steinstaffeln ansteigend. Von oben her will die Wildnis zurück, Zungen von Schlehengeheck, von Wacholderstöcken niedertreibend, dort sind verwachsene Streifen, aber wieder dahinter offenes Land, bestellt, wenn auch nicht bewohnt, fruchtbar, unendlich erschien es zwischen den Waldscharten und Gebüschlücken und stand jetzt, in der Kornreife, fahl leuchtend gegen den Himmel…

Endlich tauchte es in der Talkrümmung auf, speciosa vallis, wie es in der Mönchssprache hieß, das Kloster Schöntal.

Gerd Gaiser in: Ortskunde, 1981

Schönthal, Pfarrweiler im Oberamte Künzelsau, zählt 171 (wor. 57 kath. und 9 Mennoniten) Einw., liegt äußerst reizend an der Jaxt in einem Thale, das den Namen „des schönen" wahrhaft verdient. Die Einwohner nähren sich außer Acker- und Weinbau hauptsächlich vom Seminar.

Die Klostergebäude bestehen aus dem alten und neuen Kloster: das erstere wurde 1525 von den aufrührerischen Bauern und später im 30jährigen Kriege zerstört, aber jedesmal wieder aufgebaut. Die Kirche, die dazugehört, ist sehr alt, indem sie stets erhalten blieb; das neue Kloster rührt von der Mitte des vorigen Jahrh. her und zeichnet sich sowohl durch Großartigkeit als auch durch Schönheit aus; es ist durch den Kreuzgang mit dem alten Kloster verbunden; die Kirche mit ihren 2 Thürmen, ihren vielen sehenswerthen Altären und Gemälden zeugt in ihrer Pracht von dem ehemaligen Reichthume der Mönche und in ihr befindet sich das aus geschlagenem Messing verfertigte Grabmahl des Grafen Conrad von Weinsberg. Im Kreuzgange hatte die Familie Berlichingen ihr Erbbegräbniß und man sieht daselbst noch unter den vielen Monumenten und Wappen der Herren von Berlichin-

gen auch das steinerne Grabmal des berühmten Götz v. B., das den Ritter knieend in voller Rüstung darstellt.

1802 kam das Kloster an Württemberg und wurde nun sogleich aufgehoben. 1810 erhielt es seine jetzige Bestimmung und es befinden sich nun hier im Durchschnitt 30 Jünglinge, die vom 14-18ten Jahr für das Universitätsstudium der Theologie unter der Leitung eines Ephorus, zweier Professoren und zweier Repetenten vorbereitet werden. Bei seiner Aufhebung befanden sich 44 Mönche im Kloster.

Universal-Lexicon von Württemberg, 1841

Im Nordwesten des Bezirks liegt auf dem linken Jagstufer reizend und geschützt das ehemalige Cistzienserkloster Schönthal, gegen Osten überragt von dem Benediktusberg und dem mit einer Rundkapelle geschmückten Kreuzberg, während von Süden her der Buchenwald bis an die Ringmauer des Klosters sich schattig hinabzieht. Zwischen dem Benediktusberg und dem Jagstflusse dehnt sich das noch ganz von seinen Ringmauern umfaßte Kloster, besonders dem von Berlichingen her das hübsche Thal Heraufwandernden ein großartiger Anblick.

Wolfram von Bebenburg, ein edelfreier Herr, ist der Stifter des drittältesten Cistzienserklosters in Württemberg. Nach der Klostersage war er einer der wenigen, welche von dem durch die Beredsamkeit Bernhards von Clairvaux angeregten Kreuzzug unter Konrad III. 1149 glücklich zurückkehrten. Nach der Sage verdankt er seine Rettung einem Gelübde, während sein Bruder Joseph, der ohne Gelübde den Kreuzzug mitmachte, nicht wiederkehrte. Um sein Gelübde zu erfüllen, begann er, unter dem Widerspruch seiner Gattin und Kinder, ein Kloster auf seinem Allod zu gründen. Sicher ist, daß Wolfram von Bebenburg vor 1153/8. Juli (Todestag Papst Eugens III.) ein Kloster, genannt Nuwesaze, d.h. die neue Niederlassung (das heutige Neusaß südlich von Schönthal) gründete.

Beschreibung des Oberamts Künzelsau, 1883

Auf der reizvollen Jagstbrücke von Schöntal erwartet den Reisenden ein einzigartiger Ausblick, der die ehrwürdige Geschichte des Zisterzienserordens miteinschließt. Langgestreckt ziehen die wehrhaften Mauern des Klosters durch das Tal. Die hohen barocken Fassadentürme bilden die ruhende Mitte des großen Anwesens. Am nördlichen Eingang steht mit St. Kilian die älteste Kirche des Ortes. Das hübsche Torwarthaus hat einst den Klosterfischer beherbergt. Die barocke Kirche und neue

Abtei sind von dem berühmten Abt Knittel aus Lauda gebaut worden.

Vom Kreuzberg aus bietet sich einer der schönsten Ausblicke in das Jagsttal.

Friedrich Albrecht in: Abt Benedikt Knittel

Kloster Schöntal

Das Hauptschiff der Klosterkirche

Abt Benedikt Knittel (1650 - 1732), der große Baumeister des Klosters

Abt Benedikt Knittel (1650 - 1732)

Knittel wurde am 16. Dezember 1650 in dem Tauberstädtchen Lauda geboren. Sein Vater war Weinbauer. Der Sohn hieß eigentlich Johannes und nahm erst in Schöntal den Klosternamen Benedikt an. Knittel legte mit 21 Jahren die Gelübde ab und stieg in der Ämterhierarchie der reichsunmittelbaren Zisterzienserabtei rasch auf. Mit 33 Jahren wurde er zum Abt gewählt, 1732, nach knapp 50jähriger Regierungszeit, starb Benedikt Knittel.

Carlheinz Gräter in: Ereignisse und Gestalten Vom Rhein zum Taubergrund

Nach den schweren Schäden des Bauernkrieges und des Dreißigjährigen Krieges geriet das Kloster in frühen Zerfall. Der aus Lauda an der Tauber stammende Abt Benedikt Knittel war der Baumeister der barocken Klosteranlage an der Jagst. Mit fränkischen Handwerkern schuf er dieses Juwel mit der doppeltürmigen Kirche in den Jahren 1708 bis 1736. Alles fügt sich harmonisch zu einem Ganzen, die neue Abtei mit ihren geschwungenen Treppen, Wappen und Prunksälen, der alte Bau im Stil strenger Renaissance, der Abteigarten, der Mohrenbrunnen, Denkmal des letzten Abtes Maurus, der das Werk Knittels fortsetzte.

Im Jahre 1802 wurde Kloster Schöntal samt Waldungen, Äckern, Wiesen, Weinbergen und Höfen Herzog Friedrich von Württemberg überantwortet, der hier ein evangelisch-theologisches Seminar einrichtete.

Heute beherbergt es die Verwaltung der Gemeinde Schöntal, ein Waldschulheim und das Bildungshaus der Diözese Rottenburg-Stuttgart.

Gerd Gaiser in: Ortskunde, Reiseerzählungen

Der unermüdlich dichtende Knittel konnte kein Plätzchen leer lassen, das irgend sich für eine Inschrift anbot.

Der Chor der Klosterkirche

Bei jeder Gelegenheit, an jedem Ort, an Portalen, Mönchszellen und Sonnenuhren, auf Glocken und Kanzeln, Grabmälern und Weinfässern, an Scheunen und Pfarrhäusern, in Grundbuch und Chronik, ja sogar auf den Treppenabsätzen und dem „heimlichen Gemach" seines Klosters hat Knittel seine Reime hinterlassen.

Carlsheinz Gräter in: Im grünen Licht Hohenlohes

Damit das schöne Kloster
Leben bekommt, muß man die Verse und Sprüche des Abtes Knittel auf Türen, Bildern, Statuen, Altären und Heiligengestalten kennen und lesen. Es ist eine eigenartige, heitere Barockphilosophie, von Theologie und Frömmigkeit fröhlicher Art beeinflußt. Bacchus ist ebenso mit von der Partie bei diesen Versen, wie die Gestalten der heiligen Geschichte und wie die allegorischen und mythologischen Figuren der Antike.

Kloster Schöntal ist dank der Dichtkunst des Abts Benedikt Knittel eine der ältesten Literaturausstellungen unseres Landes. Die „Knittelverse", die ihren Namen dem holperigen Rhythmus, dem Geräusch fallender Knüttel, verdanken und die in der Lieratur des ausgehenden Mittelalters recht beliebt waren, hat der reimfreudige Abt gerne auf seinen Namen bezogen.

In seiner fast fünfzigjährigen geistlichen Regierungszeit hat Abt Benedikt seine Verse, die „Knittelverse", überall an den Besitzungen des Klosters anbringen lassen. Sie sind ein einmaliger Fall in der Geschichte der europäischen Klosterkultur, der Architektur und der Geschichte der Literatur.

Karl Julius Weber hat Schöntal die „Westminster Abbey" der Familie Berlichingen genannt.

Rudolf Schlauch in: Hohenlohe Franken

Die Muttergottesfigur auf dem Dach der Schöntaler Klosterkirche

Auf dem Dach der Schöntaler Klosterkirche ist eine Muttergottesfigur, die sich nach dem Wind dreht. Dieses Bildnis soll schon auf der alten Schöntaler Kirche gewesen sein. Als die Schweden im Dreißigjährigen Krieg das Kloster einnahmen, schossen sie nach der Marienfigur, konnten sie aber nicht beschädigen. Selbst die Protestanten von Schöntal sahen das als ein Mirakel an und riefen, wenn ein schweres Gewitter am Himmel stand: „Marie von Schöntal, verschon's Jagsttal, treib's Unwetter ins Kochertal!"

Ludwig Eyth in: Chronik des fränkischen Dorfes Hohebach a. d. Jagst

Das prunkvolle zweiläufige Treppenhaus im Abtsgebäude

Der eingemauerte Mönch

Ein Mönch des Klosters Schöntal war bei den Bauern der Umgebung, die dem Kloster frönen mußten, sehr verhaßt. Als im Bauernkrieg das Kloster von Aufständischen eingenommen worden war, haben die Bauern den unbeliebten Mönch lebendig eingemauert. Dieser Mönch hat später im Kloster gespukt und ist oft gesehen worden.

Ludwig Eyth in: Chronik des fränkischen Dorfes Hohebach a. d. Jagst

Schöntal im Bauernkrieg

Die Grafschaft Hohenlohe kam erst in den Aufruhr hinein, als rings um sie her die Flamme schon entbrannt war, und einzelne unruhige Köpfe dieselbe aus persönlicher Gereiztheit schürten. An der nördlichen Grenze der Grafschaft hatten die Rothenburger Bauern und die Odenwälder bereits Ende März des Jahres 1525 die Fahne des Aufruhrs entfaltet. Dem letzgenannten Haufen gehörte der weithin gefürchtete, leichtsinnige Wirt Jörg Metzler von Ballenberg als Anführer an. Dieser brachte auf der Kirchweih zu Hüngheim am Sonntag Lätare (26. März) 1525 die Bauern gegen die Grundherren zu Hüngheim auf. Er sowie Hans Reiter, „Müller Henslin" von Bieringen,

neben Metzler die einflußreichste Persönlichkeit, fanden bei den Bauern nur allzugutes Gehör. Hüngheim und Umgebung wurden verwüstet. Nachdem die Bestien einmal losgelassen waren, gabs kein Aufhalten mehr. Sie stürzten weiter nach Oberkessach, das fast ganz verbrannt wurde, dann auf den Schönthaler Hof Weltersberg, der in Asche gelegt wurde. Dem Kloster selbst stand nicht viel Besseres in Aussicht. Am 4. April besetzte Metzler Schönthal, das gründlich ausgeplündert wurde. Glücklicherweise waren die Urkunden und Kostbarkeiten schon vor dem Anrücken der Bauern auf den Rat des Abtes Erhard Öser nach Frankfurt geflüchtet worden. Um so schlimmer spielte der tolle Haufen

Um mein Schlafzimmer herum waltet die Stille, ich höre zwar die Jagst, die über ein Wehr fällt, aber dieses Geräusch ist Stimme der Stille. Die Stauung dient den Seminaristen als Schwimmbad – welches Altertum, ein Fluß, in dem man sich noch tummeln kann. Ich höre zwar das Schmalspurbähnlein, das längst den Personenverkehr an den Autobus abgetreten hat und nur noch Güter transportiert – es kündigt sich, wenn es sich der Straße nähert, durch ein Sirenengeheul an, in den Tagen und Nächten der Zuckerrüben-Campagne heult es oft, aber das Geheul durchbricht nicht den Frieden der Abgeschlossenheit, sondern schmiegt sich in sie hinein.

Die Jagst wird von Enten und Felchen beschwommen, im Sommer stehen an den Ufern die Reiher der Langenburger Halde, unterhalb der Brücke von Jagsthausen sah ich zwei dicke Karpfen.

Gerhard Nebel in: Hinter dem Walde

Statue des Nepomuk auf der Jagstbrücke von Schöntal, dahinter die Hl. Grabkapelle auf dem Kreuzberg

der Klosterkirche dafür mit, die schrecklich verwüstet wurde. Die Orgel zertrümmerten sie und teilten die Pfeifen untereinander aus. Ergiebiger erwiesen sich die Wirtschafts- und Kellerräume des Klosters. Hier fanden die Bauern reiche Futtervorräte und 21 Fuder Wein, dem sie wacker zusprachen. Der Abt und die Konventualen waren dem Mutwillen der trunkenen Scharen ausgesetzt und wurden hart mitgenommen. Einzelne verlangten sogar, man solle sie töten. Doch begnügte

man sich damit, sie eines Abends zwischen 4 und 5 Uhr aus dem Kloster zu jagen. Die Mönche zerstreuten sich in die Umgegend. In Schönthal durfte nur der junge Professe Laurentius Döllinger aus Röttingen bleiben, mußte aber den Roßknechten dienen. Für die nächste Zeit blieb Schönthal das Hauptquartier der Bauern. Hier organisierten sie ihre Scharen und ordneten das Heer in Fähnlein.

Ludwig Eyth in: Chronik des fränkischen Dorfes Hohebach a. d. Jagst

Freizeitvergnügen in der Jagst

Es gab damals für uns zwei Badegelegenheiten: Einmal die kleine Badeanstalt gleich unten am Jagstwehr für die Nichtschwimmer. Wenn vormittags in der halbstündigen Pause an heißen Sommertagen gebadet werden wollte, benützten auch die Schwimmer diese Gelegenheit, wobei nicht selten eine Lehrersfamilie von einer besonderen Kabine aus hinter einer Bretterwand sich im Wasser tummelte.

Der eigentliche Badeplatz für die Schwimmer lag draußen etwa halbwegs zwischen Schöntal und Bieringen. Wir haben unvergeßlich schöne Stunden dort verbracht. Es befand sich an diesem Badeplatz auch ein Sprungbrett, das freilich nicht gefedert war, so daß unsere Sprünge in die Jagst ziemlich unelegant ausfielen und wir wie die Mehlsäcke in den Fluß plumpsten.

Wenn ein Nichtschwimmer in der kleinen Badeanstalt schwimmen gelernt und anschließend die Schwimmprüfung bestanden hatte, rückte er auf und durfte fortan in der Jagst baden.

Für den Eislauf gab es zwei Gelegenheiten. Da war zunächst der Schlittschuhlauf auf der nahen Jagst, deren gestaute Fläche spiegelglatt gefroren war. Aber auch auf dem Neusaßer See gab es schöne Eislaufgelegenheiten. Sie wurden immer benützt, wenn die Jagst nicht solide genug gefroren war.

Rudolf Brügel in: Aus den Erinnerungen einstiger Seminaristen, 1898/1900

Aus den Lebenserinnerungen Pfarrer Dr. Theodor Engel's, eines ehemaligen „Schöntalers"

Alle zwei Jahre zieht eine neue Promotion in Kloster Schöntal ein. Junge Seminaristen des evangelischen theologischen Seminars, die in dieser altehrwürdigen Stätte auf ihr späteres Studium der Theologie vorbereitet werden. Viele Generationen haben dort einen Teil ihrer Jugendjahre erlebt, haben gelernt und gestrebt und Freundschaften geknüpft, die bis ins hohe Alter gepflogen wurden in Erinnerung an die Schöntaler Jahre.

Schon mein Urgroßvater war unter Ephorus Abel, dem Lehrer Schillers, Klosterschüler in Schöntal gewesen. Im kalten Winter 1812/13 hat er dort russische Kosaken erlebt. Es blieb ihm unvergessen, wie sie nach heimatlichem Brauch Löcher in das Eis der Jagst schlugen, um zu baden. Nachher freilich heizten sie den Ofen im Studierzimmer der Prälatur so stark, daß er in Stücke sprang. Äußerlich sind es ruppige Gesellen gewesen, aber seelengut im Gemüt, vor allem Kindern gegenüber.

Scheint heute schon manchem Seminaristen Schöntal abgelegen zu sein, so lebten die jungen Leute damals vier Jahre lang in wahrer Weltabgeschiedenheit. Es existierte noch kein „Bähnle" und wenn die Vakanz herannahte, brachen die Schüler winters wie sommers um 1 Uhr nachts auf und wanderten

Die Brücke über die Jagst in Schöntal

Das Jagstwehr von Schöntal

trotz Schnee und Regen durch den düsteren Harthäuser Wald zu Fuß nach Heilbronn, was etwa sieben bis acht Stunden in Anspruch nahm.

Das Leben spielte sich in spartanischer Einfachheit ab. Wecken war sommers um 5 Uhr, winters um 6 Uhr. Der Tag begann und endete mit einer Andacht. Der Tag war mit Kollegien und Arbeitsstunden derart ausgefüllt, daß die Freizeit äußerst knapp war. Das Frühstück bestand werktags aus schwarzer Brotsuppe, sonntags aus Milchsuppe. Einmal in der Woche gab es am Freitagabend einen Pfannkuchen, dies galt als der größte Leckerbissen. Kaffee, Alkohol, rauchen und Wirtshausbesuch waren strengstens untersagt, und doch schlich sich dann und wann einer der Schüler heimlich zum Klosterpförtchen hinaus, um ein Glas Bier oder einen Schluck Wein zu trinken. Freilich, wenn der Unglückliche

ertappt wurde, mußte er mit Karzer büßen. Der Famulus, ein gedienter Unteroffizier und zugleich Feldscher, verband die Buben, wenn sie sich verletzt hatten und setzte auch Blutegel an, wenn es vonnöten war. Man vermied, so gut man konnte, in die Krankenstube zu kommen, denn der herbeigeholte Arzt wandte Eisenbarth'sche Methoden an.

Noch im Greisenalter hat uns der Großvater von seinen hochverehrten Schöntalern Lehrern erzählt. An ihrer Spitze Ephorus Ed. Elwert, Professor der Theologie und Philosophie in Tübingen und Zürich, der die Begeisterung für alles Schöne und Edle den jungen Menschen ins Herz pflanzte. Der erste Professor war Eyth, der Vater des Ingenieurs und Schriftstellers Max Eyth, ein hochbegabter Mann und gewandter Dozent. Er brachte der Jugend die griechischen Klassiker und vor

allem die Geschichte so nahe, daß sie alle für ihn schwärmten. Nebenbei war er Dichter und Schriftsteller. Ebenso schrieb seine Frau unter Pseudonym. Max Eyth hat von seinen Eltern das Erzählertalent geerbt, was Wunder, daß ihn das Kloster Schöntal mit seiner Geschichte, den alten Überlieferungen und den Grabmälern der Äbte ihn zu dem vielgelesenen Buch „Mönch und Landsknecht" angeregt hat. Professor Eyth hatte einen berechtigten Stolz auf seinen Sohn Max. Oft zeigte er Gegenstände, die ihm sein Sohn aus fernen Ländern und Erdteilen geschickt hatte. Es war köstlich, wie er derlei Objekte für den Unterricht verwertete, so ließ er einmal eine Kolibrifeder aus Südamerika in der Sonne schillern, anhand dieser Feder, die grün, rot und blau irisierte, erklärte er das rätselhafte Dogma der Dreieinigkeit.

In der kostbaren Freizeit wurde in der Jagst geschwommen, Ball geschlagen, mit Freunden zusammen Hütten gebaut, im Winter fuhr man Schlitten und huldigte dem Eislauf. An den Sommerabenden lauschten die Zöglinge vom Bett aus stundenlang dem Lied der Nachtigallen.

Einmal im Jahr wurde eine große Exkursion gemacht, an den Rhein und nach Straßburg. Die kleineren Ausflüge erstreckten sich nach Möckmühl, Berlichingen, oder auch nach Ingelfingen und Künzelsau. Auf der letzteren Wanderung tranken sie in einem guten Weinjahr einen „Vierbätzner" in Forchtenberg, sie kehrten mit „wüsten Köpfen" ins Kloster zurück.

Lehrer und Schüler jener Promotion ruhen längst unterm Rasen von Erdenfreud und Erdenleid aus. Manche wurden früh dahingerissen, so starb einer als Offizier im Heer der Nordstaaten Amerikas, manche starben hochbetagt als Greise – eines aber hielt bis zu ihrem Tode: Die Jugendfreundschaften von „Speciosa Vallis" – von Schöntal.

Ingaruth Schlauch in: Der Frankenspiegel 1957

Max Eyth: Ingenieur, Schriftsteller und Dichter

Max Eyth ist am 6. Mai 1836 in Kirchheim u. T. zur Welt gekommen, wo sein Vater seit 1835 Oberpräzeptor an der Lateinschule war. Schon 1841 kam dann der Vater als Professor nach Schöntal ans Evangelisch-Theologische Seminar. Dort nun, in dem lieblichen und abgelegenen Klosterdörfchen an der Jagst, verbrachte Max Eyth seine Jugendjahre in großer Freiheit. Erst als Zwölfjähriger kam er aus der unterrichtenden Hand des Vaters in eine Schule, indem er vom Winterhalbjahr 1848/49 an gastweise zum Unterricht der zwei Jahre älteren Seminarpromotion zugelassen wurde. Früh stellte sich ein überraschender Hang zum Basteln und Zeichnen heraus und ein Interesse an allen technischen Dingen. Eine sich ebenfalls früh zeigende poetische Veranlagung kann sowohl väterliches als mütterliches Erbe sein, denn beide hatten sich dichterisch und schriftstellerisch betätigt.

Aus: Lebensbilder aus Schwaben: Max Eyth, 1942

Nach einem halben Jahr
Realschule in Heilbronn studiert Eyth am Polytechnikum in Stuttgart Maschinenbau. Nach erfolgreichem Abschluß tritt er als einfacher Arbeiter in die Göbelsche Maschinenfabrik in Heilbronn ein, von der er 1857 zur Kuhnschen Maschinenfabrik in Berg bei Stuttgart wechselt. Hier beschäftigt er sich vor allem mit der Weiterentwicklung der Lenoirschen Gasmaschine. 1861 gibt Max Eyth seine Stellung auf und macht sich, um sich den Horizont zu erweitern, auf die Wanderschaft. Über Stationen im rheinischen Gebiet und in

Belgien gelangt er als 25Jähriger nach England, wo er in Leeds bei dem Fabrikanten John Fowler Arbeit bei der Produktion von Dampfpflügen findet. Sein Tätigkeitsfeld erweitert sich rasch. Im Dienste des ägyptischen Vizekönigs Halim Pascha ist er jahrelang als Chefingenieur damit befaßt, Dampfpflüge und Entwässerungspumpen einzusetzen, um den Baumwollanbau im Nildelta auszuweiten. Nach dem Zusammenbruch der Wirtschaft Halims kehrt Eyth 1866 nach England zurück. Neben der Weiterentwicklung der Lokomobile und der Dampfpflügerei widmet er sich nun der Schleppschifffahrt, die besonders in den USA erfolgreich wird.

Max Eyth (1836 - 1906), Ingenieur, Schriftsteller und Dichter

Nachdem der erfolgreiche Ingenieur, Erfinder und Patentinhaber 1882 bei Fowler in Leeds gekündigt hat und nach Deutschland zurückgekehrt ist, gründet er 1884 in Berlin die Deutsche Landwirtschaftsgesellschaft. Ihr Ziel ist es, die moderne Technik in die Landwirtschaft einzuführen. So ist die technische Entwicklung in der deutschen Landwirtschaft entscheidend auf Max Eyth und seine zahlreichen Maschinenausstellungen zurückzuführen.

Max Eyth zieht sich nach Erreichen des 60. Lebensjahres, vielfach geehrt, aus Berlin nach Ulm zurück, wo er sich der Schriftstellerei widmet.

Bereits 1854 hat er seine geschichtliche Erzählung „Mönch und Landsknecht", die im Kloster Schöntal zu Zeiten des Götz vom nahen Berlichingen spielt, und 1859 sein „Wanderbuch eines Ingenieurs" zu Papier gebracht. Nun folgen 1899 „Hinter Pflug und Schraubstock, Skizzen aus dem Taschenbuch eines Ingenieurs", 1902 der Roman „Der Kampf um die Cheopspyramide", 1904/05 „Im Strom unserer Zeit", sein wohl bekanntestes Werk, und kurz vor seinem Tod am 25. August 1905 der Roman „Der Schneider von Ulm".

Seine letzten Worte waren „Ich danke dir Gott!"

Max Eyth erzählt aus seiner Jugendzeit

„Meine Kinderjahre verlebte ich in Schöntal, einem kleinen Nestchen von wenigen Häusern in einem waldreichen Winkel an der Jagst, im weltabgeschiedensten Teil Württembergs . Dort steht der stattliche Bau eines früheren Zisterzienserklosters, in welchem heute eines der vier evangelischen Seminarien des Landes untergebracht ist, das gegen vierzig junge Leute im Alter von vierzehn bis achtzehn Jahren beherbergt. Mein Vater war daselbst als Professor tätig, sein Lieblings- und Berufsstudium Griechisch und Geschichte, und ich zunächst sein einziges, nicht allzu hoffnungsvolles Söhnchen. Mein Großvater war Professor am Gymnasium zu Heilbronn, der nächsten, etwa sechsunddreißig Kilometer entfernten Stadt. Seine Spezialität war Lateinisch und Hebräisch. Bei ihm durfte ich meine Ferien zubringen. Das war die Luft, in der ich aufwuchs; und doch wird es mir schwer, über die Poesie jener grünen Klostereinsamkeit mit Stillschweigen wegzugehen.

Die Zöglinge zu Schöntal sind die heranwachsenden Geistlichen Württembergs. Lange ehe ich alt genug war, in das Seminar einzutreten, lag es schon aus diesem Grunde in dem Plan meiner Erziehung, daß ich den Weg beschreiten sollte, den Vater und Großvater gegangen waren und den jede fromme Mutter ihrem Erstling wünscht. Die Wahl zwischen Theologie und Philologie stand mir frei. Ich wußte es selbst nicht anders, so sauer es mir fiel, die anfänglich so trockene und steinige Straße des klassischen Wissens emporzuklettern. Bei diesem Punkte

wird mir das Stillschweigen fast zur angenehmen Pflicht.

Wie alles anders kam, als es die treue Fürsorge meiner Eltern geplant hatte, gehört zu den Geheimnissen von Natur und Leben, die noch kein Forscher zu ergründen vermochte.

Der Eisenhammer von Ernsbach

Ein schmaler waldiger Bergrücken trennt bei Schöntal das Jagst- vom Kochertal. Das nächste am Kocher gelegene Dörfchen ist Ernsbach, wo seit alter Zeit, von der Wasserkraft des kleinen Flusses getrieben, ein Eisenhammer in Tätigkeit ist: die einzige Spur industriellen Lebens, die weit und breit in jener von allem Verkehr abgeschnittenen Gegend anzutreffen war. Ich mochte neun Jahre zählen, als ich meinen Vater bei einem Besuch des Besitzers jenes bescheidenen Hammerwerks begleiten durfte und mit weitaufgerissenen Augen die Wunder anstarrte, die mir dort zum erstenmal entgegentraten. Der dickköpfige, eifrige Hammer, das sprühende Eisen, das geheimnisvolle, keuchende Zylindergebläse, das ganze Leben und Lärmen in der schwarzen Werkstätte erfüllte mich mit einem wunderlichen Gemisch von Schauder und Entzücken. Ich wußte nicht, was ich mit den wirren Gedanken in meinem kleinen Kopf und mit dem mächtigen, tatendurstigen Gefühl in meinem kleinen Herzen anfangen sollte, und ging an der Seite meines Vaters, dem ich nicht erklären konnte, was ich selbst nicht verstand, schweigend durch den Wald, den wir auf unserem Heimweg zu durchqueren hatten...

Der Eisenhammer, Symbol für die frühe Industrialisierung

Es verfolgte mich niemand als das böse Gewissen, und selbst dieses gab die Verfolgung auf, als ich am oberen Bergrande aus dem Gebüsch trat...

In der ganzen idyllischen Landschaft fesselte mich jedoch nichts als dort unten, am Ende des Dorfs, ein trüber, braungrauer Fleck – schmutzig hätten ihn andere wohl genannt –, hinter dem einige größere Gebäude kaum zu erkennen waren. Es war Rauch, der schwer und dick aus zwei plumpen kurzen Schornsteinen quoll, der Rauch meiner Hammerschmiede...

Ich legte mich hinter einem Dornbusch auf die Lauer, ja ich drückte das Ohr kunstgerecht auf den Boden, wie ich's aus Indianergeschichten gelernt hatte. Doch blieb dieses Verfahren ohne Erfolg.

Plötzlich aber pochte es unten im Tal laut genug: „tapp, tapp, tapp, tapp", hastig, dumpf, zwei Minuten lang. Wie mich's rief und lockte! – Dann kam eine lange Pause, als ob mein Freund auf Antwort wartete. Hätte er hören können, wie mein kleines Herz klopfte, der gutmütige, trutzige, dickköpfige Hammer! –

Jetzt rief er wieder: „tapp, tapp, tapp, tapp!" Diesmal nur kurz, wie wenn er vorhin etwas vergessen hätte. – Darauf folgte eine schier endlose Stille. War er mit allem fertig? Hatte er mir nichts mehr zu sagen, der arbeitslustige Geselle? – O nein; es ging wieder los: fünf ganze Minuten lang, als könnte er nicht mehr aufhören, wie toll vor Eifer: „tapp, tapp, tapp!"

Er dachte wohl gar nicht an mich; er war zu sehr beschäftigt! – Das war ein anderes Schaffen, als wenn ich Wörtchen aus dem Cornelius Nepos klaubte, um sie wieder zusammenzusetzen wie in einem Geduldspiel. – Tapp, tapp, tapp! – ein wenig einförmig, ja! Aber das Feuer, mit dem der brave Hammer draufklopfte, und das Wasserrad und das Zahngetriebe, die ihm halfen! – Wie der rote Eisenklumpen sich dabei dehnen und strecken mochte! Das konnte ich allerdings nur vermuten, aber ich sah es so deutlich wie den Hammerkopf, der vor Eifer so rot wurde wie das spritzende Eisen selbst.- Jetzt wird der runde Klotz viereckig, und der viereckige länger und länger: er wird schon eine

Stange, die man zu allem brauchen kann, was das Herz begehrt – zu einer Wagenachse, zu einem Blitzableiter, wer weiß zu was noch! – Das fühlte das Hämmerchen wohl; kein Wunder, es war so eifrig. Wüßte ich, zu was man den Cornelius Nepos brauchen kann, wer weiß, ob ich nicht ebenso eifrig wäre! Aber das konnte ja kein Mensch wissen! – Tapp, tapp, rief ich laut dem Hammer in seiner eigenen Sprache zu. Sie war so viel leichter und lustiger zu erlernen als die des Nepos. Tapp! tapp! tapp!

„Tapp, tapp, tapp", äffte eine rauhe höhnische Stimme über mir und eine schwere Hand legte sich auf meine Schulter. „Was der Kuckuck treibst denn du da, Bub`! Woher bist du? Wem gehörst du? Rede gestanden! Mit tapp tapp ist bei mir nichts zu machen..."

Ob ich auf der Bergkante über dem Kochertal oder erst im weiteren Verlauf jenes Nachmittags Ingenieur wurde, weiß ich nicht genau. Aber an jenem Tag geschah's, und das tapp tapp meines fernen eisernen Freundes ist mir eine Art Wahlspruch geworden, der sich in guten und bösen Zeiten leidlich bewährt hat."

aus: Max Eyth in: Im Strom unserer Zeit

Berlichingen

Am Ende eines starken Bogens, den die Jagst von Schönthal her beschreibt, liegt der vom linken Flußufer allmählich sich in die Höhe ziehende Marktflecken Berlichingen. Die Rebengelände im Norden vom Ort, die steil vom rechten Jagstufer aufsteigende Bergwand und die dunkeln Waldgehänge im Süden, an deren Fuß die Jagst genöthigt wird, sich von Süden nach Westen zu wenden, verleihen der Umgebung einigen Reiz. Der Ort selbst mit seiner hübschen neugothischen Kirche bietet ein freundliches Bild.

Berlichingen, alt Berelahinga, Sitz der Nachkommen eines Berelach, vom Volk Berlingen genannt, der Stammsitz des alten Hauses der Herren von Berlichingen, erscheint erstmals im Jahr 800 als im Jagesgowe gelegen.

Hart an der Jagst am westlichen Ende des Ortes steht das Stammschloß der Herren von Berlichingen. Der Schloßgraben, jetzt ausgefüllt, läßt sich noch erkennen. Der nordwestliche Theil des alten unscheinbaren Steinhauses ist zu einer Pächterwohnung umgebaut und umgeben von großen Oekonomiegebäuden. An einem Thor derselben stehen die Namenszüge Johann Reinhards v. Berlichingen, gest. 1704, und seiner Gattin Sophie Magdalene.

Nach der Sage soll ein unterirdischer Gang von der alten Burg nach Rossach gegangen sein.

Zu bemerken ist noch die große Oelmühle auf der mit herrlichen Bäumen bewachsenen Insel. Hier errichteten die Gebrüder Baumann 1812 die erste mechanische Wollspinnerei in Württemberg mit englischen Maschinen, aber die Schwierigkeit des Verkehrs, Brandunglück und die schlechten Zeiten ließen das Unternehmen, welches den Wohlstand der Gemeinde und der Umgegend hätte heben können, nicht emporkommen. Die Spinnerei gieng wieder ein.

Die den Ort im Halbkreis umfließende Jagst tritt öfters aus, überschwemmt das Wiesenthal und verderbt das Futter. Da sie hart am Ort ein Altwasser, Ader genannt, bildet, so ist der Ort bei Hochwasser bisweilen Wochen lang vom Verkehr auf der Staatsstraße, welche von Schönthal nach Möckmühl zur Eisenbahn auf dem rechten Ufer führt, abgeschnitten, ein für das gewerbreiche und handeltreibende Volk empfindlicher Mißstand.

Beschreibung des Oberamts Künzelsau 1883

Ein großer Teil der Einwohner ist musikalisch und beschäftigt sich von Jugend auf mit der Musik. Sie durchziehen in Truppen und einzeln viele Länder und sind als reisende Musiker bekannt, auch in dieser Eigenschaft schon bis nach Spanien gekommen. Meist sind sie gleich und grün gekleidet, selbst Weibsleute ziehen mit ihren Instrumenten in der Gesellschaft ihrer Verwandten mit. Die Musik dieser Banden ist vorzüglich wegen ihrer Harmonie beliebt.

Beschreibung Neuwürttembergs, 1804

Die Einwohner, vor hundert Jahren noch vielfach mit fahrendem Musikantenvolk vermischt, das England, die Niederlande und Frankreich durchzog, sind nun mehr seßhafte, ordnungsliebende Bürger geworden, welche aber durch Gewerbe und Handel mehr in den Verkehr der Welt hineingezogen werden, als dies bei der fränkischen Bevölkerung sonst der Fall ist. Sie sind darum weltgewandter, aufgeweckter und redefertiger als ihre Nachbarn und theilweise auch dessen bewußt.

Grabmal des Götz von Berlichingen im Kreuzgang der Klosterkirche Schöntal

In der Nachbarschaft gilt der Berlichinger für „aufgeklärt". Kirchlicher Sinn und Sparsamkeit ist vorherrschend.

Wie der Volkscharakter, so zeigt auch die Konstitution und Gestalt einige Abweichungen. Gegenüber der mittleren Körperkraft und gedrungenen Gestalt der Franken begegnet man in Berlichingen hochgewachsenen, derbkräftigen Männern. Auch das Lebensalter scheint durchschnittlich ein höheres zu sein, als in der Umgegend. 1879 waren 7 Einwohner über 80 Jahre alt.

Eine Folge des größeren Verkehrs ist der starkgemischte Dialekt des Ortes, der starke Uebergänge ins Schwäbische und Rheinfränkische zeigt und auch wohl auch von dem früher stärker vertretenen israelitischen Element beeinflußt ist.

Die Hauptbelustigung des Volks ist im Sommer Kegelschieben.

Die Vermögensverhältnisse sind insofern nicht ungünstig, als allen Einwohnern die Möglichkeit des Verdienstes in ausgiebigerer Weise als in den meisten Orten des Oberamts sich bietet.

Stammschloß des Götz von Berlichingen, heute im Besitz der Familie Model

Hochwasser der Jagst in Berlichingen

Nach der Ortssage bestand der Ort ursprünglich aus sieben Bauernhöfen.

Das Dorf war in eine Berlichingische und eine Schönthalische Hälfte getheilt. Die Straße schied beide Theile. Der Schultheiß war gemeinschaftlich.

Auf dem Gebeit der Burg sprachen die Herren von Berlichingen die Jurisdiktion in vollem Umfang für sich an.

Beschreibung des Oberamts Künzelsau, 1883

Tod bei der Schwemme, 1858

8. Juni. Vorgestern ereignete sich hier ein trauriger Fall; der brave Sohn eines hiesigen Bürgers ritt mit seinen 3 Pferden in die Jagst, wo er sie zuerst tränken und danach schwemmen wollte. Eines der Pferde, mutiger und unlenksamer als die andern, riß die übrigen mit sich fort, und an einer tiefen Stelle angekommen, warf es den Reiter ab, welcher unter die Füße der Pferd kam und da, weil er des Schwimmens unkundig war, seinen Tod fand, ehe er von den in der Nähe befindlichen Personen herausgezogen werden konnte.

Schöntaler Heimatbuch

Gustl un sei Pfeif

Es passieren doch gar seltsame Dinge. Stand da unser lieber Mitbürger Nachtigall beim letzten Hochwasser mit vielen Andern auf der Brücke und streckt den Kopf durch den Eisenbogen, damit er genau sehe, wie hoch nun das Wasser stünd. Im Mund hat er sein Pfeifchen, war zwar längst kalt, hatte es aber vor lauter Sehen und Sehen vergessen. Kommt da seine Hilde und sagt: „Babba, paß'uff, daß du die Pfeife net neifalle läßt." „Nää", sagt Papa Gustl und ... plumps lag sie drin. War da der Gustl doch nicht schlecht erschrocken, aber ... jetzt kommt das Schönste.

Andern morgen war das Hochwasser gestiegen und spülte schon ganz nett um die tiefgelegnen Häuser an der Jagst. Gustl trat auf seine Staffel und sieht jetzt schon vor seinem Scheunentor die ersten Wasserringe vor und zurück gehen. Plötzlich stutzt er. Was ist das? Tatsächlich, da liegt vor der Scheune – sein Pfeifchen. Den Wassernixen drunten war es schlecht davon geworden und so hatten sie beschlossen, Gustls Pfeifchen auszusetzen. Und ein glücklicher Zufall wollte es, daß unser Gustl jetzt wieder sein altes Pfeifchen qualmt.

Schöntaler Heimatbuch

Die Kriegsereignisse im Frühjahr 1945 in Berlichingen (Schöntaler Heimatbuch)

Ende März

Über mehrere Tage hinweg dauert der Rückzug der deutschen Truppen durch das Dorf in Richtung Kochertal. Die Brücke wird zur Sprengung vorbereitet. Die SS-Einheit hat im „Schwanen" ihr Hauptquartier errichtet. Allmählich wird bekannt: Berlichingen soll von der SS-Einheit „Götz von Berlichingen" verteidigt werden.

3. April

Deutsche Truppen aus dem Raum zwischen Osterburken und Möckmühl befinden sich auf dem Rückzug. Dieser dauert während der ganzen Nacht an. Auch die einquartierten Soldaten verlassen überstürzt das Dorf. Zurück bleibt nur das Sprengkommando und ein Zug Infanterie mit drei MG's. Der „Volkssturm" muß Schützengräben ausheben.

4. April

Als der Rückmarsch aller Truppen beendet ist, wird gegen 9 Uhr die Brücke gesprengt. Bei der gewaltigen Detonation werden zahlreiche Dächer abgedeckt. Viele Fensterscheiben zerspringen.

5. April

Die Amerikaner haben am Rande des Storchwalds ihre Stellungen bezogen. Die wenigen deutschen Soldaten verschanzen sich in den Schützengräben an der Hangkante links der Jagst und in einigen Häusern in Jagstnähe.

6. April

Am frühen Nachmittag kommen die ersten amerikanischen Soldaten im Gänsemarsch den Hang am Storchwald herunter. Gegen 15 Uhr besetzen sie ohne Gegenwehr die Häuser in der „Vorstadt". Aus diesen Gebäuden hängen bald weiße Tücher. Als auch auf dem linken Jagstufer einige weiße Fahnen gehißt werden, wird dies von der SS unter Strafandrohung untersagt. Vier amerikanische Soldaten versuchen über den Notsteg zu kommen, der unterhalb der gesprengten Brücke vorher schon von deutschen Pionieren errichtet worden war. Eine Frau alarmiert die SS-Männer in der Mühle, die dort ein Nickerchen gemacht hatten. Diese eröffnen sofort das Feuer, welches von drüben heftig erwidert wird. Die „Amis" lassen sich ins Wasser fallen und ziehen sich zurück. Später versuchen amerikanische Sanitäter einen Verwundeten in der Nähe des Stegs zu erreichen. Sie werden ebenfalls beschossen.

Gegen 20 Uhr setzt Artilleriebeschuß ein, der sich über die ganze Nacht hinzieht. Mehrere Gebäude werden zum Teil stark beschädigt. Der erste Schuß trifft das nördliche Kirchendach.

Kriegszerstörungen in Berlichingen

7. April

Der Tag fängt ruhig an. Um 8 Uhr beginnt ein heftiger Angriff der Amerikaner, der zurückgeschlagen wird. Hierbei kommen circa 8 - 9 Panzer zum Einsatz. Gegen 10 Uhr erfolgt der Beschuß mit Brandgranaten, der bis zum Mittag andauert. Dann herrscht wieder eine Stunde völlige Ruhe. Manche versuchen während der Feuerpause Vieh aus dem Stall zu retten oder zu löschen. Rinder und Pferde werden an Bäume in Ortsnähe angebunden. Gegen 13 Uhr beginnt der Beschuß umso heftiger. Das untere Dorf ist ein einziges Flammenmeer. Auch an anderen Stellen stehen Gebäude in Flammen. Am Nachmittag ist das Dorf eingenommen. Die wenigen Verteidiger sind entweder gefallen oder gefangengenommen. Zwei Gefangene werden auf offener Straße durch Kopfschuß exekutiert und bleiben mehrere Tage liegen. Ein Scharfschütze, der aus der Giebelöffnung des Anwesens Hermann Rüdenauer den Brückenbereich im Visier hatte, wird von dort heruntergeschossen. Etwa 70 Gebäude, darunter die Hälfte Wohnhäuser, werden ein Raub der Flammen. Zahlreiche weitere Gebäude sind durch Beschuß schwer beschädigt. Fast jedes weitere Gebäude weist zumindest Einschüsse, kaputte Scheiben oder durchlöcherte Dächer auf. Viel Vieh, das nicht rechtzeitig in Sicherheit gebracht werden konnte, verendet unter unsäglichen Schmerzen und fürchterlichem Brüllen in der Feuersbrunst.

Der Kirchturm steht in Flammen. Was noch zu retten ist, versucht man zu retten. Da kein Wasser mehr fließt, wird Mistbrühe gepumpt und in die Flammen geleert. Das eine

Festumzug zur 1200 Jahrfeier von Berlichingen

oder andere Gebäude kann so gerettet werden.

Die Amerikaner ziehen weiter in Richtung Neuhof. Im Birkenwäldle haben sich die deutschen Landser verschanzt und kämpfen verzweifelt. Die Bevölkerung verbringt nochmals eine Nacht in den Kellern, denn immer wieder kommt starkes Artilleriefeuer auf, das aber kaum mehr Schaden anrichtet.

8. April

Heute ist Weißer Sonntag. Zahlreiche Kinder haben sich auf ihren Erstkommuniontag gefreut. Zahlreiche Familien stehen vor dem Nichts. Sie haben alles verloren. Nicht mal Eßbesteck ist vorhanden. Ein riesengroßer Krater, der als Panzersperre am Anfang des Birkenwäldles in die Straße gesprengt wurde, kann die Amerikaner trotz enormer Verluste nicht aufhalten. Auch die an den Straßen entlang umgesägten großen Fichten hindern sie nicht am Vormarsch. Die deutschen Soldaten haben bei der Übermacht des Feindes nicht die geringste Chance.

9. April

Im Ort beginnt das Aufräumen. Viel amerikanisches Militär hält sich im Ort auf. Der Neuhof brennt. Alle Wirtschaftsgebäude mit 17 Stück Großvieh, zahlreichen Schweinen und dem Geflügel werden dort ein Raub der Flammen. Drei Soldaten verbrennen bis zur Unkenntlichkeit. Die Amerikaner haben mehr als 50 Gefallene zu beklagen. Zahlreiche Verwundete werden in offenen Jeeps durch das Dorf gefahren. Über den Notsteg unterhalb des Wehrs werden sie auf die rechte Jagstseite gebracht.

10. April

Nach wiederholten Bitten von Pfarrer Nuß und Dekan Dr. Anker aus Ulm erlaubt der amerikanische Kommandeur, daß die gefallenen deutschen Soldaten eingesammelt und beerdigt werden dürfen. Da die Tage sehr warm sind, gehen die Leichen bereits in Verwesung über. 15 Gefallene finden ihre letzte Ruhestätte in einem Sammelgrab auf dem Berlichinger Friedhof. Da die Leitungen nicht mehr funktionieren, wird Wasser für das Vieh aus der Jagst geholt oder die Tiere werden dort getränkt.

11. April

Das verendete Vieh wird in die „Burgwiesen" geschleift und in einem großen Loch verscharrt. Es grenzt an ein Wunder, daß während der Kämpfe von der Zivilbevölkerung niemand ums Leben kam und daß nur drei Personen leicht verletzt wurden.

Rossach

Wappen der Freiherren von Berlichingen

Rossach, ein Weiler, mit dem einige hundert Schritte südwestlich gelegenem ehemaligen Schloß und dem Pachthof der Freiherren von Berlichingen. Rossach liegt 4,7 km nordwestlich von Schönthal, umgeben von Wäldern auf der Hochebene zwischen dem Jagst- und Kessachthal. Der Weiler besteht aus saubern, aber kleineren Häusern und verräth, daß er aus einer Niederlassung von Arbeitern des Schlosses hervorgewachsen ist. Mitten im Dorf steht das 1842 neuerbaute Schulhaus mit Bethsaal für die evangel. Gemeinde. Von dem alten Schloß sind nur noch Reste der Befestigung, der Thürme und Mauern zu sehen. Vom Hauptbau ist bloß der nordöstliche Theil, in welchem sich das freiherrliche

Archiv befindet, erhalten. Ueber dem Thor befindet sich das Wappen der Herren von Berlichingen und Thüngen mit der Jahreszahl 1577.

Darüber ist die Inschrift: Anno domini 1549 hat die edle und ehrnveste Gottfried von Berlichingen dieß Haus erbaut. Auf der Stelle des alten Schloßhofes stehen jetzt das freiherrliche Amthaus und die Pächterwohnungen mit den weitläufigen Oekonomiegebäuden.

Beschreibung des Oberamts Künzelsau, 1883

Schloß Rossach, bewohnt von Baron Götz von Berlichingen

August Lämmle

Für viele Leser ist August Lämmle ein lebendiger Begriff. Er ist der Verfasser vieler Gedichte in schwäbischer Mundart, der Erzähler und Nacherzähler, der mit seinen Dichtungen nichts anderes im Sinn hatte, als das Leben auf dem Lande in der Sprache zu gestalten.

Geboren wurde August Lämmle als Bauernsohn in Oßweil, besuchte in Ludwigsburg die Lateinschule und wurde in Nürtingen und Eßlingen zum Volkschullehrer ausgebildet.

Von 1902 bis 1904 war der bekannte Schriftsteller, Dichter und Buchautor Dorfschullehrer in Rossach. Hier fand er seinen literarischen Weg.

Aus den Lebenserinnerungen

Rossach und Steinenberg waren meine besten Schulen. Da begriff ich das Leben und fand den Weg, den ich gehen mußte.

Ich saß dann bis in die Nacht hinein an meinen Notizbüchern, darin ich angefangen hatte, allerlei aufzuschreiben, was ich von den Rossachern, von Knechten und Mägden und Ortsfremden an Bauernsprichwörtern und sprichwörtlichen Redensarten und anderen Kostbarkeiten gehört hatte.

August Lämmle,
Lehrer in Rossach, bekannter
schwäbischer Schriftsteller
und Dichter

Ich hatte mit Lehrern der Nachbarorte, auch mit meinem Pfarrer, mit dem Doktor Junginger, der selber ein Rossacher und ein gescheiter Kopf war, wegen der Bauernsprichwörter gesprochen. Man sagte mir, man habe darauf nicht geachtet, andere sagten, das gebe es hier gar nicht.

Das gebe es nicht! Und ich hatte doch ein Notizbuch voll! Es fiel mir ein, daß die Fledermaus Obertöne höre, die Menschen nicht vernehmbar sind. Sollte sich durch meine rein bäuerliche Abstammung bei mir etwas, ein Sinn, einseitig entwickelt haben, daß ich damit vernehmen konnte, was andre nicht vernahmen?

In der Stimmung, die mich ganz und hart gefangen genommen hatte, war es ganz selbstverständlich, daß ich den Schritt ins Halbdunkel tat: ich machte meine Gabe zu meiner Aufgabe.

Alle Unsicherheit, alle Unentschlossenheit, aller Firlefanz hörten auf. Nun war dieser kleine Weiler auf der Höhe zwischen dem Jagsttal und dem Kessachtal für mich der herrlichste Ort auf der Welt. Und nun waren meine Bauern, der Krämer und der Martin und der Lechner und der Salm, nun war der Christian und der Ernst Bischoff und der Henninger und der Gottlob Klein und die beiden Hespelt und die Frauen und Schulkinder Freunde, die mich täglich beschenkten. Und Stuben und die Geräte darin, Brauchtum und Sprache, der Acker und seine Pflege fingen an zu reden. Ich bekam Augen, zu sehen, Ohren, zu hören.

August Lämmle in: August-Lämmle-Lesebuch

Jagsthausen

 Jagsthausen liegt sehr freundlich und angenehm an der Jagst in mäßiger Erhebung über dieselbe in einer rechtwinkligen Ecke, welche der von Süden nach Westen sich wendende Fluß bildet. Es ist eine Stätte alter Kultur, auf der wir hier weilen. Die Römer, die es in ausgezeichneter Weise verstanden, passende Wohn- und Festungsplätze auszulesen, haben hier, unmittelbar an der Grenze ihres durch den Grenzwall geschützten Gebiets, eine größere Niederlassung gehabt. Drei herrschaftliche Häuser der Familie von Berlichingen im nördlichen Teil des Dorfs geben ihm ein stattliches Aussehen.

Die Vermögensverhältnisse der Einwohner sind als mittelmäßige zu bezeichnen. Den größten Güterbesitz hat die Grundherrschaft von Berlichingen: an Feld ca. 314 ha, an Wald ca. 187 ha.

Die Rindviehzucht ist in gutem Zustand, besonders auf den 4 Berlichingenschen Pachtgütern in Jagsthausen, Edelmannshof, Stolzenhof und Leuthersthalerhof. Gezogen werden der Neckarschlag, Simmenthalerschlag und Kreuzung von beiden; 6 Farren, die in Jagsthausen und auf den Höfen aufgestellt sind, werden von dem Berlichingenschen Pächter ohne Entschädigung angeschafft und unterhalten.

Die Fischerei in der Jagst ist Eigenthum der Gutsherrschaft v. Berlichingen, aber von ihr freigegeben, obgleich Hecht und Aal häufig vorkommen.

Beschreibung des Oberamts Neckarsulm, 1881

Die Götzenburg von Jagsthausen   *Luftbild Jutta Schwab, Bad Wimpfen*

Relief der römischen Glücks- und Schicksalsgöttin Fortuna aus dem 3. Jh. n. Chr., gefunden im Römerbad

Röm. „Wochengötterstein", bereits 1772 in Jagsthausen gefunden, mit den 7 Planetengöttern Luna, Mars, Merkur, Jupiter, Venus, Saturn und Sol

Die Römer an der unteren Jagst
Kastell Jagsthausen

Das Kohortenkastell liegt am Ostrand des nach Süden flach geneigten Gleithanges der Jagst 400 m hinter dem Limes im Bereich der Parkanlagen zwischen dem neuen Schloß und der Götzenburg. Vom Lager (185 x 152 m= 2,9 ha) selber sind nur geringe Reste archäologisch nachgewiesen worden. Bekannt sind das Südtor (porta principalis dextra) unter der Hauptstraße und von der Nordseite Zwischentürme. Das Bad, 200 m südlich des Kastells gelegen, wurde teilweise untersucht. In der Anlage fanden sich neben Spuren von Estrich- und Sandsteinplattenfußboden Reste des bemalten Wandverputzes.

Einige Funde aus Jagsthausen sind wichtig für die ganze Limesgeschichte. Im Bad wurden die beiden jüngsten römischen Inschriften aus Jagsthausen und gleichzeitig am vorderen Limes gefunden: eine Bauinschrift von 244 - 247 unter Kaiser Philippus I. und II. Als Kastellbesatzung nennt sie die Cohors I Germanorum. Ein Stein wurde 248 von dem Tribun Valerius Valerianus der Göttin des Bades geweiht.

Die Einzelfunde aus der Siedlung zeugen von einem gewissen Wohlstand der ortsansässigen Bevölkerung und weisen auf Handel mit dem jenseitigen Germanien hin, z. B. befand sich hier eine große Töpferei, deren Produktion weit über den örtlichen Verbrauch hinausging.

Im runden Turm des alten Schlosses von Jagsthausen befindet sich eine beachtliche Sammlung römischer Altertümer. Neben zahlreicher Gebrauchskeramik, unter der vor allen Dingen Schüsseln aus Terra sigillata und eine sehr große Reibschüssel hervorzuheben sind, beinhaltet die Sammlung Gläser, Metallkleinfunde und Ziegelstempel der 22. Legion. Außerdem ist zu erwähnen das Oberteil einer Jupitergigantensäule, der Weihestein des Atusonius Victorinus sowie eine Weiheinschrift für Jupiter und alle Götter. Das hervorragendste Stück der Sammlung ist ein bronzener Herkules, der wahrscheinlich aus Italien stammt.

Hier wurde Ritter Götz von Berlichingen im Jahre 1480 geboren.

Geboren im Jagsttal und aufgewachsen auf der Burg Jagsthausen, war Götz 'ein wunderbarlicher Knab gewest, hab mich dermaßen in meiner Kindheit erzeiget und gehalten, daz man iglichen darauß gespürt, daz ich zu einem Kriegsman oder Reuterß man gerathen würd!'

Er kannte, bevor er schreiben und lesen lernte, bereits jeden Weg, jede Furt, jeden Jägerpfad und jeden Wildwechsel.

Das Burgmuseum verwahrt die „Eiserne Hand", jene kunstvoll geschmiedete Armprothese, die Ritter Götz tragen mußte, seit ihm die Nürnberger vor Landshut mit einem Kugelschlag Schwert und Arm zerschmettert hatten.

Rudolf Schlauch in: Württembergisches Unterland

Aus den Lebenserinnerungen des Götz von Berlichingen

„So haben die Nürnberger das Geschütz in uns gericht', in Feind und Freund, und schießt mir einer den Schwertknopf mit einer Feldschlange entzwei, daß mir das Halbteil in'n Arm ging und lag der Schwertknopf in' Armschienen. Das andere Teil des Knopfes und die Stangen am Schwertheft hatten sich gebogen, war aber noch nicht entzwei, daß ich gedenk, die Stangen und das andere Teil vom Knopf haben mir zwischen dem Handschuh und dem Armzeug die Hand herabgeschlagen, also daß der Arm hinten und vorn zerschmettert war. Und wie ich so hinsehe, so hang die Hand noch ein wenig an der Haut und war der Spieß dem Gaul unter den Füßen. So tat ich aber, als war mir nichts darum und wandt den Gaul allgemach um und kam dann auch unbefangen von Feinden hinweg zu meinem Haufen."

Götz lag damals ein halbes Jahr in Landshut, wurde gepflegt und hatte große Schmerzen. Er wünschte sich in dieser Zeit, lieber sterben zu dürfen als ohne Hand nicht mehr zu einem Kriegszuge zu taugen. Denn er war mit Leib und Seele Kriegsmann und konnte sich nicht vorstellen, daß er ohne Hand weiter leben und kämpfen durfte.

Zum Glück aber hat ihm ein Waffenschmied aus dem neben Jagsthausen gelegenen Dorf Olnhausen die bekannte Eiserne Hand geschmiedet. Sie ist nach dem Urteil der heutigen Orthopäden ein Meisterstück der Schmiedekunst und der Kunst der Orthopädie zugleich. Die Hand kann im Gelenk mehr oder weniger eingebogen werden und ist ein sinnreiches Meisterwerk

Die Laienspielschar der Götzfestspiele

Jochen Striebeck als Götz bei den Burgfestspielen

der Mechanik. Sie wird als gemeinsames Familieneigentum der Berlichingen für immerwährende Zeiten im Schloß Jagsthausen aufbewahrt.

Rudolf Schlauch in: Württembergisches Unterland

In Jagsthausen befindet sich in einem gepflegten Park der eigentliche Stammsitz des Hauses Berlichingen. Alljährlich finden hier im Juli und August die Burgfestspiele mit Goethes „Götz von Berlichingen" statt.

Im Schloßhof ertönen die Worte des Goetheschen Schauspiels, das während der Jagsthausener Sommerspiele alljährlich Tausende hierher in den verschwiegenen Winkel des fränkisch-hohenlohischen Landes zieht.

Wer sich einen besonderen Genuß während seiner Ferienreise verschaffen will, der fahre hin und schaue sich an einem Sommerabend im Schloßhof von Jagsthausen diesen „Götz von Berlichingen" an, den Goethe in so begeisternder Weise dichtete. Es ist wirklich ein

Der Götz von Berlichingen

Der Götz von Berlichingen
Mit seiner Eisenhand,
Die Fuchtel konnt' er schwingen,
Daß all den Ritterlingen
Das Haar zu Berge stand.

Die Landsknecht und die Städter
Erfuhren's oft genug,
Wenn Götz wie Hagelwetter
Auf dürre Espenblätter
In ihren Reihen schlug.

Viel Püffe hat's geregnet,
Das war so sein Humor.
Wer falsch ihm je begegnet,
dem war das Mahl gesegnet,
Er klopft' ihm derb ums Ohr.

Der Götz von Berlichingen
Mit seiner Eisenhand
Verfiel in Feindesschlingen
Den Leu die Hunde fingen,
Nun trägt er Kett' und Band.

Auf seinem Felsenneste
Da sitzt er schwerverfehmt,
Auf Hornbergs hoher Feste;
Der Eid, der machterpreßte,
Hat seine Kraft gelähmt.

Er darf nicht fürder schwingen
Sein Schwert mit starkem Arm,
Daß Helm und Panzer springen.
Der Götz von Berlichingen
Muß dulden Hohn und Harm.

Er darf nicht fürder jagen
Und tummeln kühn sein Roß
Mit Freiheitsglutbehagen;
Muß matte Ruh' ertragen
Daheim im Kerkerschloß.
Wo Männer ruhmvoll rangen,
Da reckt sich jetzt zum Streit
Ein Heer von Feuerschlangen;
Auf ewig ist vergangen
Die edle Ritterzeit.

Eduard Brauer

Erlebnis, wenn am Sommerabend die vorbereitenden Szenen des ersten Aktes gespielt werden, wenn dann allmählich die Nacht hereinbricht, wenn die Szene mit der Feme und mit den Bauernkriegsgeschehnissen unter Fackellicht im Burghof über die Bühne geht, wenn von den Bäumen des umgebenden Parks die Käuze und die Eulen rufen und wenn die ganze Stimmung der Nacht am Schluß den Ausgang des Stückes begleitet, ein Erlebnis, das man in einem geschlossenen Theaterraum in dieser Ursprünglichkeit nie so haben kann wie hier im Bereich der historischen Umgebung.

Rudolf Schlauch in: Württembergisches Unterland

Auszüge aus Johann Wolfgang Goethes „Götz von Berlichingen"

Martin: Warum reicht Ihr mir die Linke? Bin ich die ritterliche Rechte nicht wert?
Götz: Und wenn Ihr der Kaiser wärt, Ihr müßtet mit dieser vorliebnehmen. Meine Rechte, obgleich im Kriege nicht unbrauchbar, ist gegen den Druck der Liebe unempfindlich: sie ist eins mit ihrem Handschuh; Ihr seht, er ist Eisen.

*

Weislingen: Ihr seid argwöhnisch und tut uns Unrecht.
Götz: Weislingen, soll ich von der Leber weg reden? Ich bin euch ein Dorn in den Augen, so klein ich bin, und der Sickingen und Selbitz nicht weniger, weil wir fest entschlossen sind, zu sterben eh, als jemanden die Luft zu verdanken, außer Gott, und unsere Treu und Dienst zu leisten, als dem Kaiser. Da ziehen sie nun um mich herum, verschwärzen mich bei Ihro Majestät und ihren

Freunden und meinen Nachbarn, und spionieren nach Vorteil über mich. Aus dem Wege wollen sie mich haben, wie's wäre.

*

Kaiser: Wer seid ihr? Was gibt's?
Kaufmann: Arme Kaufleute von Nürnberg, Eurer Majestät Knechte, und flehen um Hülfe. Götz von Berlichingen und Hans von Selbitz haben unser dreißig, die von der Frankfurter Messe kamen, im Bambergischen Geleite niedergeworfen und beraubt; wir bitten Eure Kaiserliche Majestät um Hülfe, um Beistand, sonst sind wir alle verdorbene Leute, genötigt, unser Brot zu betteln.
Kaiser: Heiliger Gott! Heiliger Gott! Was ist das? Der eine hat nur eine Hand, der ander nur ein Bein; wenn sie denn erst zwei Hände hätten, und zwei Beine, was wolltet ihr dann tun?

*

Eingangsportal des Roten Schlosses mit dem Wappen des Götz von Berlichingen

Der Ritter Götz von Berlichingen (1480 - 1562)

Sickingen: Was bringt Ihr, Schwager?
Götz: In die Acht erklärt!
Sickingen: Was?
Götz: Da lest den erbaulichen Brief. Der Kaiser hat Exekution gegen mich verordnet, die mein Fleisch den Vögeln unter dem Himmel und den Tieren auf dem Felde zu fressen vorschneiden soll.

*

Götz: Mich ergeben! Auf Gnad und Ungnad! Mit wem redet Ihr! Bin ich ein Räuber! Sag deinem Hauptmann: Vor Ihro Kaiserliche Majestät hab ich, wie immer, schuldigen Respekt. Er aber, sag's ihm, er kann mich – – – (schmeißt das Fenster zu.)

*

Götz: Schließt eure Herzen sorgfältiger als eure Tore. Es kommen die Zeiten des Betrugs, es ist ihm Freiheit gegeben. Die Nichtswürdigen werden regieren mit List, und der Edle wird in ihre Netze fallen. Gebt mir einen Trunk Wasser. – Himmlische Luft – Freiheit! Freiheit! (Er stirbt.)

Elisabeth: Nur droben, droben bei dir. Die Welt ist ein Gefängnis.
Maria: Edler Mann! Edler Mann! Wehe dem Jahrhundert, das dich von sich stieß!
Lerse: Wehe der Nachkommenschaft, die dich verkennt!

> Du hast im Leben jede Zier,
> die Helden ehrt, errungen,
> doch ist der Taten höchste Dir
> im Tode erst gelungen.
> Du hast den größten Dichtergeist
> des deutschen Volks entzündet,
> und wo man Goethes Namen preist,
> wird Deiner auch verkündet.
>
> Friedrich Hebbel

Das „Weiße Schloß" von Jagsthausen, Sitz der Freiherren von Berlichingen

Olnhausen

Der kleine Ort liegt auf dem rechten Ufer der Jagst, nördlich gegen den Berg ansteigend; er ist von Westen nach Osten durchzogen von der Staatsstraße, die von Widdern nach Jagsthausen führt; außerdem führt eine Vicinalstraße südlich nach Lampoldshausen und Kochersteinsfeld; letztere überschreitet die Jagst auf steinerner Brücke.

Das kleine Kirchlein steht am nordwestlichen Ende des Orts über demselben auf dem noch benützten ummauerten Kirchhof. Die Nordseite ist hart an den Berg gebaut, wodurch es in der Kirche ziemlich feucht ist. Ein Pfarrhaus ist nicht vorhanden; die Pfarrei wird vom Pfarrer von Jagsthausen versehen.

Die Synagoge steht an der nach Kochersteinsfeld führenden Straße; über dem Eingang das Berlichingensche Wappen mit der Jahreszahl 1772. Auch eine israelitische Schule ist im Ort. Die kleine Markung erstreckt sich, mitten von der Jagst durchflossen, quer über das Thal von Süden nach Norden mit mittelfruchtbarem, nicht tiefgründigem Boden.

Die Einwohner, von denen gegenwärtig 5 über 80 Jahre zählen, stehen in mittleren Vermögensverhältnissen. Die Erwerbszweige der christlichen Einwohner bestehen in Feldbau, Viehzucht, Obstzucht, der israelitischen in Handel. Zwei Schildwirthschaften und ein Schenkwirt

sind im Ort, sowie 3 Krämer; ferner eine Mühle mit 2 Mahlgängen und einem Gerbgang.

Die Landwirtschaft ist in erfreulichem Zustand. Die Wiesen, lauter Thalwiesen, liefern ein gutes Futter, von dem jährlich 400 - 500 Ctr. nach außen verkauft werden.

Der Weinbau wird nur in beschränktem Maße betrieben. Die Obstzucht ist gut und im Zunehmen begriffen.

Das Fischereirecht in der Jagst hat der Müller und die Gemeinde. Man fängt in der Jagst Hechte, Weiß- und Schuppfische, Barben, Rothäuglein und Aale.

Olnhausen heißt alt Ol- Ohl- Alhausen: das aalreiche Hausen, was

Fachwerkidylle in Olnhausen, mit der dem hl. Johannes dem Täufer geweihtem evang. Kirche, deren Bau auf das Jahr 1408 zurückgeht

Olhausen heute noch ist. Der Ort, der wie Jagsthausen altrömisch ist, gehört zu den ältesten mit Namen genannten Gemeinden des Bezirks, hat im 13. Jahrhundert eigenen, noch heute in zahlreichen Gliedern fern von dem Ursitz fortbestehenden Adel.

Oberamtsbeschreibung von Neckarsulm, 1881

Von der Ordnung in alter Zeit

Im Frühjahr 1780 warf ein Mädchen an der Jagstbrücke mit Steinen nach Gänsekücken und traf eines am Kopf, worauf dieses tot umfiel. Daraufhin bekamen die Besitzerin der Gänslein und das Mädchen Streit, packten sich an den Haaren und schlugen aufeinander ein. Die ältere Schwester des Mädchens sah das, eilte zu Hilfe und warf der Frau einen Stein in den Rücken. Der hinzugekommene Ehemann der Frau hat nun das Mädchen „beim Kopf genommen, herum gedreht und auf den Boden geworfen, so daß es einen Kracher gethan und sie liegen geblieben, worauf er ihr also liegend noch zwei Streich mit der Faust auf die Brust gegeben, und sich alsbald fortgemacht".

Man brachte das Mädchen ins nächste Haus und holte den „Chirurgen". Es war einige Tage nicht transportfähig, erholte sich aber später wieder. Der Täter kam ins Drosselhäuschen bis zum Urteil, das einige Wochen später erging.

„Es wird vom Gemein Herrschaftl. Amt zu Recht erkannt, daß er seiner verübten außerordentlichen Mißhandlungen wegen, mit einer Herrschaftl. Strafe von Zehen Gulden zu belegen seye, ihm aber aus besonderer Rücksicht

frei gestellt wird, ob er diese Strafe innerhalb 24. Stunden erlegen oder aber selbige mit einer 7. Tägigen Thurm Strafe bei Waßer und brod abbüßen wolle. So dann hat derselbe die Churkosten mit 3 Gulden 48 Kreuzer zu bezahlen und Gebühren 8 Gulden 30 Kreuzer."

Die Verletzte verlangte Schmerzensgeld, das abgelehnt wurde, „weilen sie durch den Steinwurf zu der vorgekommenen Schlägerei den größten Anlas gegeben, andurch mit dieser Vergehung compensirt".

1200 Jahre Olnhausen

Die eiserne Hand des Götz von Berlichingen

Götz von Berlichingen war mit Olnhausen auf besondere Art verbunden. Als er bei der Belagerung vor Landshut seine rechte Hand verloren hatte, haderte er mit seinem Schicksal. In seiner Not fand er im Dorfschmied von Olnhausen den Mann und Künstler, der ihm die erste eiserne Hand anfertigte.

Überragendes handwerkliches Können und große Fertigkeiten waren Voraussetzung zur Schaffung eines solchen Werkes. Mit den damals noch primitiven Werkzeugen schuf der Schmied eine Eisenhand, bei der sich durch Druck auf einen Knopf alle Finger auf einmal schlossen. Professor Sauerbruch erwähnt diesen Schmied in seinen Lebenserinnerungen, weil ihm die eiserne Hand als Vorbild für die von ihm gefertigten Prothesen diente.

Noch heute kann man die Hand des Olnhauser Dorfschmiedes im Museum der Götzenburg bewundern.

1200 Jahre Olnhausen

Die beiden eisernen Hände des Götz von Berlichingen

Widdern

 Widdern hat 1206 evang. und 13 kath. Einw., liegt 674 Fuß ü.d.M., am Einflusse der Kessach in die Jaxt, in einer freundlichen und fruchtbaren Gegend, und hatte 2 Schlösser. W. war in Ganerbschaft, woran die v. Echter, v. Sickingen, Herr Schelm v. Bergen, v. Ulnbach, v. Gemmingen, v. Neiperg, v. Berlichingen, v. Ehrenberg, von Mergentheim und Henemann Rettberger Theil hatten. Sie waren Raubritter und verübten in Verbindung mit Andern viele schlimme Streiche, bis i. J. 1458 Graf Ulrich von Württemberg von denselben angefallen wurde, worauf er mit 12,000 Mann Fußsoldaten und 3000 Reitern vor W. erschien, das Städtchen nahm und die Burgen zerstörte.

Jetzt ist das Städtchen Condominat zwischen Baden (19/32) und Württemberg (13/32); als Ganerbschaft gehört es aber zu 114/512 der Krone Württemberg, zu 192/512 dem Fürsten von Löwenstein-Wertheim-Freudenberg, zu 96/512 dem Frhrn. V. Berstett und zu 110/512 dem Frhrn. K.G.L.v. Gemmingen-Hornberg.

Universal-Lexikon vom Großherzogthum Baden, 1844

Widdern liegt auf dem rechten Ufer der Jagst an der Einmündung der von Norden her kommenden Kessach. Die Lage des ehedem mit Burg, Mauer und Thoren versehenen Städtchens ist eine malerische. Hinter ihm erheben sich über dem

Widdern von der Jagstseite

Einfahrt zum Kaisersaal

Die Markung ist arm an Quellen. Durchflossen wird sie von der Jagst und dem Tiefenbach; beide treten zuweilen aus und verursachen Uferbeschädigungen.

Die Ortseinwohner, von denen gegenwärtig 3 über 80 Jahre zählen, sind zum Theil verarmt durch Parzellirung der Güterstücke; im Jahr 1852 wanderten über 50 Ortseinwohner nach Amerika aus.

Beschreibung des Oberamts Neckarsulm, 1881

Weiterhin jagstabwärts liegt das Ganerbinatort Widdern, das vier Grundherren zählt und eine Merkwürdigkeit ist, denn noch haben sich Württemberg und Baden nicht über die Hoheit vereinigen können, daher ein halbjähriger turnus. Wie es in solchen Ganerbinaten mit der Polizei stand, beweist der Ruf des Nachtwächters in der Neujahrsnacht:

Schießen an verborgenen Orten
ist bei Straf verboten,
aber auf den Gassen,
dürft' ihr krachen lassen!

Carl Julius Weber in: Reise durch das Königreich Württemberg

freundlichen Jagstthal zwei Berghöhen, zwischen denen die rauschenden Wellen der Kessach in starkem Fall herabkommen, um dem Jagstfluß zuzueilen. Aber im Innern zeigt die Stadt unregelmäßig und eng gebaute Straßen, deren Anblick besonders an der unteren Kessachbrücke das Auge eines Landschaftsmalers entzücken mag. Widdern gehört zu den ältesten Orten, deren schon im 8. Jahrhundert Erwähnung geschieht.

Das Fischereirecht in der Jagst gehört theils der Gemeinde, theils der Grundherrschaft v. Gemmingen, und der Standesherrschaft Löwenstein-Rosenberg. Bessere Fische werden verhältnismäßig wenige gefangen, die geringeren meist an die Israeliten in der Umgegend verkauft. Man fängt in der Jagst hauptsächlich Weißfische, Barben, Schuppfische, in minderer Zahl Hechte und Aale; in der Kessach (außer Krebsen) blos Forellen.

Ganerbenbesitz ist soviel wie „Erbengemeinschaft", viele „Mächte" aller Art teilten sich das Erbe. In der Mitte des Ortes stand ein Ganerbenschloß, das jetzt abgebrochen ist; zu Ende des Mittelalters war Widdern ein vielgeteilter mit nicht ganz einwandfreien Elementen, nämlich Raubrittern bevölkerter Ort, um 1675 wurde die Teilung besonders unsinnig. Die einzelnen Mächte hatten den Ort in Fünfhundertzwölftel unterteilt, so besaß etwa Würzburg 114/512!

Nach der napoleonischen Flur-
bereinigung war Widdern wieder
etwas Besonderes: Kondominatsort,
also gemeinschaftlich regiertes Dorf
von Baden und Württemberg zu
gleichen Teilen.

Die Rekrutenaushebung
in Widdern

Im Jahr 1805 kommt Widdern zu
19/32 an Baden und zu 13/32 an
Württemberg. Die Rekrutenaushe-
bungen wechselten, ein Jahr Baden,
das nächste Jahr Württemberg.
Kam die Kommission nach Baden,
rückten die Burschen, die Soldaten
werden mußten, ins Württembergische aus, kam die Kommission
nach Württemberg, wechselten sie
in den badischen Teil Widderns.
Diese Regelung brachte natürlich
viele Unzuträglichkeiten, ja vielfach
Zwietracht und Streit.

So begrüßten es die Einwohner
freudig, dass am 1. Mai 1846 ganz
Widdern zu Württemberg kam, während Korb, Hagenbach und Unterkessach badisch wurden.

Helmut Kaiser

Das adelige Fräulein

Es war in den Zeiten der Ganerben-
schaft, als auf der Burg in Widdern
verschiedene adelige Geschlechter
wohnten.

Aus diesem Kreis stammte auch
ein junges Fräulein, das immer gern
spazierenging. Einmal war sie auch
im Harthäuser Wald, als fern die
Dämmerung einbrach. Da fand sie
nicht mehr nach Hause, und es
wurde immer dunkler und unheim-
licher. Man darf nicht vergessen, daß
der Harthäuser Wald im Mittelalter
viel Wild beherbergte und daß sich
dort auch scheues Gesindel aufhielt.

Brücke der Autobahn Heilbronn – Würzburg bei Widdern,
84 m über dem Jagsttal, 950 m lang

Tiefdunkle Nacht war schon und das
Fräulein bekam es mit der Angst zu
tun. Da vernahm sie das Glöcklein
aus Widdern, auf dem Berg, auf dem
die Burg stand, ging seinem Klang
nach und kam unversehrt nach
Hause.

Daraufhin ließ sie anordnen,
daß jeden Abend um 9 Uhr dieses
Glöcklein läuten solle, auf daß sich
keiner mehr im Wald verirre.

Und so geschieht es bis auf den
heutigen Tag.

Helmut Kaiser

Die Madonna aus Widdern

Widdern war im Mittelalter katholisch und hatte zwei Kirchen, wovon
die eine die auf dem Strahnenberg
war.

Dort sollen Einwohner von
Widdern eine Madonna gefunden
haben, die in der Kirche auf dem
Strahnenberg aufgestellt wurde.
Sie wurde sehr verehrt und es wurde
zu ihr gewallfahrtet. Als Widdern
nicht mehr katholisch war, sondern
evangelisch, fristete die Madonna
auf dem Kirchenboden ein jämmer-

liches Dasein, völlig „revastiert",
wie es heißt.

Ein Bürger aus Bamberg, der
im benachbarten Aschhausen seinen
Dienst tat, fand sie, nahm sie mit
nach Bamberg und stellte sie in
seinem Haus auf. Und dort fing die
Madonna jämmerlich an zu weinen,

der damalige Besitzer bekam Gewissensbisse und übergab sie der Martinsgemeinde, wo sie nun auf dem Seitenaltar aufgestellt wurde und wo sie heute noch steht.

Diese Martinsgemeinde war sich aber des neuen Schatzes wohl bewußt und die Madonna aus Widdern wurde hoch verehrt, und es flossen ihr große Schenkungen zu. Davon wurde die heutige große, gewaltige und schöne Kirche St. Martin in Bamberg finanziert, Widdern aber ging leer aus.

Helmut Kaiser

Widderner Polizeiordnung von 1600

1. Vom Pfarrer (wird) verlangt, er solle allein die Augsburgische Konfession (evangelische) lehren. Gottes Wort soll gehört, die Kirche und das Abendmahl fleißig besucht, Kinderlehre gehalten, die Felder nicht unter der Predigt besichtigt werden und kein Damenspiel und Zechen erlaubt sein

2. Gotteslästerung soll mit Thurm sowie an Ehr und Gut bestraft werden

3. Zauberei, Teufelsbeschwörung und Wahrsagen: nach dreimaliger Ermahnung 4 Wochen Thurm und Verweisung des Orts

4. Wer wider den gebotenen Frieden mit Worten oder Gebärden handelt, wird mit 10 Gulden bestraft

5. Felddiebstahl wird nach Verhältnis bestraft

6. Konkubinat wird mit 8 Tage und 4 Wochen Thurm bestraft

7. Ehebruch – 4 Wochen Thurm und Tragen des Lastersteins für beide Teile, Verweisung des Orts bei Wiederholung

8. Kuppelei – mit Gefängnis bestraft

9. Wer sich volltrinkt, wird um 1 Gulden oder mit 4 Tagen Gefängnis bestraft

Widderns Kriegsnot – Heeresstreifzüge in den Jahren 1688 - 1697

Durch die Heeresstreifzüge in der Zeit der Franzosenkriege entstand große Not im Schwabenland und viele Ortschaften standen durch Einquartierung und Abgabe von Fourage und Kriegssteuern am Rand völligen Verderbens.

Besonders Widdern hatte schwer darunter zu leiden.

Im Jahr 1688 trafen zum erstenmal 60 Mann französisches Fußvolk unter einem Kapitän ein. Sie bekamen je eine halbe Maß Wein und zwei Kreuzer für Brot. Vom 14. Bis 18. Juli 1690 waren 95 Reiter vom Fleming'schen Regiment hier, auch diese Einquartierung verlief noch günstig, doch nun kam es schlimm. Im Jahr 1691 waren nicht weniger als 1297 Reiter und 1389 Man zu Fuß 108 Tage einquartiert, Viele Bürger mußten Haus und Hof verlassen und wegziehen.

Am 9. Juli 1693 kamen 70 Mann mit 90 Pferden vom Palff'schen Husarenregiment, erpreßten viel Geld und traktierten die Leute mit Schlägen, daß es zum Erbarmen war. Der Leutnant Dulock, der zur gleichen Zeit mit 70 Rekruten durch Widdern zog, verprügelte den Schultheißen und den Bürgermeister mit einem spanischen Rohr, weil ihm „nit beständig ufgewartet" wurde.

Zwei Tage darauf, schreibt die Chronik, „sind 24 Pferd von der Alliirten Armee daher kommen und Heu fouragiert, den 19. Wiederumb 45 Pferd, haben den Dinkel im Feld gepflegelt. Den 24. kamen über 2000 Pferd, brachen mit Gewalt ein, blindert und raubeten alles hinweg, was zu erlangen war. Ochsen, Küh, Kälber, Schweine, Hühner und Gänse, brachen die Keller auf und ließen den Wein in die Erd laufen, es war ein solcher Jammer und Elend, der niemals in Widdern bei Manns Gedenken vorgangen. Den 25. thäten die Husaren, deren auch etlich hundert waren, mit der Plünderung viel Ärger, weilen sie die meistern Heuser ganz ausspolierten. Am 15. August brach ein Rittmeister von den hessischen Völkern und seinen beihabenden Fouragirern mit Gewalt ein, schlugen die Häuser auf, auch alle Tür und Kammern, nahmen in den Scheuren, was drinnen war. Allhier ging es übel her und war allenthalben Jammer und Noth."

Am 9. September folgte ein 22 Wochen dauerndes Winterquartier für 41 Berittene vom Neuburgischen Regiment. Nach all dem grausamen Fouragieren und Plündern waren die Einwohner verarmt, viele mußten wegziehen oder waren gestorben.

Stadtarchiv Widdern

Die Eberstadter Tropfsteinhöhle

Im Einzugsgebiet der Seckach, die in Möckmühl in die Jagst mündet, liegt das nur 460 Einwohner zählende Dörfchen Eberstadt. Eingebettet in die fruchtbare, flachhügelige Landschaft des Baulandes, zwischen Odenwald, Neckar, Jagst und Tauber, findet man hier die Eberstadter Tropfsteinhöhle.

Am 13. Dezember 1971 wunderten sich die Arbeiter des Sprengkommandos im Steinbruch des Ortes, wo der Kalkstein des Wellenkalkes abgebaut wird, dass beim „Besetzen" der senkrecht in den Fels getriebenen Bohrlöcher mit Sprengstoff ein Teil der Patronen in ungewöhnlicher Tiefe versank. Nach der Sprengung wurde ein großes Loch in der Felswand sichtbar. Über Leitern stiegen nun Steinbrucharbeiter ein und entdeckten in der tief in das Gestein hineinführenden Höhle eine Wunderwelt: Stalagmiten und Stalagtiten, Tropfsteine in vielerlei Formen und Farben.

Schnell verbreitete sich die Sensation vom „großen Loch" und den Schätzen, die darin lagerten. Um der Zerstörung der Tropfsteine durch Gesteinssammler Einhalt zu bieten, mussten sogar Drahtverhaue errichtet und Wachmannschaften aufgestellt werden.

Im Sommer 1972 begannen zahlreiche Freiwillige aus Eberstadt und Umgebung mit dem Ausbau der Höhle. Fußwege mussten angelegt und Durchbrüche gemacht, elektrische Beleuchtung und Über-wachungssysteme eingebaut werden, bevor am 9. September 1973, knapp 2 Jahre nach ihrer Entdeckung, die Höhle zur Besichtigung freigegeben werden konnte.

Heute ist die 600 m lange und über eine Million Jahre alte Eberstadter Tropfsteinhöhle der größte Besuchermagnet des Baulandes.

Möckmühl

von Berlichingen Obervogt und vertheidigte sich tapfer gegen den schwäbischen Bund, aber aus Mangel an Munition und Lebensmitteln mußte er sich übergeben und ward nun daselbst gefangen gehalten.

Universal-Lexicon von Württemberg, 1841

Möckmühl, Städtchen mit 1524 (worunter 2 Kath.) Einw. im Oberamte Neckarsulm, liegt am Einflusse der Seckach in die Jaxt und hat ein altes Schloß mit einem hohen runden Thurm, in welchem Götz von Berlichingen längere Zeit gefangen saß. Der Ort ist sehr alt und kommt schon im 8. Jahrh. unter dem Namen „Mochitamulia" oder „Mockenmul" vor; wahrscheinlich gehörte es unter die Stiftungsgüter des Bisthums Würzburg.

Möckmühl war übrigens stets der Hauptort eines Sends und es bestand daher hier lange Zeit ein Sendgericht, in welches die umliegenden Orte alle gehörten; zu richten hatte es über Diebstahl, Mord, Raub, Fälschung. 1503 eroberte Herzog Ulrich die Stadt (in seinem Pfälzerkriege) und stellte sofort den Konrad Schott 1512 als Obervogt an. 1519 war Götz

Möckmühl liegt in der Ecke des Zusammenflusses von Seckach und Jagst, gegen die nördliche freie Seite aus zur Anhöhe aufsteigend, deren höchsten Punkt das Schloß einnimmt, welches die Stadt und die Flußtäler malerisch beherrscht. Reizend ist der Anblick der Stadt und Burg besonders vom jenseitigen rechten Ufer der Seckach aus. Von der alten 7,80 m hohen Stadtmauer, an welcher außen ein Rundbogenfries herumläuft und welche auch

Möckmühl mit seiner alten Burg, wo Götz 1519 gefangen genommen wurde

***Stadtmauer mit Hexenturm und Blick auf
die Burg*** *(Ölgemälde von Karl Weysser um 1870)*

***Der Hexenturm, Gefängnis in den düsteren
Zeiten der Inquisition***

im Osten von der Jagstbrücke aus
mit den davorstehenden Kastanien-
und Pappelbäumen und dem schönen Wiesengrund davor, einen hübschen Anblick gewährt, sind noch
sehr ansehnliche Stücke erhalten,
besonders im Osten und Süden,
ebenso noch 8 Mauerthürme. Die
für sich geschlossene Burg stand mit
der Stadt und deren Befestigung
durch großentheils noch erhaltene
Mauern in unmittelbarer Verbindung. Im Innern trägt die Stadt
noch das Gepräge des alten, in die
Stadtmauer eingezwängten Städtchens; die Straßen sind vielfach eng
und unregelmäßig. Zwei freie Plätze
sind zu erwähnen, der obere Marktplatz, vor dem Rathhaus gelegen,
sowie der untere Marktplatz hinter
dem Rathhaus.

Beschreibung des Oberamts Neckarsulm, 1881

Die Stadt Möckmühl ist in
einer anmuthigen Gegend an der
Jagst gelegen. Welcher Fremde vom
Gebirge herüber kommt, auf den
macht sie einen freundlichen Eindruck, wie sie so tief unter ihm liegt
und von einer stattlichen Burg überragt ist. Die alten Stadtmauern mit
ihren bemoosten Thürmen, die Wälle
und Zwinger der Stadt geben ihr den
romantischen Anblick des Alten ...

Ottmar Schönhuth in: Die Burgen, Klöster,
Kirchen und Kapellen Württembergs, 1861

Das Jagsttal bei Möckmühl ist
mit einer Tiefe von 90 - 100 m ein
typisches Tal des Hauptmuschel-
kalks. Das harte Gestein bedingt
steile Talhänge. Die Südhänge sind
Weinberge geblieben. Zeugen alten
Weinbaus sind die Steinriegel mit

vielen Lesesteinen. Ein Hindernis für
großräumigen Weinbau sind immer
noch die vielen Weinbergmauern,
welche die Steigung der Rebenflä-
chen verminderten.

Man hält es heute fast für
unmöglich, daß kurz nach dem
2. Weltkrieg ein Landwirt mit einem
Pferdefuhrwerk, der bei Nacht in
der Nähe des Schafhauses vom Wege
abkam, den Weg in der Falllinie
durch die Hofberge ohne größeren
Schaden nahm und glücklich auf
der Straße von Möckmühl nach
Ruchsen landete.

Die Nordhügel sind vielfach mit
Wald bewachsen.

Trotz der geringeren Höhe der
Talwand im Vergleich zum Kocher-
tal ist unsere Jagsttallandschaft um
Möckmühl von großer Schönheit.
Nicht nur die Steilheit der Talwände

und der regelmäßige Wechsel von Wald, Flur und Weinbergen machen das Bild abwechslungsreich, sondern auch der Schwung der mächtigen Windungen des Tals mit dem steten Wechsel von Prall- und Gleithängen.

Erich Strohhäcker in: Möckmühler Heimatbuch

Wer sich für den historischen Götz interessiert, der an so vielen Orten in Fehden verstrickt und in den Bauernkrieg verwickelt war, der sollte seine Reise ins romantische Jagsttal im idyllischen Städtchen Möckmühl beginnen.

Schon von weither grüßt der Götzenturm und lädt ein zu einem Streifzug durch das bezaubernde, von einer historischen Stadtmauer umgebene Städtchen. Hinter den Fassaden aufwendig sanierter Fachwerkhäuser schlummert die Vergangenheit. Von der begehbaren Wehrgangmauer aus entdeckt der Jagsttalreisende verträumte Winkel, plätschernde Brunnen und bemooste Stiegen, die zu einer verträumten Dornröschenburg mit dem mittelalterlichen Bergfried hinaufführen. Hier waltete der Ritter mit der eisernen Hand als Amtmann des Herzogs Ullrich von Württemberg bis zu seiner Gefangennahme durch den Schwäbischen Bund.

Doris Lott in: Der Fächer (Beilage der Badischen Neuesten Nachrichten)

Aus den Lebenserinnerungen des Götz von Berlichingen

„Es hätt der Bund damals (1519) das ganze Wirtembergisch Land, alle Vestungen, Schlössen, Städt und Häuser gewonnen und eingenommen, allein der Asperg ausgenommen, der hielt noch etliche wenige Tage, und zog doch nichts desto weniger den Bund herab, der Meinung, daß sie mich wollten übereilen, und mich aus der Mäusfallen nehmen, wie dan schon die Katzen vor der Mäusfallen lagen, und warteten auf das Mäuslein, daß sie es fressen wollten, wie auch geschah, und ich darob gefangen wurde....

Damit ich auf das kürzeste anzeig', wie es mir damalen gangen ist, so zogen die Bündischen vor Möckmühl und in die Stadt hinein, wie denn die Stadt auch wider mich war, und forderten das Haus und Schloß, darauf ich war, auf, theidigten und handelten lange mit mir, daß ich sollte das Haus aufgeben ...

Und war darauf die Sach angerichtet und getheidigt, daß sie mich und die Meinigen, die bei mir in der Besatzung lagen, mit unsrem Leib, Hab und Gut, auch mit Gewehr, Harnisch und Pferden, wie denn ein jeglicher hätte, frei wollen abziehen lassen. Sie hätten das Geschütz auch schon zum Theil hinaufbracht zu der Kirchen bei dem Schloß gleich für das Thor, die man die Dechanei genannt hat. Nun waren ich und meine Verwandten, die bei mir in der Besatzung lagen, dieser Betheidigung wohl zufrieden, denn wir hätten nit mehr, dan noch drei Malter Mehls im ganzen Haus, so hatten die Burger in der Stadt die Kasten und Keller innen, daß wir Nichts mehr zu essen bekommen mochten; auch hatten wir noch etliche Schaaf, die ich den Burgern vor der Stadt nahm, ließ sie zusehen und trieb sie auf das Schloß; davon wir uns auch ein wenig erhielten. So hatten wir auch keine Kugeln mehr zu schießen, denn was ich aus den Fenstern, Thürangeln, Zinn und was es war, zuwegen bracht, daß ich dennoch wieder zu einem Anlauf gefaßt war. Dazu hatten wir kein Wasser, das wir den Pferden geben mochten, und auch keinen Wein mehr, dann, was mein war, den mußten wir und unsre Pferde trinken, und uns behelfen. Und war keine Frucht und Haber mehr droben, dann was mein war, wiewohl es auch nit viel war; da mußten uns auch von enthalten...

Da wollte ich auch ... heraus kommen seyn, aber ich verließ mich auf ihr Zusagen, und vermeinet, sie würden mich erzählter Maßen ziehen lassen, welches aber nicht beschehen. Denn wie sie mir Glauben gehalten, das siehet man und hat es wohl gehört, dann ich lag darob nieder und wurden meine Knechte und Gesellen erwürgt und erstochen; so fehlete es mir auch nit weit. Und daß es noch mehr ist, so haben mir die Bündischen selber vertraulicher Meinung, eh ich gen Sulm in das Lager kam, die auf dem Feld auf mich stießen, gesagt und angezeigt, daß der oberst Bundes Hauptman Befehl gab, mich nit leben zu lassen...“

Noch zeigt man die Stelle, wo Götz von den Knechten des Bundes schmählich niedergeworfen wurde – es geschah auf dem sogenannten Bohnacker hinter der Burg.

Hier saß Götz von Berlichingen als Vogt des Herzogs Ulrich von Württemberg im Jahre 1519 bei der Belagerung durch das Heer des Schwäbischen Bundes gefangen „wie das Mäuslein in der Fallen“.

Der schönste und reizvollste Stadtteil von Möckmühl zieht sich längs der einmündenden Seckach hin. Hier bildet die über 700 Jahre alte Stadtmauer mit den großen Trauerweiden und dem Seitenarm

der Seckach eine malerische Flußlandschaft. Der verschwiegene
Hexenturm wirft seine langen Schatten in das ruhig vorbeiziehende
Wasser.

Die Straße zur Burg gewährt
viele schöne Einblicke in alte Gassen
und Winkel. Am Marktplatz steht zur
Linken das bekannte Rathaus im
Stil der Renaissance.

Die Burg ist 1519 als eine der
letzten Bastionen des unglücklich
regierenden Herzogs Ullrich von
Württemberg von Götz von Berlichingen vergeblich gegen die über-
legene Streitmacht des Schwäbischen Bundes verteidigt worden.
Nach einem verzweifelten, verlust-
reichen Ausfall ist der Ritter, der
über ein Jahr Amtmann der Stadt
gewesen war, leicht verwundet, gefangen und unter starker Bewachung nach Heilbronn gebracht
worden.

Dr. Erich Strohhäcker in: Möckmühl Bild einer Stadt

Herzog Karl Eugen und der Aufstand in Möckmühl 1793

Ein ungewöhnlicher Auftritt ereignete sich 1793, als unter dem Eindruck der französischen Revolution
einige Bürger einen Aufstand in
Möckmühl anzettelten: viele schlossen sich ihnen an, und der Aufruhr
tobte durch die Gassen. Da erschien
Herzog Karl Eugen persönlich in der
Stadt, von seinen Husaren begleitet,
ließ die Bürger auf das Rathaus
kommen und hielt ihnen oben eine
Strafpredigt, die sich gewaschen
hatte. Die Rädelsführer ließ er durch
seine Husaren in das Zuchthaus
abführen.

Erich Strohhäcker in: Ereignisse und Gestalten
Vom Rhein zum Taubergrund

Louise Frankh, geb. Schiller, über 30 Jahre Pfarrersfrau in Möckmühl

Schillers Schwester Louise: Pfarrersfrau in Möckmühl

Anschrift am Notariat

„In diesem Haus wohnte und
waltete an der Seite ihres Gatten
M. Johann Gottlieb Franckh, Stadt-
pfarrers hier, vom Jahre 1805 bis
zum Jahre 1834 Schillers Schwester
Louise Dorothea Katharina Franckh,
geb. Schiller. Sie starb hier am
14. September 1836 als Witwe und
fand am 16. September die Ruhestätte auf dem hiesigen Friedhof
gegenüber der Friedhofskapelle."

Briefwechsel zwischen Louise und Friedrich Schiller

Moeckmühl 8. Merz 1805

Liebster Bruder.
Ich weiß gar nimmer, wie lange es
ist, daß ich nicht eine Zeile mehr
von Deiner Hand gesehen; ich rech-
ne es Deinen vielen Geschäften und
Zerstreuungen zu, und glaube gewis,
daß Dir die Schwester Louise im
Andenken seyn wird.

Nun aber da ich von einer
schweren Krankheit mich wieder
erholt: ich hatte in der 12.ten Woche
Abordirt – und weit mehr an Blut-
verlust erlitten als in 2 Kindbetten,
wurde so schwach daß nur ein Haar
noch fehlte, zu einem Übergang ins
Beßre Leben – und doch, Gott hat
mich meinem Mann und Kindern
wieder geschenkt: ich achte es also
vor billig meinem lieben Bruder mit
eigener Hand Nachricht davon zu
geben. Auch hat sich zu eben der
Zeit als ich kaum wieder etwas besser wurde, unser Aufenthalt verändert. Mein lieber Mann ist Stadtpfarrer in Moeckmühl geworden, eine
Stelle, um die er das Herz nicht
gehabt hätte zu melden, weil er bei
nahe der jüngste in der Dioeces ist
aber sein Herr Special gab ihm so
gutes Zeugniß daß man ihm diese
Stelle von Hochlöbl. Consistorio
durch die dritte Hand angetragen –
und weil eben Clever-Sulzbach gar
zu einsam und als ein Anfangsdienst
freiwillig wenig einkommen ge-
währte, so nahmen wir es gerne an
hieher zu ziehen.

Der Pfarrdinst ist viel Verbesse-
rung vor uns, erstlich die Besoldung,
und dann die angenehme Gesellschaft in die wir gekommen, es sind
viele Honoratiores hier und sind
sehr gefällig gegen uns, haben uns
prächtig empfangen – und dann ist
auch eine lateinische Schule hier
die uns sehr willkommen, in Hin-
sicht auf unsern lieben Gottlieb, der
viel gute Anlagen zeigt.

Der Ort ist wohl etwas enge gebaut, aber sehr Volckreich mit Menschen, es sind nebst den Filialien
1400 Seelen ligt am Jaxt Fluß, und
ist eine fruchtbare Gegend. Auch
haben wir ein großes geraumiges
Hauß mitten in der Statt – daß ich
den lieben Bruder mit der l. Lotte

viel besser logieren könnte, als in Sulzbach – man fragt mich überall was ich vor meinem lieben Bruder vor Nachrichten hätte, und da thut mir's im Herzen weh, daß ich so lange nichts von Dir weiß. Sage der lieben Lotte recht viel Herzliches von mir, und die lieben Kinder küße ich in Gedanken; die meinigen sind so zimlich wohl die kleine hat zwar große Beschwehrlichkeiten mit dem Zahnen.

Mein 1. Mann empfiehlt sich Deiner Brüderlichen Liebe, und ich umarme Dich herzlich, Gott gebe daß ich bald gute Nachrichten von Dir höre.

Deine
treue Schwester
Louise Franckh

Weimar, 27. März 1805

Ja, wohl ist es eine lange Zeit, gute liebe Louise, daß ich dir nicht geschrieben habe, aber nicht für Zerstreuungen habe ich Dich vergessen, sondern weil ich in dieser Zeit soviel harte Krankheiten ausgestanden, die mich ganz aus meiner Ordnung gebracht haben. Viele Monate hatte ich allen Muth, alle Heiterkeit verloren, allen Glauben an meine Genesung aufgegeben. In einer solchen Stimmung theilt man sich nicht gern mit, und nachher, da ich mich wieder beßer fühlte, befand ich mich meines langen Stillschweigens wegen in Verlegenheit, und so wurde es immer aufgeschoben. Aber nun, da ich durch deine schwesterliche Liebe wieder aufgemuntert werde, knüpfe ich mit Freuden den Faden wieder an, und er soll, so Gott will, nicht wieder abgerissen werden.

Deines lieben Mannes Versetzung nach Meckmühl hat uns große Freude gemacht, nicht allein deßwegen weil sie für Eure Lage so viel verbeßert, sondern auch darum, weil sie ein so ehrenvolles Zeugnis für das Verdienst des lieben Schwagers ist.

Möchtet ihr euch recht glücklich in diesen neuen Verhältnißen fühlen und sie recht lange genießen. Auch wir sind uns dadurch um einige Meilen näher gerückt und bei einer künftigen Reise nach Franken, die wir alle Jahre projectierten, können wir uns desto leichter zu Euch hin versetzen.

Wie betrübt es mich, liebe Schwester, daß deine Gesundheit so viel gelitten hat und daß es dir nach deiner Niederkunft wieder so unglücklich gegangen. Vielleicht erlauben dir Eure jetzigen Verhältnisse, disen Sommer ein stärkendes Bad zu gebrauchen, welches dir gewiß sehr wohl bekommen würde. Sorge ja recht für deine Wiedergenesung, denn jetzt ist es noch Zeit, das die natürlichen Kräfte der Kunst zu Hilfe kommen können. Auch deiner Kinder wegen wünschen wir Euch zu dem neuen Aufenthalt

Die Renaissancetafel am Rathaus, auf der über den Bau berichtet wird: „Anno domini 1589 jar den 8. Juli das ist wahr, ward von Grund angfangen dis rathus in gottes nam zu bawen"

Stadtmauer

Glück. Auf dem Lande muß es gar schwer seyn, die Kinder für eine beßere Bestimmung zu erziehen, da es sowohl an Lehrern als an einer schicklichen Gesellschaft fehlt.

Von unserer Familie wird dir meine Frau weitläufiger schreiben. Unsre Kinder haben disen Winter alle die Windblattern gehabt und die kleine Emilie hat viel dabei ausgestanden, Gottlob, jetzt steht es wieder ganz gut bei uns und auch meine Gesundheit fängt wieder an, sich zu bevestigen.

Tausendmal umarme ich dich liebe Schwester und auch den lieben Schwager, den ich näher zu kennen von Herzen wünschte. Küße deine Kinder in meinem Nahmen, möge Euch alles recht glücklich von statten gehen und recht viel Freude zu theil werden.

Wie würden unsre lieben Eltern sich Eures Glücks gefreut haben und besonders die liebe Mutter, wenn sie es hätte noch erleben können.

Adieu, liebe Louise. Von ganzer Seele dein treuer Bruder

Schiller

Stadtarchiv Möckmühl

Das Bild am Torhaus zu Möckmühl

Eine Gräfin vom Schloß besuchte einst ihren Geliebten, der auf der Alten Burg saß, und auf den sie wegen einer anderen adeligen Dame eifersüchtig war. Sie ging in den unterirdischen Gang, der beide Burgen verband, und schlug nach heftigem Wortwechsel dem Edelmann den Kopf ab. Zur Strafe mußte sie nackt am Pranger stehen, der noch am Rathaus zu sehen ist, und wurde dann vom Scharfrichter enthauptet. Zuvor aber mußte sie noch ein Sühnebild stiften, das am Torhaus beim hinteren Tor angebracht wurde, damit jeder Vorübergehende es sehe und das Andenken der Mörderin verfluche.

Noch schwebt die Gräfin immer hin und her zwischen beiden Burgen und seufzt, daß man es durchs kleine Seckachtal bis hin zur Jagst hört. In schönen Mondnächten kann man sie oft lang über der Jagst und über der Seckach schweben sehen, denn sie zögert immer lang, bis sie vollends in die Höhe schwebt und droben in der alten Burg verschwindet.

Stadtpfarrer Gommel

Schloß Domeneck

Auf dem rechten Jagstufer zwischen Möckmühl und Züttlingen liegt Schloß Domeneck im Dornröschenschlaf, ehemals Adelssitz eines mittelalterlichen Geschlechtes, das Bischöfe und Politiker hervorbrachte.

Domeneck, früher den Herren von Ellrichshausen gehörig, liegt hoch über dem steil abfallenden Jagstufer auf einem Bergvorsprung zwischen zwei schmalen Einschnitten. Von Assumstadt führt ein hübscher Weg entlang dem Flusse, beschattet von Nußbäumen und Maulbeerbäumen, nach Domeneck. Das neue Schloßgebäude,

von dessen Fenstern gegen Südost man einen hübschen Ausblick ins Thal und auf die jenseitigen Höhen hat, ist in einfacher Weise gebaut. Die Wohnung und die Oekonomiegebäude schließen einen nach Nordwesten offenen Hof ein. Hinter dem Burghof nach Nordwesten, etwas höher gelegen, sind die Trümmer der alten zerfallenen Ritterburg Domeneck. Von derselben ist ein großer runder Thurm übrig, jetzt noch ca. 8 m hoch mit gewaltigen dicken Mauern und einem Verlies.

Beschreibung des Oberamts Neckarsulm, 1881

Aus der Schloßgeschichte

Die Heimat des Marx Stumpf war das Schloß Domeneck, hoch über dem steil abfallenden rechten Jagstufer auf einer Bergnase zwischen zwei schmalen Tälchen gelegen. Es bildete den Hauptort der Herrschaft, zu der auch das Dorf Züttlingen, links der Jagst, und der Weiler Assumstadt, rechts der Jagst, gehörten.

Auch hier hatten sich die Untertanen zu den aufrührerischen Bauern geschlagen, erstürmten um den 15. April 1525 das Schloß Domeneck und verbrannten es.

Philipp selbst mußte als Gefangener mit den Bauern ziehen.

Schloß Domeneck bei Züttlingen, einst Heimat des Widersachers des Götz von Berlichingen, Marx Stumpf, heute im Besitz der Familie Wöllner

Aber schon am 29. Juni 1525 mußten sie alles Entwendete zurückgeben und 300 Gulden Schadenersatz zahlen. Aus einem Schreiben vom 19. Dezember 1525 geht hervor, daß auch Deutschherren-Untertanen aus Neckarsulm an der Plünderung und Zerstörung von Domeneck beteiligt waren, und daß gegen sie vorgegangen wurde. Der Besitzer von Domeneck war Philipp d. Ält., der hier „Amtmann" betitelt wurde.

Domeneck scheint 1525 unbewohnbar geworden zu sein, so daß sich Philipp Stumpf um einen Ersatz bemühen mußte. Ihm wurden am 14. 5. 1529 Schloß und Dorf Herbolzheim (bei Neudenau) verpfändet.

Genealogie, Heft 4, Juli 1962

Fehde zwischen Marx Stumpf von Schweinsberg und Götz von Berlichingen

Götz hatte seinem Bruder Philipp zwei Knechte geliehen, die zufällig auf zwei Söhne von Philipp d. Ält. Stumpf von Schweinberg stießen, der auf Burg Domeneck saß, „und hatten nichts mit denselbigen zu schicken oder zu schaffen".

Beide Söhne waren zu Fuß. Der eine trug eine Büchse, nachher als Handrohr bezeichnet, der andere einen „Schweinespieß". Philipp und seine zwei Knechte hatten keine Veranlassung, Böses zu argwöhnen und daher keine Pfeile auf ihre Armbrust aufgebracht. Plötzlich schoß Friedrich Stumpf mit dem Handrohr und traf den einen Knecht durch beide Arme. Trotz seiner bösen Verwundung fing der Knecht den Angreifer. Auch der andere Stumpf, der mit dem Schweinespieß, wurde von Philipp von Berlichingen, dem Bruder Götzens, gefangen.

Nachdem beiden das Gelübde abgenommen worden war, sich in eigener Person zu Domeneck, also auf der väterlichen Burg, zu stellen, wurden sie freigelassen. Aber sie brachen ihr ritterliches Ehrenwort, blieben aus, „vergaßen ihre Pflicht und wurden also treulos und meineidig".

Götz schreibt dazu: „Hätten sie sich gestellet, so wollten wir gute Freunde gewest sein und die Sachen vereinigt und vertragen haben, und wär niemand kein Nachteil oder Schaden daraus entstanden."

Aber ihr Vater griff in den Streit ein und verbrannte heimlich und ohne vorher einen Fehdebrief zu schicken, einen Berlichingenschen Hof und eine Mühle. Dazu kam Götz zu Ohren, daß der alte Stumpf Leute angeworben hatte. Um dies zu erkunden, hielt er sich in der Nähe von Domeneck auf, gewiß gut versteckt. Da kamen fünf Reiter, die in die Burg zu Stumpf wollten. Plötzlich von Götz überfallen, kam es zu einem Handgemenge, bei dem ein Reiter ums Leben kam und einer entfliehen konnte. Die drei anderen wurden als Gefangene mitgenommen. Über den weiteren Fortgang dieser Fehde erfahren wir leider nichts.- Dies dürfte etwa 1510 geschehen sein.

Genealogie, Heft 4, Juli 1962

Züttlingen

Das saftige Wiesenthal des Flusses bildet eine liebliche Abwechslung zu den waldigen Höhen und den ausgedehnten Feldern des Plateaus.

Die Ortseinwohner stehen in kaum mittleren Vermögensverhältnissen. Ein ziemlicher Theil der Bevölkerung ist hergezogen, ohne allen Grundbesitz, und findet sein Brot in der Zuckerfabrik oder durch Taglohnarbeit auf den herrschaftlichen Gütern.

Der Zustand der Landwirthschaft ist ein guter, und es gibt namentlich die Bewirthschaftung der von Ellrichshausen'schen Güter ein gutes Beispiel.

Die Zuckerfabrik Züttlingen von 1837

Züttlingen gehört zu den ältesten Orten unserer Gegend. Ein Alemann, Zutilo, ließ sich hier mit seiner Sippe nieder, und nach ihm nannte sich die Siedlung. Der Ort wird schon im 8. Jahrhundert erwähnt.

Beschreibung des Oberamts Neckarsulm, 1881

Die Zuckerfabrik Züttlingen

1837 erstellte die „Badische Gesellschaft für Zuckerfabrikation" unmittelbar am linken Jagstufer die der „Süddeutschen Zucker A.G." gehörige Fabrik. In den Anfangszeiten ihrer Entstehung stand der Zuckerfabrik zur Verarbeitung der Zuckerrüben als mechanische Kraft nur das Wasser der Jagst zur Verfügung. Für die damalige Zeit bedeutete ein derartiger Industriebetrieb in einem kleinen Dorfe eine gewaltige Umschichtung der Bevölkerung. Viele, die bisher ihren Erwerb auf den großen Gütern gefunden hatten, wechselten über zur Zuckerfabrik, in der ihnen Verdienstmöglichkeit

das ganze Jahr über gesichert war. Der Wohlstand im Dorf wuchs allenthalben.

Kein schöner Land, 7. Jahrgang Nr. 9, 1957

Nach über 130 Jahren Rübenzuckerproduktion in Züttlingen verlagerte die Südzucker AG ihre Produktion nach Offenau, wo in Sichtweite der Jagstmündung ein modernes neues Werk entstanden war. 1971 wurde die Zuckerfabrik in Züttlingen geschlossen.

Rokokoschloß Assumstadt

Überschreitet man, von Züttlingen sich nach Westen wendend, die hochgesprengte, einbogige steinerne Brücke, so gelangt man etwas links ansteigend zu dem Schlosse. Vor dem Schloß befindet sich jetzt ein freier Platz mit hübschen Gartenanlagen. Das Schloßgebäude ist ein im Stil des vorigen Jahrhunderts aufgeführter zweistockiger Bau mit Mansardendach, erbaut im Jahr 1769 von Feldzeugmeister Carl Reinhard von Ellrichshausen durch böhmische Bauleute. Der Hauptbau, zu welchem Freitreppen führen, hat an den Seiten kurz vorspringende Flügel. Rechts vom Schloß stehen die Oekonomiegebäude, links das frühere Amtshaus, jetzt auch zu Wohnungen für die herrschaftliche

Familie dienend. Der schöne große, hinter dem Schloß sich ausdehnende Garten und Park enthält prächtige Alleen und angenehme, schattige Laubgänge.

Beschreibung des Oberamts Neckarsulm, 1881

Freiherr Ludwig von Ellrichshausen

In dem 1769 neu erbauten Schloß Assumstadt ist am 17. April 1789 Freiherr Wilhelm Julius Ludwig von Ellrichshausen geboren, der von 1828 bis 1832 Direktor der Land- und Forstwirtschaftlichen Lehranstalt in Hohenheim war. Er hatte in Assumstadt im Jahre 1813 den bisher verpachteten Familienbesitz in eigene Bewirtschaftung übernommen und ihn nach den neuesten rationellen Grundsätzen der damaligen Zeit geführt. Anstelle der Dreifelderwirtschaft führte er eine Fruchtwechselwirtschaft, die „Norfolker Vierfelderwirtschaft", ein, wodurch er seinen Viehbestand bedeutend

Das Rokokoschloß Assumstadt des Grafen von Waldburg-Wolfegg

vergrößerte. Die Schäferei wurde auf 1500 Stück gebracht. Auch eine Käserei bestand eine Zeitlang. Im Jahre 1821 kam der „Brabanterpflug" in Gebrauch. Ludwig von Ellrichshausen hatte in Assumstadt so vortreffliche land- und forstwirtschaftliche Einrichtungen geschaffen, daß die freiherrlichen Besitzungen bei In- und Ausländern als Musterbetrieb galten. Durch viele Berufsgenossen veranlaßt, hatte er im Jahre 1828 eben ein Institut für Land- und Forstwirtschaft auf seinem Gut Assumstadt errichtet, als er zur Leitung der Hohenheimer Anstalten berufen wurde. Auch dort blieb der Freiherr ein Praktiker; er war kein Wissenschaftler, der Vorlesungen hielt. Seine Tätigkeit beschränkte sich auf die Direktion, die Leitung der Gutswirtschaft und die Erteilung praktischen Landwirtschaftsunterrichts.

Der Botanische Garten wurde angelegt, ebenso ein Versuchsfeld, auf dem alle landwirtschaftlich wichtigen Gewächse angebaut wurden. Auch der Zuckerrübenbau wurde schon praktiziert und mit der Seidenraupenzucht begonnen.

Richard Saier in: Schwaben und Franken, Heimatgeschichtliche Beilage der Heilbronner Stimme, 15. Jahrgang, Nr. 4

Auch Pläne für die Ansiedlung einer Zuckerfabrik entstanden in diesen Jahren. Mit seinem frühen Tod im Jahre 1832 endete das Direktoriat in Hohenheim, das dem Ansehen der Hochschule dienlich war und ihr besonders einen erheblichen Zugang von Studenten brachte.

Seinem Bruder Friedrich von Ellrichshausen war es schließlich zu verdanken, daß sich in Züttlingen eine Zuckerfabrik ansiedelte.

Eintrag im Züttlinger Totenbuch

„Es ist verstorben, Hochwohlgeb. Freiherr Wilhelm Julius Ludwig von Ellrichshausen, königlich württembg. Kammerherr, Direktor des Land- und Forstwirtschaftlichen Instituts in Hohenheim, Grund- und Patronatsherr hiesiger Gemeinde.

Alter und Krankheit: 42 Jahre, 11 Monate, 27 Tage – 4tägiges Krankenlager nach einem Nervenschlag, welcher die ganze rechte Seite, Kopf, Zunge, rechte Hand besonders lähmte – in den letzten Tagen noch Nervenfieber.

Ort und Zeit des Todes: 1832, den 11. April, Mittwoch um 3 Uhr in Hohenheim.

Ort und Zeit des Begräbnisses: 1832, den 15. April, Palmsonntag, abends um 4 Uhr auf dem Züttlinger Kirchhof in einer festgemauerten Gruft.

Frh. Ludwig von Ellrichshausen, fortschrittlicher Agronom und Direktor der Land- und Forstwirtschaftlichen Forschungsanstalt Hohenheim

Graf Waldburg-Wolfegg

Schloß und Hofgut Assumstadt samt größerem Waldbesitz erwarb während des Zweiten Weltkriegs durch Kauf Graf Hubert v. Waldburg-Wolfegg. Sein Sohn bewohnt gegenwärtig das im Jahre 1769 von dem Freiherrn Karl Reinhardt v. Ellrichshausen durch böhmische Bauleute erbaute Schloß und bewirtschaftet Wald und Felder.

Siglingen

Der sehr freundliche, regelmäßig gebaute Ort, in seiner Anlage im ganzen ziemlich ein Quadrat bildend, liegt auf der linken Seite der Jagst innerhalb der starken Krümmung des Flusses, am Fuße des sich nach Norden verflachenden Höhenzuges. Der Ort war als Städtchen von einer Befestigungsmauer mit Thoren, sowie einem Wallgraben umgeben. Berührt wird die Markung von der Jagst und dem Sülzbach, der von Norden her kommend, gegenüber Siglingen in die Jagst mündet. Fluß und Bach treten zuweilen aus und richten Schaden an.

Die nicht sehr ausgedehnte Markung erstreckt sich quer über die Jagst, über das Flußthal und die Höhen, die nördlich und südlich vom Fluß sich erheben. Lehmboden ist vorherrschend. Die Ortseinwohner, ein kräftiger Menschenschlag, von denen 2 über 80 Jahre zählen, gehören der Mehrzahl nach dem Mittelstand an.

Das Klima ist im allgemeinen mild, die Sommernächte warm; doch kommen Frühlingsfröste und kalte Nebel vor. Hagelschlag ist selten.

Die Landwirthschaft befindet sich in gutem Zustand. Verbesserte Ackergeräthe sind in größerer Zahl vorhanden: 22 eiserne Eggen, 6 Walzen, eine Repssäemaschine, 5 Dreschmaschinen, 13 Futter- und 21 Wurzelschneidmaschinen. Zuckerrüben werden ca. 700 Ctr.

an die Zuckerfabrik Züttlingen abgesetzt. Von Weinbergen stehen ca. 15 ha im Ertrag.

Eine Frau zu Siglingen erreichte vor etwa zwei Dezennien das seltene Alter von 100 Jahren 4 Monaten und 16 Tagen. Es sind häufig ganz arme Leute, welche zu diesem hohen Alter kommen.

Beschreibung des Oberamts Neckarsulm, 1881

Unglück an der Jagst

Am 11. Februar 1839 wollten 9 Personen aus Kälberhausen zu einer Hochzeit in Züttlingen. In Neudenau wurde ihnen gesagt, daß die Weiterfahrt wegen des Hochwassers der Jagst (es hatte getaut) unmöglich sei. Dennoch versuchten sie in ihrer dreispännigen Kutsche die Weiterfahrt. Als die Straße im Wasser endete, verließen 3 Personen den Wagen, die übrigen 6 wagten die Durchfahrt auf der Straße nach Siglingen, die an dieser Stelle direkt neben der Jagst verlief. Schon wieder dem Trockenen nahe, scheute das Vorderpferd und zog die anderen Pferde nebst Wagen in den Fluß. Eine der abgestiegenen Personen wollte zu Hilfe eilen, wurde aber selbst von den Fluten erfaßt und abgetrieben. Von den Wageninsassen rettet sich nur ein Mann durch den Sprung auf eine Weinbergmauer, die übrigen ertranken samt den Pferden im Fluß.

Siglinger Heimatbuch

Die große Trockenheit in den Jahre 1851 und 1852

1851 herrschte große Trockenheit, so daß viele Mühlen des Neckartales stillstanden. Viele Bauern kamen damals 10 - 12 Stunden weit her zur Siglinger Mühle und warteten geduldig 2 - 3 Tage, bis der Müller ihnen mahlen konnte. Im folgenden Jahr war auch hier von Mai bis Juli durchgehende Trockenheit; die Jagst war nur ein Rinnsal und bei der Schleifmühl konnte man sie trockenen Fußes überqueren.

Siglinger Heimatbuch

Siglinger Heimatlied

Steig ich den Hohenberg hinauf und
schau ins Tal hernieder,
da geht so recht das Herz mir auf,
ich schaue immer wieder
hinunter auf die Schönheit dort,
auf Siglingen, den Heimatort.

Es rauscht die Jagst im Silberschein
durch mitternächtges Schweigen.
Ich seh der Nebel Elfenreih'n,
mir wird's ums Herz so eigen:
Seh'ich die alten Häuser dort –
Du Siglingen, mein Heimatort.

Und meine Seele schweift zurück
zu längst vergangenen Tagen
dort zu dem Wald hin geht mein
Blick, ich hör sein leises Klagen:
O bleibe hier, geh' nicht mehr fort
von Siglingen, dem Heimatort!

Hat auch des Lebens Kampf und
Not manch'Wunde mir geschlagen,
so komm zu mir dereinst der Tod,
so will zuletzt ich sagen:
Nun ruh'ich aus im Friedhof dort,
zu Siglingen, im Heimatort.

Erich Strecker

Der Weinbau

Die Rebfluren am Altenberg und am Hohenberg dürften wohl schon über 1000 Jahre alt sein. 1734 werden hier 78 Morgen (24,6 ha) Rebflur bebaut, d.h. die Rebfläche ist seither stark zurückgegangen. In den untersten Lagen werden heute frühweiße Sorten Müller-Thurgau, Silvaner, Kerner, in den obersten Zeilen Spätweiß Riesling angebaut, ein großer Teil der Fläche aber ist noch mit Trollingerreben besetzt,

Steillage rechts der Jagst

S Wengertsmäuerle am Talhang vun de Jagst

Jetz bisch
eigebroche
eigerutscht
eigfalle
eigsterzt

un die Steener
liege
zwische Distel un Leene
zwische Brennessel un Goldrute
zwische Schwarzdornhecke un
Brombeergsträuch

Alts Wengertsmäuerle
am Talhang vun de Jagst

Hosch üwer Johrhunderte
d Erde ghalte
wie de Staudamm s Wasser
un d Rebe miet em Jagsttalwei

Hosch Krieg un Hungersnöt üwerlebt
blouß de Friede un de Wohlstand net

Alts Wengertsmäuerle
am Talhang vun de Jagst

vergesse
zwische Distel un Leene
zwische Brennessel un Goldrute
zwische Schwarzdornhecke un
Brombeergsträuch
zwische gestern un heit

eine spätrote Sorte, die sich als „Jagsttäler Rot" manche Freunde gewonnen hat.

Im Gegensatz zu den hitzigen Böden der Keuperhänge erwärmt sich der Muschelkalkboden hier nur langsam, gibt aber nach heißen Tagen die ganze Nacht hindurch eine gleichmäßige Wärme an die Reben ab. Durch dieses ausgeglichene Reifen bekommt der Jagsttäler Rot wie auch der Burgvogt seinen typischen Charakter, seine Tiefe und Schwere.

Der hiesige Wein wird als Schiller ausgebaut und unter dem Namen „Württemberger Schiller Burgvogt" zum Verkauf gebracht.

Hartmut Gräf in: Siglinger Heimatbuch, 1978

Im Dezember oder Januar schenkt ein Besenwirt seinen Eigenbau aus. 1952 wurde die Weingärtnergenossenschaft Unteres Jagsttal gegründet. Ihr gehören auch Weinbergsbesitzer aus Widdern, Ruchsen, Möckmühl, Siglingen und Neudenau an.

Siglingen

![Aufgelassener Weinberg]

Aufgelassener Weinberg

Neudenau baut sein buntes Sortengemisch durchweg als Schiller aus.

Nach Carlheinz Gräter: Hohenloher Weinbrevier

Die Weingärtnergenossenschaft Unteres Jagsttal

Die Weingärtnergenossenschaft Unteres Jagsttal mit Sitz in Möckmühl baut ihre Weine ausschließlich als trockene Schillerweine aus. Darin sind über 20 verschieden Rebsorten vereinigt, zu denen der Schwarzriesling, der Blaue Portugieser, der Silvaner, der Müller-Thurgau, der Trollinger, der Lemberger, die Heroldrebe, der Helfensteiner, der Dornfelder, der Burgunder, der Gutedel und der Mariensteiner gehören. Bei der Lese werden also die Trauben

Der Jagsttäler Schillerwein, ein kostbarer Tropfen

nicht nach Sorten getrennt, sondern gemeinsam gekeltert. Seine Fülle hat der Schillerwein von den in ihm enthaltenen Rotweinsorten; lebhaft, frisch und saftig ist er durch die Weißweinsorten.

Dieser Wein ist ein Unikat, der viele Freunde im In- und Ausland gefunden hat.

Mit einer jährlichen Weinerzeugung von nur 150 000 bis 200 000 Litern ist die Weingärtnergenossenschaft Unteres Jagsttal die kleinste, aber eine der feinsten in ganz Württemberg.

Fritz Bosch

Trollinger

Schillerwein

Daß ich Wein trink', das ist klar,
wie an jedem Tage;
ob er rot sei oder weiß,
das ist hier die Frage.

Da es sommerlich und warm,
wäre zu bedenken,
einen Weißen kellerfrisch
in das Glas zu schenken.

Auch der Rat von Wilhelm Busch
mag es in sich haben,
der den roten Wein empfahl
für den ält'ren Knaben.

Listig löste ich den Zwist
— wärmer oder kühler —:
Weil ich weiß' und roten mag,
trink ich einen Schiller.

Volksgut

St. Gangolfskapelle bei Neudenau

Ungefähr eine Viertelstund östlich von dem Städtchen Neudenau liegt eine dem heil. Gangolf gewidmete Kapelle mit einer Quelle, deren Wasser von dem Landvolke als eine Heilquelle für kranke Pferde gehalten und geachtet ist; die Thüren der Kapelle sind daher zahlreich mit Hufeisen beschlagen, die die Eigenthümer der dahin geführten Pferde gewöhnlich als Votivopfer dort angeheftet haben.

Universal-Lexikon vom Großherzogthum Baden, 1844

Draußen vor dem Städtchen. Ein paar Schritte abseits der Landstraße. Einsam, als sei meilenweit keine menschliche Behausung.

Die Sonne sendet erbarmungslos ihre sengenden Strahlen nieder in das große Schweigen des grellen Mittags. Auf einem dürftigen Stück Boden richtet das 800jährige altehrwürdige Kirchlein St. Gangolf sich wie im Halbschlaf auf, um einmal nach dem Zeitgeschehen zu sehen und dann wieder weiterzuträumen. Über die altersgrauen, rauhen Quader der niederen Kirchenmauer hängt mit spärlichem Laub müde eine Heckenrose, in ihrem sparrigen Gezweig hüpft ein munterer, winziger Zaunkönig.

St. Gangolf im Sonnenglast ist Musik, ist eine Melodie, die – fern allen Geschehens – all die Jahrhunderte überdauerte und weiterklingen wird bis an das Ende. Willst du dieser seltsamen Weise lauschen, dann lege einmal dein Ohr ganz nahe auf die merkwürdigen Hufeisen längst vergangener Jahrhunderte, die dankbare Hände im Laufe der Zeit an die silbrig grau verwitterten Eichentüren der drei romanischen Rundbogenportale des alten Gotteshauses geheftet zu Ehren ihres Schutzpatrons der Pferde – und schließe die Augen. Dann wird dir die Musik des wundersamen Kirchleins eingehen, die es für dich bereithält.

Verweile so geraume Zeit im Bannkreis dieses Zeugen eines verflossenen Jahrtausends und dann gehe leisen Schrittes durch diesen heiligen Raum. Kühle und dämmeriges Halbdunkel umfängt dich. Wenn dein Auge sich daran gewöhnt hat, tritt voll Andacht an den mittleren der drei Altäre mit dem heiligen St. Gangolf, der einst als edler Ritter Gangulfus am Hofe Pipins, dem Vater Karl des Großen, weilte und im Jahre 760 unter Mörderhänden einen qualvollen Tod erleiden mußte. Auf die rührend schlichte Empore führt eine knarrende Holzstiege. Es ist, als ob sie seufze ob des vielen Weltleides.

Bevor du wieder hinausgehst in den hellen Tag, ziehe einmal an dem Seil, das dir im Erdgeschoß des Turmes mit seinen romanischen Ecksäulen und dem kupfernen Weihwasserkessel im Weg baumelt. Von droben klingt dir einer kleinen Glocke Ton so merkwürdig vertraut an dein Ohr, als spräche er dich an aus einem früheren Erdendasein.

Nichts fragt dich hier nach deiner Konfession. Du brauchst nur Mensch zu sein und eine Seele zu haben. Es wird dich wieder zu diesem Kleinod im Jagsttal ziehen, wenn es dich einmal in seinen Bann gezogen. Geh hin! Aber nicht an lauten Festtagen mit Jahrmarktsgedudel, sondern an stillen, einsamen Tagen!

St. Gangolfskapelle bei Neudenau, Pferdewallfahrt im Mai

Pferdesegnung

Denn St. Gangolf im Jagsttal ist Stille, ist Einsamkeit, ist Einkehr!

H. Kunze in: Baden, Heft 5

Aber es gibt noch etwas anderes, was hierherlockt: das ist die nahe gelegene uralte Kapelle St. Gangolf mit der sprudelnden Quelle. Schon die Kelten haben da der Göttin der Rosse, der Epona, gehuldigt. Zur Römerzeit haben berittene Legionäre vom Limes den Ort besucht, und nach der Völkerwanderung weihten fränkische Mönche das einstige Pferdeheiligtum zur Kapelle. In frühgotischer Zeit wurde die Gangolfskapelle zu Neudenau schön ausgebaut und mit vielen Kunstwerken geschmückt.

Die alten Eichentüren der drei Rundbogenportale sind überdeckt mit Hufeisen, die zu Ehren des Schutzpatrons dort befestigt wurden. Altersgrau, ein kleines Mesnerhaus neben sich, schmiegt sich das Kirchlein des heiligen Gangolf, von Feldsteinmauern umgeben, in die Landschaft.

Das große Nordbadenbuch

Am zweiten Maisonntag entfaltet sich rund um das ehrwürdige romanische Kirchlein buntes Wallfahrtstreiben, wenn von den Dörfern die fränkischen Bauern mit ihren Rössern zur Segnung angeritten kommen.

Einst war St. Gangolf die Kirche von Deitingen, das verödete und mit dem Flecken Busingen zur Gemeinde Niedenowe, Neudenau, sich verband. 1236 erhob Kaiser Friedrich II. die reizende Fachwerkidylle an der Jagst zur Stadt.

Heinz Bischof in: Das Frankenland

Früher gab es ganz in der Nähe von Neudenau jagstaufwärts das Dorf Deitingen. Inzwischen ist es längst ausgestorben, und nur beim Pflügen finden die Bauern ab und an noch Mauerreste im Boden. Zu dem alten Deitingen gehörte die Gangolfkapelle, die heute noch hier inmitten grüner Wiesen frei im Tal steht und eine besondere Berühmtheit hat. Der Turm der Kapelle ist romanisch, das Langhaus gotisch. In einem Aufbau am Mesnerhaus nebenan ist die Quelle gefaßt, die – der Legende nach – der heilige Gangolf mit seinem Stab aus der Erde geklopft hat, um sein durstiges Pferd zu tränken.

Durchs Neckartal zum Taubergrund

Die Wallfahrt nach St. Gangolf

Ein Mann von Oedheim wallfahrtete mit seinem blinden Kind nach Neudenau zur Gangolfskapelle, um dort das Wasser zu gebrauchen und den Heiligen zu bitten, daß er sein Kind wieder sehend mache. Auf dem Weg nach Neudenau gelobte er, die Steige nach Neuenau herunter mit Silberstücken zu belegen, wenn sein Kind wieder das Augenlicht erhalte. Als die beiden gerade an dieser Stelle ankamen, von der man das Jagsttal vor sich liegen sieht, rief das Kind plötzlich aus: „Vater, dort liegt ja die Gangolfskapelle!" Da freute sich der Bauer, daß sein Kind geheilt war, noch mehr aber darüber, daß er nun nicht zum hl. Gangolf wallfahren und sein Gelübde erfüllen müsse, denn er war sehr geizig. Er nahm also das Kind bei der Hand und kehrte um. Als er aber in Oedheim ankam, war das Kind wieder völlig blind geworden. Die Steige, an der dies geschah, heißt seitdem im Volksmund „Silbersteige".

Weihrauch/Heimberger in: Neudenauer Überlieferungen

Das gestohlene Hufeisen

En Handwerksborsch hot emool eme Neidemer Schmied e Hufeise v'rkaaft. Wu's der hot richte welle un neis Feier gelejcht hot, is's um's Verrecke net glie-ich worre. Do is di gans Nochberschaft z'sammegschprunge un hot geguggt un rumgerode, was des sei keent. Uff eemol hot eener gemeent, des Eise keent de Handwerksborsch dowe Gangolf g'schtouhle häwwe. Do sen sie nuff gange, un richtig, häwwe g'sehe, daß eens frisch weggeropft gewää is. Noot häwwe sie's widder nagenachelt.

Neudenau

Im 14ten Jahrhunderte kam N. an das Erzstift Mainz. Seit 1802 gehört es dem Grafen von Leiningen-Neudenau als Standesherrschaft.

Universal-Lexikon vom Großherzogthum Baden, 1844

Stadt, von Mosbach, dem Sitze des Amtes Neudenau, 3 St. Südöstlich entfernt, liegt an der Jaxt, 635 Fuß über d. M., und hat in 270 Familien und 188 Häusern 21 evang., 1146 kath. und 55 israel. Einw., welche von Feld-, Wiesen-, Weinbau und Viehzucht leben und ziemlich bemittelt sind. Es ist hier, ausser der Kirche, eine Kapelle des heil. Gangolf, die sehr alt zu sein scheint, ein Eisenhammer, 6 Wein- und 2 Bierwirthschaften. Ueber die Jaxt führt eine steinerne Brücke, auch ist hier eine alte Burg. N. gehörte als Würzburgisches Lehen den Herren von Weinsperg.

Neudenau an der Jagst ist ein Ort, der den Zauber ländlicher Schönheit bewahrt hat, ein Ort auch für Kunstfreunde und Maler. Denn wo sonst gibt es noch so ein Kleinstadtidyll von wunderbarer Geschlossenheit wie zu Neudenau am Marktplatz, mit den spitzgiebeligen Fachwerkhäusern, mit dem prachtvoll erneuerten Rathaus von 1586 und dem Engelsbrunnen. Sechs Gassen münden hier in den Mittelpunkt des Ortes. An der einen Seite

Neudenau auf dem Talsporn der Jagst

des Marktplatzes steht die Barock-
kirche St. Laurentius. Das eigentliche Wahrzeichen ist der Vierecks-
turm auf dem Bergvorsprung, wo
sich der Schloßbezirk befindet, der
bereits seit 1216 der treue Wächter
von Neudenau ist.

Das große Nordbadenbuch

Ein hübscher altertümlicher
Platz an der Jagst ist Neudenau über
den steilen Rebhängen des rechten
Jagstufers lang ausgestreckt, ganz
in den Berg hineingebaut und umgeben von Obst, Reben und ausgedehnten Wäldern, gehört Neudenau
zu den schönen Ausflugszielen,
an denen das untere Jagsttal so
reich ist.

Bis ins 11. Jahrhundert hieß
es Busingen, war also eine aleman-
nische Gründung. Erst dann wurde
es Nydenowe genannt. Um 1216
erbauten die Dynasten von Dürn
hier eine Burg. Von der Mauerbe-
festigung sind noch einige Partien
erhalten. Im Ort stehen noch schöne
Fachwerkhäuser, besonders der
Marktplatz, von solchen eingerahmt,
ist sehr reizvoll. Das Rathaus beim
Marktbrunnen steht seit dem Jahre
1586.

Durch's Neckartal zum Taubergrund"-
Richter's Reisebücher, 1952

Mittelalterlicher Marktplatz mit Marktbrunnen und Rathaus

Neudenau

Wo die Jagst sich durchs Tal
windet,
findest Du ein Städtchen,
wie gemalt von Gottes Hand.
Ein Lächeln
hält sich versteckt
zwischen den Mauern.
Führt die Bürger
durch alle Tage.

Ernst Heger

Aus dem Neudenauer Sagenschatz

Vor vielen Jahren, als noch die Straße
nach Siglingen an der Jagst entlang-
führte, ging einmal ein Brautpaar
dort auf und ab, fiel in den Fluß
und ertrank. Seit jener Zeit geht das
Paar immer um die Mitternachts-
stunde auf der Jagst.

Weihrauch/Heimberger in: Neudenauer
Überlieferungen

Die Zürnbande von Neudenau

1846/ 47 und auch in den 50er Jahren des 19. Jahrhunderts herrschte
infolge von Mißernten in weiten Teilen Südwestdeutschlands Hungers-
not. In Neudenau war die Zahl der
Ortsarmen in dieser Zeit stark ange-
wachsen. Betteln, Vagabundieren und
kleinere Diebstähle hatten sprung-
haft zugenommen.

Um den Lebensunterhalt ihrer
Familie zu sichern, unternahmen
Valentin Zürn und seine Frau Regine
nächtliche Beutezüge. Wegen Dieb-

stahls von Feldfrüchten, Lebensmitteln und Urkundenfälschung wurde Valentin Zürn schließlich zu 14 Monaten Arbeitshaus verurteilt. Während der Abwesenheit des Vaters wurden nun auch die fünf Kinder, darunter Sebastian Zürn, straffällig.

In dieser Zeit bildete sich in Neudenau eine Diebesbande. Benannt wurde sie nach ihrem Anführer Sebastian Zürn (geb. 1828), dem „Bastle". Ihre Mitglieder kamen aus dem Bekanntenkreis der Familie und waren wie diese Tagelöhner, Bettler, Handwerker und Arbeitslose. Am Gartenzaun des Zürn'schen Hauses in der Neudenauer Vorstadt heftete nach Augenzeugenberichten der Spruch:

Wir sind unsrer dreißig,
Bei Nacht sind wir fleißig,
Bei Tag schaffen wir nichts,
Gucken zu den Löchern naus
Und lachen alle Bauern aus.
Den Armen tun wir nichts
Und den Reichen schad's nichts!

In einer Nacht erwachte eine Frau durch ein verdächtiges Geräusch im Nebenzimmer und rief um Hilfe. Da kam einer der Diebesbande an ihr Bett und drohte, ihr beim nächsten Hilferuf den Hals abzuschneiden. Da die Frau die lange Klinge des Messers im Mondlicht blitzen sah, erschrak sie fast zu Tode und zog sich wimmernd die Bettdecke über den Kopf. Als sie am nächsten Morgen ganz verstört in das Zimmer hinaustrat, war die Kommode, in der sie ihre ganze Barschaft aufgehoben hatte, verschwunden. Die Zürnbande hatte sie nicht erbrechen können und daher kurzerhand zum Fenster hinausgeschafft und mitgenommen.

Bald verlagerte sich das Treiben der Bande von Neudenau auf die Dörfer zwischen Kocher und Jagst, ja sogar bis in den Odenwald hinein.

1852 und 1853 wurden ihre Mitglieder zum Teil zu mehrjährigen Haftstrafen verurteilt. Mehrere Kleinkriminelle, die der Zürnbande zuzurechnen waren, wurden auf Betreiben der Stadtverwaltung nach Amerika abgeschoben. Nach vielen Querelen wanderte schließlich auch Sebastian Zürn 1862, versehen mit einem Reisekostenzuschuß der Stadt Neudenau, nach Amerika aus. Die Kriminalitätsrate sank.

Weihrauch/Heimberger in: Neudenauer Überlieferungen

Die Neudenauer Zünfte (Standesvereinigungen der Handwerker)

In Neudenau gab es fünf Zünfte:
1. Die Zunft der Schuhmacher, Rotgerber und Sattler, gegründet 1655 durch den vom Kurfürsten von Mainz ausgestellten Zunftbrief.
2. der Schneider und Weber, gegründet 1732

3. der Zimmerleute, Maurer, Steinhauer, Ziegler, Hafner = Bauzunft, entstanden zwischen 1732 - 1741
4. der Metzger, Küfer, Bäcker, Müller und Seiler, gegründet 1741
5. der Glaser, Schmiede, Wagner, Dreher, Schlosser, Strumpfweber, Flaschner, Buchbinder, gegründet 1767.

Infolge der durch die französische Revolution aufgebrachten liberalen Ideen, welche sich auf dem Gebiete des Gewerbes zur Gewerbefreiheit auswuchsen, wurden die Zünfte vom liberalen Staat aufgelöst. Das geschah in Baden 1863. Auch die Neudenauer Zünfte wurden aufgehoben. Ihr Vermögen entging nur dadurch der Konfiskation, daß es nicht hinreichte, die Kosten einer Liquidation zu bestreiten.

Sie schlossen sich aber sofort wieder zusammen als freie Zünfte in drei Vereine: die „alte" Zunft oder „arme Zunft", die „reiche Zunft" und die „grobe Zunft". In dieser Form haben sie sich erhalten bis zur Stunde.

Die Stadtkapelle Neudenau

Jede der drei Zünfte läßt alljährlich im Februar oder März ein feierliches Seelenamt halten für die verstorbenen Mitglieder; in feierlichem Zuge wird dazu aufmarschiert und es wird heute noch gehandhabt. Stirbt ein Mitglied der Zunft, so brauchen sich die Angehörigen nicht um die Vorbereitung einer Beerdigung zu kümmern; alles wird von der Zunft besorgt; diese stellt die Leichenträger, Fahnen- und Kreuzträger. Die Zünfte stellen auch die Kerzen für die Zunftleuchter in der Kirche, die bei den Totengottesdiensten und an den hohen Festtagen angezündet werden.

Die Zünfte von Neudenau, gegründet 1655

Fridolin Mayer in: Geschichte der Stadt Neudenau an der Jagst

Die Revolutionsjahre 1848/49

Dieselben gingen auch hier nicht spurlos vorüber, wenn sie sich hier auch nicht blutig, sondern mehr tragikomisch auswirkten. Es war 1848 eine Bürgerwehr gegründet worden, die sich fleißig im Kriegshandwerk übte und es wurde auch ein Kriegsschatz gesammelt, der auf dem Rathause verwahrt wurde. An Christi Himmelfahrt 1849 wurde in aller Frühe hier Alarm geschlagen. Der Zivilkommissar in Mosbach schickte den Befehl, die hiesige Bürgerwehr in Bewegung zu setzen gegen Jagstfeld, um bei Wimpfen den Oberst „Hinkeldey" mit einer Abteilung Soldaten zu fangen. Allein der Feldzug fiel schlecht aus. Von Neckarsulm kam der Oberamtmann und befahl im Namen des Königs, das württembergische Gebiet sofort zu verlassen. Der hiesige Arzt Dr.

Panther, der eigentliche revolutionäre Geist hier, war auch beim Zuge und wollte nicht nachgeben, aber der Besonnenheit des Hauptmannes Merkle gelang es, die Leute nach Hause zu bringen. So geschah weiter kein Unglück, als daß die Helden recht naß, aber dadurch etwas abgekühlt, zurückkamen.

Ein andermal kam der Befehl, nach Heidelberg auszurücken. Man wollte dazu den gesammelten Kriegsschatz mitnehmen und ging aufs Rathaus, um denselben zu holen. Da rief der Bürgermeister vom Rathaus herab: „Das Geld ist gestohlen." So war es; die Zürnbande hatte es geholt. Man rückte doch aus, kam aber nur bis Hirschhorn, wo preußische Kugeln pfiffen, so daß man schleunigst umkehrte und ohne Ruhm und Lorbeer bald wieder nach Hause kam.

Was nach diesen zwei Abenteuern an revolutionärer Gesinnung noch übrig geblieben war, wurde bald vollends gedämpft, als im August eine Kompanie Preußen zur Einquartierung hierher kam und nach ihrem Abzug dann im

September eine Kompagnie vom 20. Preußischen Infanterie-Regiment 16 Tage hier lag. „Jetzt will kein Mensch mehr Revolution, selbst Dr. Panther nicht mehr", berichtet der Chronist Nonnenmacher.

Fridolin Mayers in: Geschichte der Stadt Neudenau an der Jagst

Die Neudenauer Bettlerverordnung von 1729

1. Dem kurfürstlichen Befehl gemäß soll kein fremder Bettler auf den Gassen und Straßen, noch vor den Häusern oder Kirchen geduldet werden. Wenn aber
2. ein Passierender mit einem guten Paß versehen, um Almosen bittet, wolle derselbe mit einer Gabe aus dem Almosenamt versehen, und dann fortgewiesen werden.
3. Die Handwerksburschen haben den Handwerksgewohnheiten nach in dem Städtlein bei den Meistern der Zunftgenossen um einen Zehrpfennig sich anzumelden; die außer den Zünften aber sollen vom Almosenamt soviel es sich tun läßt

beschenkt werden; auf dem Dorf aber hat das Bürgermeisteramt hierfür Vorsorg zu tun.

4. Die einheimischen Armen sollen von jedem Orte selbst verpflegt und unterhalten werden, wie bisher.

5. Ueber Auswärtige aus nächster Umgebung soll über Würdigkeit und Dürftigkeit ein gerichtliches Zeugnis hierher geschickt werden.

6. Die Spezifizierten dürfen nicht auf Straßen, Gassen, vor der Kirche, oder in den Häusern betteln gehen, sondern

7. sollen prozessionsweise die Woche zweimal, Mittwochs und Samstags von morgens 10 Uhr an von Haus zu Haus unter Gebet das Almosen sammeln, wozu bereits ein Gewisser bestellt (sei), der die Aufsicht habe, damit kein Armer von dem anderen verkürzt oder vertrieben werde.

Fridolin Mayer in: Geschichte der Stadt Neudenau

Der Neudenauer Chronist Nonnenmacher berichtet

Am Sonntag 24. September 1882 war Fahnenweihe im Steinig bei der Schneidmühle. Ein tragischer Fall kam hierbei vor, nämlich: Vinzens Ochs war dem Kriegerverein Mosbach als Führer zugetheilt, als es dem Vinzens kam, seine Notdurft zu verrichten. Da aber keine Vorsorge getroffen war für Derartiges, so begab sich Ochs im stillen an die Jaxst hinter der Schneidmühle und entledigte sich per Cilinder auf dem schon etwas schwindelnden Haupte seiner stinkichen Last und was geschah: Ob wegen zu großer Anstrengung oder ob dem Bierschwindel fiel ei, ei, ei !! Vinzens rückwärts mit Cilinder und aller Offenheit in das kalte Jaxstbad. Hätte er nur recht gerufen, gewiß alle Damen und Herren, die auf dem Festplatz waren,

Jagstwehr mit Sägemühle

Der Bergfried des Schlosses

Alti Sägmühl an de Jagst

Owerm Stauwehr an de Bleichwiese
liegsch,
du, mei alti Sägmühl an de Jagst.

De Urgroußvater hot die Fundament
ausghobe
de Großvater dir Boomstämm
nogführt
un de Vater s zugschnittene Bauholz
abgholt.

Souviel kennsch verzehle
vun vergangene Generatione,
vun Hunger, Pest un Krieg,
vun Uglücksfäll un Wasserleiche.

Hosch uff deim Gatter
souviel Bretter un Balke gschnitte
für Wiege un Häuser un Särg.

Stürm un Hagel, Schnee un Rege
hewwe an dir gnagt
s Houchwasser dir de Uffzug weg-
gerisse
un jetz stehsch still,
un d Ente un d Gäns un d Wasser-
hühnli
schwimme um dich rum,
un d Camper un d Paddelbootfahrer
drehe ihr Cassetterecorder sou laut,
daß mer dei Stimm gar nimmi hört.

wären herbei gekommen, um ihn aus der naßen Gefahr zu erretten, so hatte er aber vorgezogen, nachdem er schwimmend seinen Cilinder wieder gefischt hatte, mäuslestill naß wie ein Pudel heimzuschleichen, um sich seines naßen und vielleicht auch strichenen Festgewandes zu entledigen. Sonst ist weiter bei dem Feste nichts auffallendes vorgekommen.

Fridolin Mayer in: Geschichte der Stadt Neudenau

Hochwasser

„Im Februar 1845 ist die Jaxst so groß geworden, daß dieselbe seit 1824 nicht mehr so groß war, und hat dem Martin Hippler, der sein neues Bauholz zur Wiedererbauung seiner Schneidmühle beim Gottesacker aufgelagert hatte, den größten teil mitgenommen."

Noch manchem Hochwasser trotzte die Schneidmühle in der nachfolgenden Zeit, doch das allergrößte Wasser des 20. Jahrhunderts im Dezember 1993 brachte ihr den Todesstoß. Seither wird auch hier kein Baumstamm mehr zu Balken und Brettern gesägt.

1880 berichtet der Chronist: „Nach den großen Hochwassern 1824 und 1845 war nach ergiebigen Regenfällen am 13. Dezember das höchste Hochwasser in diesem Jahrhundert. Viele Schneidblöcke, ganze hölzerne Brücken, Fäßer, Gartenzäune, Züber, große Körbe mit Flaschen kamen die Jaxst herunter. Auch dem hiesigen Schneidmüller Josef Hippler hat es viele Schneidblöcke mitgenommen. Müller Walz hat es die Sternmauer an seinem Wasserbau eingedrückt, sowie Stellfallen zerrissen."

Fischerei in der Jagst

Adolf Jung, Jagstfischer von Widdern (1935)

Die Jagst, ein Anglerparadies

Spiegelkarpfen aus der Jagst

Hecht, der Traum eines jeden Sportanglers

Zander, ein nächtlicher Raubfisch

27 pfündiger Hecht, gefangen bei Neudenau

26 pfündiger Hecht, gefangen in Dörzbach

Angler an der Jagst mit dem Fang seines Lebens

Waller (Wels), 37 Pfund schwer, 138 cm lang, gefangen bei Schöntal, nach einem Drill von anderthalb Stunden, wohl der größte Fisch aus der Jagst

Kapitaler Hecht mit gefangenem Rotauge im Maul, an dem er zu ersticken droht, angetrieben am Rechen der Walzmühle in Neudenau

Ein Seerosenfeld, bevorzugter Standort von Karpfen

229   Fischerei in der Jagst

Herbolzheim

Pfarrdorf, von Mosbach, dem Sitze des Amtes Neudenau, 3 St. südöstlich entfernt, liegt 534 Fuß über d. M., an der Jaxt, wo sich die Kreßbach damit vereinigt, und hat 3 evang. und 615 kath. Einw., welche von Feld-, Weinbau und Viehzucht leben, und dem Mittelstande angehören.

Universal-Lexikon vom Großherzogthum Baden, 1844

Es ist ein sehr alter Ort, und kömmt schon im J. 965 vor, wo Kaiser Otto I, aus Italien zurückkehrte, und seine Söhne Otto und Erzbischof Wilhelm ihm zu Heriboldesheim entgegen kamen, und denselben bis Worms begleiteten.

Der Ort liegt in einer weinreichen und fruchtbaren Gegend.

Universal-Lexikon vom Großherzogthum Baden, 1847

Der zum Jahr 863 im Lorscher Codex erwähnte Ort erweckt den Eindruck, als hätte er von jeher links der Jagst auf dem schmalen Geländestreifen zwischen Fluß und steil ansteigendem Prallhang unter-

Alphorn

Ein Alphorn hör' ich schallen,
Das mich von hinnen ruft,
Tönt es aus wald'gen Hallen?
Tönt es aus blauer Luft?
Tönt es von Bergeshöhe,
Aus blumenreichen Tal?
Wo ich nur steh' und gehe,
Hör 'ich's in süßer Qual.

Justinus Kerner

halb der Burgruine gelegen, wo die ältesten Häuser anzutreffen sind. Auf der rechten Flußseite läßt lediglich der Friedhof mit seiner Kapelle erkennen, daß eine alte siedlungsgeschichtliche Verbindung zwischen beiden Ortshälften besteht.

Herbolzheim wurde spätestens im 7. Jahrhundert am wesentlich günstiger gelegenen rechten Jagstufer gegründet, erhielt bald eine Kirche mit Pfarrechten und hatte möglicherweise hier ansässigen Adel. Spätestens im 13. Jahrhundert wurde auf dem linken Flußufer in Spornlage die Burg erbaut, von der allein der runde Bergfried erhalten blieb. Danach wurde die alte Siedlung aufgegeben und im Schutz der Burg neu errichtet.

Heilbronn und das mittlere Neckarland

Anmutig im Jagsttal liegt Herbolzheim. 856 wurde es bereits erwähnt und gehörte längere Zeit zum Hochstift Worms, kam dann über Kurmainz gleichfalls 1806 mit zu Baden. Der weithin sichtbare etwa 30 m hohe Bergfried gehörte zu der alten Burg, von der nur noch das Eingangstor zur ehemaligen Vorburg erhalten ist.

Heriboldis Burg in Herbolzheim, urkundlich bezeugt schon im Jahre 1268

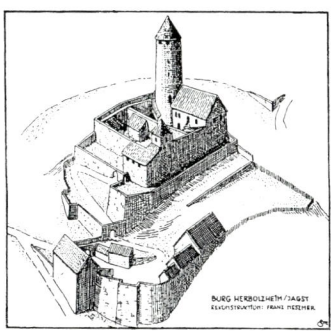

Rekonstruierter Grundriss der Herbolzheimer Burg

Heriboldis Burg

Auf einem Bergsporn östlich über Herbolzheim liegt die Burg, deren schlanker, runder Bergfried (ca. 20 m hoch, 6 m Durchmesser) schon von weitem sichtbar ist.

Auch wenn die Burg erstmals 1268 urkundlich bezeugt ist, so kann man aufgrund von Funden (Tonscherben aus dem 11. Jhdt.) davon ausgehen, daß es sich hier um eine der ältesten Burgen des Unterlandes handelt (vorstaufisch).

Den Ort beherrscht die Burg, die im 13. Jhdt. (1268) urkundlich bezeugt, ehemals eine quadratische Anlage, von der nur der runde Turm des Bergfrieds und die Ringmauer erhalten sind.

Durch's Neckartal zum Taubergrund - Richter's Reisebücher

Die Sage vom Schloßfräulein

Vor vielen Jahren soll ein kleines altes Weib, das um den Leib einen Riemen mit vielen rostigen Schlüsseln trug, öfters gesehen worden sein, wie es vom Schloß hinüber zur Kirche im Friedhof ging. Vom Schloßberg stieg es herab, kam neben dem Rathaus heraus und ging über den Steg auf die andere Seite der Jagst.

An einem Sonntagmorgen standen vor dem Rathaus eine Anzahl Männer und unterhielten sich über die Ereignisse der vergangenen Woche. Plötzlich kam die Schloßfrau neben dem Rathaus hervor und schritt mitten durch die erschreckte und sprachlos dastehenden Männer der Jagst zu. Seitdem ist sie nie mehr gesehen worden.

Aus: Rudolf Unsers „Geschichte des Dorfes Herbolzheim an der Jagst"

Stegbau im Jahre 1741

Eilig flossen die Wellen unter dem neuen Steg zu Tal. Viele tausend Jahre schon gingen sie den gleichen Weg. Kelten, Römer und unsere germanischen Vorfahren sahen hier einst dasselbe jagende Spiel des Wassers. Und mancher Steg, für Jahrzehnte gebaut, zerbrach in den reißenden Fluten. – Die Jagst hat zu allen Zeiten von den Menschen ihren Tribut gefordert.

Gut an die zwanzig Jahre war die erste Brücke fest und unerschütterlich gestanden. Sie schien für die Ewigkeit gebaut. Da, an einem Frühlingstage des Jahres 1782 geschah das Unerwartete. Rauschend und gurgelnd wälzten sich die hochgehenden Fluten gegen die Brücke. Ein Krachen und dumpfes Poltern hub an und das mittlere Brückenstück mit dem Brückenheiligen St. Nepomuk versank in den reißenden Fluten. Die Gewalt des Wassers hatte die Arbeit vieler Monate in wenigen Augenblicken zerstört.

Aber die Menschen des Dorfes verzweifelten nicht. Als das Hochwasser vorüber war, bauten die Herbolzheimer ihre Brücke unter Schweiß und Mühen wieder auf. Zwei Jahre später wurde sie durch Eisgang erneut zerstört. Drei Jahre

darauf durch Hochwasser. Zwei Jahre später wieder durch reißende Wasser. So schritt nun das Unheil, einem Naturgesetze gleich, unerbittlich weiter. Alle drei, fünf oder höchstens zehn Jahre, dann stand die Brücke wieder zerschunden und zerrissen im Tal. Und die Herbolzheimer bauten sie jedesmal wieder auf.

So ging das mit der alten Brücke bis zum Jahre 1845. Das Wasser der Jagst hatte sie am 29. März 1845 wieder zerstört. Durch den Spruch der Behörde war jetzt aber ihr Ende gekommen. Man hatte festgestellt, daß die Brücke um einen Meter zu niedrig war und daß sie infolgedessen bei jedem Hochwasser beschädigt oder zerstört werden mußte. Sie durfte also nicht mehr aufgebaut werden. Sieben lange Jahre kämpften nun die Herbolzheimer um eine neue, höhere Brücke. Mit mehreren Holzbrücken, deren Teile oft bis in den Nekkar schwammen – wurden sie bei drohendem Hochwasser nicht rechtzeitig abgebrochen – behalf man sich. Viele Unfälle kamen vor. Ganze Gespanne stürzten in den Fluß. 1852 erst erstand nach Überwindung zahlreicher Schwierigkeiten die heutige Jagstbrücke.

Rudolf Unser in: Geschichte des Dorfes Herbolzheim an der Jagst

Trost

Solang noch Berg' und Tale blühn,
Durch sie melodisch Flüsse ziehn,
Ein Vogel hoch im Blauen schwebt,
Goldähren licht im Westhauch wallen,
Gebirge stehn, Alphörner schallen:
Hat diese Welt nicht ausgelebt.

Justinus Kerner

Höchstberg

Das Dorf liegt in hoher, freier Lage auf der Wasserscheide des Höhenzugs zwischen Tiefenbach, Jagst und Schefflenz, hauptsächlich in der Ausdehnung von Nord nach Süden sich erstreckend. Durch den im Innern reinlich und sauber gehaltenen Ort führt in nördlicher Richtung die Vizinalstraße auf den Bernbronnerhof, südlich ins Jagstthal nach Unter-Griesheim, westlich ins Tiefenbachthal nach Tiefenbach; eine steinerne Brücke und ein hölzerner Steg führen über den Schefflenzbach.

In der Richtung nach Süden, am Ende des Orts rechts von der Unter-Griesheimer Straße abzweigend, gelangen wir zu der einsam auf dem ummauerten Kirchhof stehenden Kirche der „Maria zum Nußbaum", allgemein „die Höchstberger Kapelle" genannt, $1/2$ km vom Dorfe entfernt. Das Schiff der heutigen Kirche, welche in ihrer jetzigen Gestalt aus dem Jahr 1698 stammt, hat Eingänge im Westen und Süden und 6 Fenster ohne Stil. Ein Rundbogen trennt vom Schiff den um drei Stufen erhöhten, mit hölzernen Schranken abgeschlossenen Chor, welcher den Hauptaltar, im Innern den Stamm des Nußbaums, enthält.

Beschreibung des Oberamts Neckarsulm, 1881

Auf einem schmalen Höhenrücken zwischen Jagst-, Schefflenz- und Tiefenbachtal, im schwäbischen Unterland, liegt der Marienwallfahrtsort Höchstberg. Weit ins Land grüßt die hochgelegene und außerhalb des Dorfes stehende Marienwallfahrtskirche zu „Unserer lieben Frau vom Nußbaum" den besinnlichen, aber auch eiligen Menschen unserer Tage.

Nach der Überlieferung soll die Gottesmutter mit dem Jesuskind auf dem Arm einem frommen Schäfer in einem Nußbaum erschienen sein. An anderer Stelle wird berichtet, daß das Muttergottesbild in oder bei einem Nußbaum wunderbar leuchtend gestanden sei. Das Gnadenbild, eingelassen in einen Nußbaumstamm, stellt diese Überlieferungen dar.

Die Wallfahrtskirche „Unserer Lieben Frau vom Nußbaum" in Höchstberg

Auf dem Jagstradweg unterwegs

Die Höchstberger hatten die Kirche in der Ortsmitte geplant, etwa einen halben Kilometer von der Gnadenkapelle entfernt. Ein Schäfer aber, der mit seiner Herde in der Nähe der Wallfahrtskapelle weidete, berichtete von einer Erscheinung der Gottesmutter in einem Nußbaum, die den Ort des Kirchenneubaus bei der Gnadenkapelle haben wollte.

Man glaubte dem Schäfer aber nicht und brachte die Baumaterialien zur geplanten Stelle in der Ortsmitte. Dreimal wiederholte sich dann das Eigenartige, daß über Nacht trotz strengster Bewachung das Baumaterial aus der Ortsmitte verschwunden war und am Morgen am Platz der Erscheinung bei der Wallfahrtskapelle gelegen hatte.

Die erste sichere und geschichtlich verbürgte Nachricht über die Wallfahrt geht auf eine päpstliche Bulle aus dem Jahr 1328 zurück, die Papst Johannes XXII. in Avignon erlassen hatte und einen Ablaß von 40 Tagen erteilte.

Beschreibung des Oberamts Neckarsulm, 1881

Inline Skating entlang der Jagst, ein beliebter Sport

Die Legende zur Wallfahrtskirche „Unserer Lieben Frau vom Nußbaum"

Im Unterland auf steilen Höh'n
Ein Wallfahrtskirchlein ist zu seh'n.
Es schaut hinaus weit über's Land,
Höchstberg wird der Ort genannt.
Da steht das liebe Gotteshaus
Ein Stückchen vor dem Dörfchen draus,
Wo einst ein frommer Schäfersmann
Hörte schönen Himmelssang.
Er schreitet hin, um nachzuseh'n,
Da sieht er in dem Nußbaum steh'n
Die Muttergottes, himmlisch mild,
Mit dem lieben Jesuskind.
Staunend schaut der Schäfersmann
Die wunderbare Jungfrau an.
Diese aber freundlichst spricht:
„Guter Schäfer, fürcht Dich nicht,
Wollst stets auf Gott und mich vertrau'n
Und mir hierher 'ne Kirche bau'n!"
...
Der gute Hirte, voller Freud,
Zu den Dorfbewohnern eilt,
Sagt, was er gehört, geseh'n,
Daß dort eine Kirche soll ersteh'n.
Zweihundert und auch noch mehr Jahr
Steht Kirche mit dem Hochaltar,
Im Nußbaum dort das Gnadenbild,
Im Arm das liebe Jesuskind.
Gar viele wallen, pilgern hin,
Die am Altare niederknie'n
In Not und schweren Lebensfragen
Ihr Leid der Muttergottes klagen.
Wenn dies geschieht in rechtem Sinn,
Hilft stets die Himmelskönigin.
Tausende sind schon gesundet,
Die an Leib und Seel' verwundet!
Pilger zeihen immerfort
An diesen stillen, heil'gen Ort.
Getröstet kehren sie zurück,
Im Herzen voll des Friedens Glück.

Karl Häffner

Untergriesheim

Der etwas lang von Süden nach Norden sich erstreckende Ort liegt angenehm und freundlich im Jagstthal unmittelbar am linken Ufer des Flusses. Eine reizende Partie ist besonders drüben auf dem rechten Ufer der Jagst in dem schönen Thal, beim Eisenhammer, wo der erlenbewachsene Tiefenbach herabkommt und mündet. Auch im Innern ist der Ort sauber und freundlich. Die Eisenbahnlinie von Jagstfeld nach Osterburken bleibt auf der Markung, welche sie südlich vom Ort betritt, immer auf dem linken Ufer des Flusses und führt dann hart am Ort vorbei.

Beschreibung des Oberamts Neckarsulm, 1881

An der Furt über die Jagst

Nur die Stille am Fluß
lehrt dich verstehen
was die Steine murmeln
wenn das Wasser sie streichelt

Geweihter Ort

Ziehe die Schuhe aus
schüttle den Staub von den Füßen
setze dich ans Ufer
schließe die Augen
schweige

Im Rauschen des Wassers
herbeigetragen von den Wellen
aus fernen Tagen
hörst du
das Hohngelächter des Eppele von
Gailingen
die Donnerstimme des Götz von
Berlichingen
den Fluch des Ritters von Katzenstein
die Litaneien der Mönche von Schöntal
die Trommelwirbel der Landsknechte
die Seufzer der Hungernden in den
Jahren der Not
das Lachen auf den Tanzböden
die Schmerzenschreie der Frauen
auf den Folterbänken und Scheiterhaufen von Ellwangen

die schweren Schritte der Ortsarmen
auf dem Auszug in die Neue Welt

die Melodien der Lieder
die niemand im Tal mehr kennt

das Flüstern der Liebenden
die schon längst zu Staub geworden

Schließe die Augen
an der Furt
und lausche
den Erzählungen der Steine
vom Werden und Vergehen
vom Glück und vom Leid
von der Sehnsucht des Lebens
nach Ewigkeit

Untergriesheim, von der Jagst aus gesehen mit seiner Kirche St. Johannes Baptist

Deutschordensschloß Heuchlingen

Das Deutschordensschloß Heuchlingen

Am linken Ufer der Jagst, unmittelbar über dem steilen Abfall ins Thal, erhebt sich mit ihren Mauern und Thürmen, die von unten aus dem Thal gesehen, einen hübschen Anblick gewähren, die frühere Burg des deutschen Ordens, der Amtssitz Heuchlingen, heutzutage in eine Kön. Staatsdomäne umgewandelt, welche ein arrondirtes Areal von 141,15 ha (447 Morgen) umfaßt. Von Süden her gelangt man zunächst an die Oekonomiegebäude. Der Weg führt dann durch einen Rundbogen und Mauern, die früher von 3 Thoren abgeschlossen wurden, auf steinerner Brücke über den jetzt aufgefüllten Schloßgraben in den inneren Hof. Nach Norden und Osten fällt die Umfassungsmauer steil und theilweise sehr tief ab, und es finden sich an ihr noch 3 Rundthürme mit spitzigem Ziegeldach erhalten. Thürme und Mauern sind mit Schießscharten versehen.

Im inneren Schloßhof steht westlich, mit Schnörkelgiebel gegen Süden, das große 4 stockige Hauptgebäude, das alte Schloß, massiv gebaut mit hohem, in 2 Abtheilungen aufgesetztem Mansardendach, heutzutage die Pächterwohnung. Daran schließen sich nach Süden und Osten weitere Gebäude, ziemlich unregelmäßig aneinander gefügt. Zwischen diesen erhebt sich im südlichen Theil ein viereckiger massiver Thurm mit kuppelähnlichem Schieferdach.

Horst Görlich

Burg Heuchlingen

Die Aussicht von der Terrasse im Nordosten ist sehr hübsch, das Jagstthal sowie die gegenüberliegenden Höhen mit der Höchstberger Kapelle, Obergriesheim, Duttenberg bis nach Wimpfen, im Thal die Mühle, Untergriesheim und die Bahn erscheinen dem Beschauer. Unmittelbar unterhalb des Berges, auf dem das Schloß steht, finden wir die Heuchlinger Mühle, sehr freundlich gelegen.

Ein Fußweg mit steinernen Staffeln führt dazu vom Schloß an der Ostseite hinab und unter der Bahnlinie durch. Die Straße von Kochendorf nach Obergriesheim läuft heutzutage an der westlichen Seite des Schlosses vorbei in Serpentinen hinab ins Thal, überschreitet zuerst die unmittelbar unten am Schloßberg vorbei führende Eisenbahnlinie, dann auf 5bogiger steinerner Brücke den Mühlkanal und die Jagst.

Heuchlingen hieß ursprünglich Huchel – Heuchelheim, Heimwesen eines Huchilo.

Nachdem im Städtekrieg 1449 f. die Wimpfener dem Schloß und der Mühle übel mitgespielt hatten, ging der Wittstadtsche Antheil 1466, der Caplersche 1502 durch Kauf an den Deutschorden über, welcher das im Bauernkrieg 1525 zerstörte Schloß sofort wieder herstellte und zum Amtssitz für die Orte Bachenau, Duttenberg, Hagenbach, Jagstfeld, Ober- und Unter-Griesheim, Oedheim und Offenau erhob. Außer dem Amtmann waren daselbst ein Thorwart und Amtsdiener, ein Herrschaftsküfer und ein Strohmaier. Auf der Mühle besaß das Dominikanerkloster Wimpfen ein Hellergilt.

Mit allen Deutschordenbesitzungen 1805 württembergisch geworden, war Heuchlingen eine Zeitlang Sitz des Kameralverwalters von Gundelsheim und ist nun seit 1811 einem Domänenpächter eingeräumt.

Beschreibung des Oberamts Neckarsulm, 1881

Duttenberg

Auf der krummen Ebene gelegen, hart an deren südlichem Abfall gegen das Jagstthal, hat der Ort eine freundliche Lage und ein gutes Aussehen.

Duttenberg, Mark eines Tutumo, Burg eines Dudo, wird schon 778 und 799 genannt, als ein gewisser Reginolf und ein Bernus dem Kloster Lorsch in Rheinhessen Güter zwischen Offenau und Duttenberg schenken.

Die nicht sehr ausgedehnte Markung, das sanftwellige Terrain der krummen Ebene enthaltend, das nach Südosten zur Jagst abfällt, enthält einen fruchtbaren, tiefgründigen Lehmboden, zum Theil mit Sand vermischt. Das Klima ist im Allgemeinen mild, die Nächte warm; Frühlingsfröste und kalte Nebel kommen öfters vor, und auch starke Winde wehen oft.

Die Einwohner gehören zu den besser gestellten im Bezirk. Der Zustand der Landwirtschaft ist ein guter. Auch Handelsgewächse werden gebaut: Zuckerrüben, Tabak und Cichorien. Der Wiesenbau im Jagstthal liefert von den zweimähdigen Wiesen, von denen 15 Morgen bewässert werden können, ein durchaus gutes Futter. Es wird stark mit Vieh gehandelt; von Geflügel kommen besonders Gänse zum Verkauf.

Eine hübsche Aussicht genießt man von dem Platz östlich von der Kirche gegen Süden und Osten, ins Thal der Jagst und nach dem gegenüberliegenden Heuchlingen.

Beschreibung des Oberamts Neckarsulm, 1881

Die Jagst ist an ihrem Unterlauf ruhig und gemächlich geworden. Saftige Wiesen und an den Rändern gelegene Getreidefelder haben in dem weitgespannten Tal reichlich Platz. An den sonnenreichen Südhängen beleben zahlreiche gestaffelte Weinberge den Ausblick. Am Nordrand steht ein alter, abwechslungsreicher Mischwald mit einem überraschend hohen Anteil von Kastanien.

Duttenberg, ein schon im Jahre 767 erwähnter Ort, mit seinen Feldern in der Jagstaue

Zahlreiche verschwiegene Buchten laden bis weit nach Jagsthausen zu einem erfrischenden Bad ein. Die Jagst ist selbst während der heißen Sommertage von angenehmer Kühle und ihr Wasser, wie keines ihrer unmittelbaren Nachbarn, von besonderer Klarheit. Diese Eigenschaften haben ihr bei den Dichtern den Ruf der Jungfräulichkeit eingebracht.

Die Kreuzkapelle bei Duttenberg

Am nördlichen Uferhang der Jagst, kurz vor ihrer Mündung in den Neckar bei Jagstfeld, im Blickfeld der früheren Reichsstadt Wimpfen, liegt das Dorf Duttenberg. Südwestlich und nicht allzuweit vom Orte steht an der Straße zum Neckar die Kreuzkapelle, ein einfacher kleiner Bau mit Chorturm und anschließendem Schiff. Über die Geschichte der Kapelle ist kaum etwas bekannt. Das Pfarrdorf Duttenberg erscheint schon früh in Schenkungsurkunden des Klosters Lorsch aus den Jahren 767.

Die Kreuzkapelle wird im Volke in jüngerer Zeit meist Annakapelle genannt.

Daß die Kapelle von Anfang an aber dem Hl. Kreuz geweiht war, geht aus Wimpfener Urkunden aus dem Jahre 1475 hervor.

Georg Sigmund Graf Adelmann in: Nachrichtenblatt der Denkmalpflege, Heft 1, Freiburg 1960

Die Kreuzkapelle bei Duttenberg, auch Annakapelle genannt

Jagstfeld

 Jagstfeld liegt äußerst freundlich und angenehm unmittelbar über dem rechten Neckarufer auf dem Steilabfall desselben, 60 Fuß höher als der Spiegel der $1/2$ km unterhalb des Dorfs mündenden Jagst, östlich gegenüber von Wimpfen.

Die Leute von Jagstfeld sind im Allgemeinen hager und von mittlerer Größe. Man sieht äußerst wenig fette Leute, sowohl unter den Frauen, als den Männern, doch eher noch unter den Frauen. Es hängt das wohl einerseits von den Nahrungsmittelverhältnissen ab (im Allgemeinen wenig Bier), sowie dem meist spärlichen Verdienste, andererseits von dem Temperament, das überwiegend als cholerisch oder melancholisch bezeichnet werden muß. Das sanguinische und phlegmatische Temperament ist entschieden in der Minderheit.

Beschreibung des Oberamts Neckarsulm, 1881

Geschichte der Saline Friedrichshall

Die K. Saline Friedrichshall, 10 Minuten vom Orte Jagstfeld entfernt, ist eine der werthvollsten Besitzungen der Krone Württemberg. Unmittelbar am schiffbaren Neckar und im Knotenpunkt mehrerer Eisenbahnlinien gelegen, birgt sie im Boden einen unermeßlichen Reichthum von Salz, dessen Gewinnung und Verwerthung unter diesen günstigen Verhältnissen einen außerordentlichen Aufschwung genommen hat. Im Jahre 1879/80 betrugen die Versendungen von Friedrichshaller Stein- und Kochsalz theils zu Wasser, theils zu Land über $1 \frac{1}{2}$ Millionen Centner, wovon ein großer Theil in das Ausland ging.

Gruß aus Jagstfeld aus dem Jahre 1904

Auf der gegenüberliegenden Seite des Neckars: Die Abtei Wimpfen im Tal

Geognostische und technische Gründe lenkten den um die Gründung der Saline hochverdienten Bergrath v. Bilfinger sen. auf einen Punkt in den sogenannten Steinäckern bei Jagstfeld, wo am 17. Aug. 1812 der dreizöllige Bohrer angesetzt wurde. Im April 1815 bei einer Tiefe von 345' war der Gyps erreicht und der Salzgehalt der Bohrlochwasser nahm von da an immer mehr zu. Nach zwei gefährlichen Gestäng- und Seilbrüchen kam man endlich im April 1816 bei 498' auf das eigentliche Salzgebirge, dem eine vollkommen gesättigte, nachhaltige Soole entstieg.

Von diesem glücklichen Funde, dessen Gedächtnis durch ein gußeisernes Monument auf der Saline bewahrt wird, geht eine gänzliche Umgestaltung und eine großartige, früher nicht geahnte Ausdehnung des süddeutschen Salinenwesens aus. Zum erstenmal war der Bohrer auf ein mächtiges Lager von derbem Steinsalz gestoßen und hatte vollläthige, zum Versieden unmittelbar geeignete Soole aufgeschlossen.

Alsbald schritt man in Jagstfeld zur Nutzbarmachung der Soole, indem im Laufe des Jahres 1817 ein Sied- und Trockenhaus mit einer Siedpfanne und einer Wärmpfanne nebst Soolenbehälter erbaut und am 14. Januar 1818 das erste Siedwerk angebrannt wurde. Gleichzeitig nahm man aber auch auf die Ausbeutung des entdeckten Steinsalzlagers Bedacht und begann im April 1817 mit dem Abteufen eines Schachtes, der 100' vom Fundbohrloch entfernt angesetzt wurde und eine Weite von 19 $\frac{1}{2}$' auf 18' erhielt.

Beschreibung des Oberamts Neckarsulm, 1881

Friedrich von Alberti

Friedrich von Alberti, 1795 als zehntes Kind des Hauptmanns und 1807 in den erblichen Adelsstand versetzten Franz Carl Alberti in Stuttgart geboren, ist der bedeutendste deutsche Salinist des 19. Jahrhunderts. Gründung und Entwicklung der württembergischen Salinen am Oberen und Unteren Neckar und des Bergwerkes Friedrichshall sind untrennbar mit seinem Namen verbunden. Albertis 55 Berufsjahre fielen dabei in eine Zeit, in der das Salz einer der wichtigsten Rohstoffe war.

Die Versorgung des Königreiches Württemberg mit Salz erfolgte zu Beginn des 19. Jahrhunderts durch die Salinen Schwäbisch Hall (seit 1804), Clemenshall zu Offenau (seit 1754) und Sulz am Neckar (seit 1252). Die Produktion reichte jedoch nicht aus, so daß größere Mengen Salz eingeführt werden mußten.

Bereits im 18. Jahrhundert hatte sich die Auffassung durchgesetzt, daß im tieferen Untergrund von Württemberg Salz in größeren Mengen zu finden sei. Da die Produktion und der Verkauf von Salz erhebliche Gewinne für die königliche Kasse versprach, begann in der ersten Hälfte des 19. Jahrhunderts verstärkt die Suche nach dem Rohstoff.

Im Februar 1816 wurde schließlich einen Kilometer südlich von Jagstfeld in 142,7 m Tiefe unter Leitung des Königlichen Bergrates Ludwig Friedrich Bilfinger (1782 - 1863) Steinsalz erbohrt. Fast vier Jahre hatten die Bohrarbeiten gedauert.

Bergbauingenieur Friedrich von Alberti, langjähriger Leiter der Saline Friedrichshall

Der Versuch, einen Schacht abzuteufen, um das Salz bergmännisch zu gewinnen, begann unter Bilfinger im April 1817, scheiterte aber im Mai 1818 durch einen enormen Wassereinbruch im Schacht.

In Jagstfeld wurden ab 1818 nach einer erfolglosen Bohrung, die noch Bilfinger beaufsichtigte, die Bohrungen drei bis fünf unter der Leitung von Friedrich von Alberti abgeteuft. Sie sicherten mit der 1823 fertig gestellten sechsten Bohrung eine ausreichende Soleversorgung der Saline Friedrichshall.

Nach den ersten Erfahrungen auf den Salinen Sulz und Friedrichshall begann für Alberti eine überaus erfolgreiche Schaffensperiode in Schwenningen und Rottweil am Oberen Neckar.

Nach dreißig Jahren Aufenthalt am Oberen Neckar, verbunden mit der Leitung der gleichnamigen Salinen Wilhelmshall in Schwenningen und Rottweil-Rottenmünster sowie der Saline Sulz wurde Alberti 1853 wieder nach Jagstfeld versetzt. Hier leitete er bis zu seinem 75. Lebensjahr die Salinen Friedrichshall und

Clemenshall zu Offenau sowie das Friedrichshaller Bergwerk.

Bereits im Ruhestand erfolgte 1870 der Umzug nach Heilbronn. 1873 starb seine Frau Julie Wilhelmine Caroline, geb. von Degenfeld. Alberti lebte nun völlig zurückgezogen in seinem Haus in der Inneren Rosenbergstraße 2 nahe dem Heilbronner Götzenturm am Neckar. Ein halbes Jahrzehnt nach dem Tod seiner Frau starb Alberti am 12. Septe. 1878. Er liegt auf dem Alten Heilbronner Friedhof begraben.

Nach dem Essay „Friedrich von Alberti" von Wolfgang Hansch

Wer Friedrich von Alberti in den Zeiten seiner Jugendfrische und vollen Manneskraft gekannt hat, weiß sich sicherlich auch der ersten Begegnung mit ihm zu entsinnen und sich den lebhaften Mann von nur mittlerer Größe wieder vorzustellen. Das ausdrucksvolle Gesicht mit dem kleinen blauen Auge, das unter buschigen Brauen hervorblitzte, die Raschheit der Sprache, die Entschiedenheit seiner Rede und seiner Bewegungen ließen sofort den Geist von ungewöhnlicher Kraft, der ihn beseelte, erraten.

Oskar Fraas in: Schwäbische Lebensbilder

Die Mündung der Jagst in den Neckar, im Hintergrund die Stauferstadt Bad Wimpfen

Des nemm i mit, wenn i fortgeh

Net Haus un Hof
nemm i mit, wenn i fortgeh.

Awer
de Regeboge,
wenn er sich üwerm Jagsttal wölbt,

nemm i mit, wenn i fortgeh.

Net Gut un Geld
nemm i mit wenn i fortgeh

Awer s Glitzere vun de Jagst,
wenn d Sunn uffgeht,

un de Fischreiher,
wenn er üwers Schilf fliegt,

nemm i mit, wenn i fortgeh.

Kee Gold un aa kee Edelstee
nemm i mit, wenn i fortgeh.

Awer de Tau am Morge,
wenn er uff em Gras vun de
Jagstwiese blitzt,

s Murmle vun de Quelle,
wenn sie aus em Felse springt

un s Eidechsle,
wenns sich am Bachrain sunnt,

nemm i mit, wenn i fortgeh.

Kee Brot un aa keen Wei
nemm i mit, wenn i fortgeh.

Awer
s Plätschere vun deim Wasser,
de Wind vun deine Abhäng
de Duft vun deim Hei
un d Farb vun deine Äcker, Wiese
un Wälder

die nemm i mit,
mei Jagsttal,
wenn i vun dir fortgeh.

Literatur

Adelmann, Georg Sigmund Graf:
Die Kreuzkapelle bei Duttenberg
Nachrichtenblatt der Denkmalpflege, Heft 1,
Freiburg 1960

Akerman, Manfred: Kunst, Kultur und
Museen im Kreis Schwäbisch Hall
Konrad Theiss Verlag Stuttgart, 1991

Albrecht, Friedrich: Abt Benedikt Knittel
Hrsg. Deutsche Schillergesellschaft Marbach
am Neckar, 1989

Bad Friedrichshall 1933 - 1983
Stadt Bad Friedrichshall 1983

Bad Friedrichshall am Neckar, Jagst,
Kocher (Bd. 2)
Verlag Friedrichshaller Rundblick
Bad Friedrichshall, 1993

Baier, Martin: Gesichter einer Stadt
Crailsheim vor und nach 1945
Baier-Verlag Crailsheim, 1999

Beschreibung des Oberamts Künzelsau,
W. Kohlhammer Stuttgart, 1883

Beschreibung des Oberamts Crailsheim,
W. Kohlhammer Stuttgart, 1884

Beschreibung des Oberamts Ellwangen,
W. Kohlhammer Stuttgart, 1886

Beschreibung des Oberamts Neckarsulm,
W. Kohlhammer Stuttgart, 1881

Blümcke, Martin: Karl Julius Weber,
der Demokrit aus Hohenlohe
Marbacher Magazin 70/1994

Bischof, Heinz: Das Frankenland
Badenia Verlag Karlsruhe 1973

Borst, Otto: Alte Städte in Württemberg
Prestel Verlag München, 1968

Brüstle, Hans (Hrsg.): Das Wilde Heer
Rombach Verlag Freiburg, 1977

Brüstle, Heini: Ortschronik von Westhausen
Westhausen 1986

Chronik von Lauchheim: Geschichte der ehemaligen Deutschordenscommende Kapfen-
burg/nach den Quellen von August Gerlach
Ellwangen, 1907

Das große Nordbadenbuch
Pfälz. Verlagsanstalt Neustadt/
Weinstraße, 1967

Das Hohenloher Land
Sigloch edition, Künzelsau

Das Königreich Württemberg Bd. 3
Hrsg. Statist. Landesamt, Stuttgart 1906

Dibbern, Dr. Hans Werner:
Die Burg Leofels

Die Kapfenburg: 800 Jahre Deutscher Orden
Katalog zur Ausstellung im Deutschordensschloß Kapfenburg vom 28. Juni bis
30. Sept. 1990, Stuttgart 1990

Dienel, Werner Martin: Crailsheim einst
und heute: zehn mal zehn Jahre
Geschichte der fränkischen Stadt an der Jagst
Wettin-Verlag, Kirchberg an der Jagst, 1984

Dienel, Werner Martin: Fahren, Schauen,
Wandern. Reiseführer für den Landkreis
Schwäbisch Hall.
2. Aufl., Kirchberg

Dienel, Werner Martin: Wo Kocher, Jagst und
Tauber fließen Ein Hohenloher Heimatbuch
Hohenloher Druck- und Verlagshaus
Gerabronn, 2. Aufl. 1966

Eyth, Ludwig: Chronik des fränkischen
Dorfes Hohebach a. d. Jagst,
Fink Verlag, Stuttgart 1904, Gemeinde
Dörzbach 1979

Eyth, Max: Mein Leben in Skizzen
Süddt. Verlagsgesellschaft Ulm, 1986

Eyth, Max: Im Strom unserer Zeit
Dt. Landwirtschafts-Gesellschaft- Verlags-
GmbH Frankfurt, 1956

Ellwangen: Schwabenverlag Ostfildern, 1986

Fekete, Julius: Kunst- und Kulturdenkmale
in Stadt- und Landkreis Heilbronn
Konrad Theiss Verlag Stuttgart, 1991

Frank, Karl: Farbige Vielfalt in Hohenlohe
Hohenloher Druck- und Verlagshaus
Gerabronn, 2. Aufl., 1985

Flaischlen, Cäsar: Heimat und Welt
Egon Fleischel Verlag Berlin, 1916

Gauger, Siegfried (Hrsg.): Möckmühl Das Bild
der Stadt in Vergangenheit und Gegenwart
Aue-Verlag Möckmühl

Gebhard, Hans: Die Pfitzerin
Cicero Verlag Ellwangen, 1998

Genealogie, Deutsche Zeitschrift
für Familienkunde
Heinz Reise Verlag, Göttingen

Gerlach, August: Chronik von Lauchheim
Ellwangen, 1907

Götz von Berlichingen: Ich, Götz von
Berlichingen mit der eisernen Hand
ausgewählt und ergänzt von Dr. E. E. Hahn
Hohenloher Druck- und Verlagshaus
Gerabronn-Crailsheim, 1962

Gräf, Hartmut: Siglingen, Reichertshausen,
Kressbach. Ein Heimatbuch
Gemeinde Neudenau – Siglingen (Hrsg.),
1978

Gräser, Hans: Die Schlacht um Crailsheim
im 2. Weltkrieg
Baier Verlag Crailsheim, 1997

Gräter, Carlheinz: Hohenloher Weinbrevier
Hohenloher Druck- und Verlagshaus
Gerabronn-Crailsheim, 1974

Gräter, Carlheinz: Im grünen Licht
Hohenlohes
Steinkopf Verlag Stuttgart, 1989

Günther, Agnes: Die Heilige und ihr Narr
69. Aufl., Steinkopf Verlag Stuttgart, 1918

Hain, Hans: Aus der Vergangenheit des Dorfes Olnhausen, 1981

Haag, Gottlob: An Tagen wie diesen, Gedichte
Wilfried Eppe Verlag Bergatreute, 1996

Haag, Gottlob: Bass uff wenn dr Noochtgrabb kummt – Gedichte
Wilfried Eppe Verlag Bergatreute, 1993

Haag, Gottlob: Die Stunde des Anglers, Gedichte
Winfried Eppe Verlag Bergatreute, 1998

Haag, Gottlob: Haitzudooch – Gedichte
Winfried Eppe Verlag Bergatreute, 1989

Haag, Gottlob: Zwische de Zeile – Gedichte
Winfried Eppe Verlag Bergatreute, 1987

Haering; Hermann/Hohenstatt, Otto: Schwäbische Lebensbilder
W. Kohlhammer Verlag Stuttgart, 1941

Heckel, Richard: Hie gut Württemberg
Klett-Verlag Stuttgart, 1949

Heilbronn und das mittlere Neckarland
Konrad Theiss Verlag Stuttgart, 1991

Institut für Geschichtliche Landeskunde und Historische Hilfswissenschaften der Universität Tübingen: Zum Feuer verdammt: die Hexenverfolgungen in der Grafschaft Hohenburg, der Reichsstadt Reutlingen und der Fürstpropstei Ellwangen
Steiner, Stuttgart 1998

Jedicke, Leonie und Eckhard: Naturdenkmale in Baden-Württemberg
Landbuch-Verlag Hanover, 1991

Kindlers Literaturlexikon
dtv München, 1974

Kluckert, Ehrenfried und Stadler, Otto: Hohenlohe – Eine Bildreise
Ellert & Richter Hamburg 1998

Koch, Ursula: Das fränkische Gräberfeld von Klepsau im Hohenlohekreis
Konrad Theiss Verlag Stuttgart, 1990

Lämmle, August: August-Lämmle-Lesebuch
Stieglitz-Verlag Mühlacker, 1973

Lämmle, August: August-Lämmle-Schwabenbuch
Stieglitz-Verlag Mühlacker, 1987

Lämmle, August: Das ist mein Land
Steinkopf Verlag Stuttgart, 1989

Lehr, Rudolf/Gängel, Adolf: Ereignisse und Gestalten Vom Rhein zum Taubergrund
Badenia Verlag Karlsruhe, 1979

Lott, Bernhard Heinrich: Es gibt mer zu denke, Mundartgedichte aus dem Jagsttal
Verlag Friedrichshaller Rundblick, Bad Friedrichshall 1996

Lott, Bernhard Heinrich: Geschichten aus dem Jagsttal
Verlag Friedrichshaller Rundblick, Bad Friedrichshall, 2. Aufl. 1997

Lott, Bernhard Heinrich: Malerisches Neudenau – Heimat an der Jagst
Verlag Friedrichshaller Rundblick, Bad Friedrichshall 1995

Mattern, Hans: Das Jagsttal von Crailsheim bis Dörzbach
Verlag Robert Baier, 5. Aufl., Crailsheim 1995

Mayer, Fridolin: Geschichte der Stadt Neudenau an der Jagst
Mosbach 1937

Pfeifer, Hans: Ellwangen; der Stadtführer
Verl.-Ges., Ulm 1998

Pikulski, Werner: Luschdichi Hoaloer G'schichdlich und Gedichdlich aus dem Land zwischen Kocher, Jagst und Tauber
Hohenloher Druck- und Verlagshaus Gerabronn, 1989

Planck, Dieter/Beck, Willi: Der Limes in Südwestdeutschland
Konrad Theiss Verlag Stuttgart, 1987

Pültz, Wilhelm: Sonne über Wallerstein
Verlag Christoph Schmidt Neustadt Aisch, 1997

Rahn, Konrad: Kriegschronik der Stadt Crailsheim im Frühjahr 1945
Crailsheim 1955

Rauser, Jürgen Hermann: Schöntaler Heimatbuch
Schöntal 1982

Rauser, Jürgen Hermann: Krautheimer Heimatbuch
Krautheim 1984

Rauser, Jürgen Hermann: Mulfinger Heimatbuch
Mulfingen 1980

Rauser, Jürgen Hermann: Dörzbacher Heimatbuch
Dörzbach 1980

Rauser, Jürgen Hermann: Heimatbuch Hohenlohekreis
Weinsberg 1985

Richter's Reisebücher: Durch's Neckartal zum Taubergrund
Heidelberg, 1952

Schaeff-Scheefen, G. Harro: Geliebtes Franken
Winfried Eppe Verlag Bergatreute, 1990

Scheuerlein, Georg: Erinnerungen Berlichinger Bürger an das Kriegsende im April 1945
Berlichingen 1995

Schlauch, Ingaruth und Rudolf: Der unversiegte Brunnen
Verlag Hohenloher Druck-und Verlagshaus Gerabronn und Crailsheim, 1963

Schlauch, Rudolf: Württembergisches Unterland
Glock und Lutz Verlag Nürnberg, 1966

Schlauch, Rudolf: Hohenlohe, Franken
Glock und Lutz Verlag Nürnberg, 1980

Schlauch, Rudolf: Langenburg in Hohenlohe
Bürgermeisteramt Langenburg, 1972

Schmidt, Frieder: Die Hammerschmiede Gröningen als technisches Denkmal
Konrad Theiss Verlag Stuttgart, 1984

Schönhuth, Ottmar: Die Burgen, Klöster, Kirchen und Kapellen Badens und der Pfalz mit ihren Geschichten, Sagen und Märchen
Verlag A. v. Bayer Lahr, 1862

Schönhuth, Ottmar: Die Burgen, Klöster, Kirchen und Kapellen Württembergs und der Preußisch-Hohenzoller'schen Landestheile mit ihren Geschichten, Sagen und Märchen
Verlag Eduard Fischhaber Stuttgart
1860-1861

Schüßler, Herbert: Im Herzen Hohenlohes
2. Auflage 1994, Hohenloher Druck- und Verlagshaus Gerabronn und Crailsheim

Schüßler, Herbert: Unbekanntes Hohenlohe-Franken
Wilfried Eppe Verlag Bergatreute, 1988

Schuler, Rudolf: Im Lande Götz von Berlichingens
4. Aufl. Verlag Brausdruck Heidelberg

Siefken, Hinrich: Theodor Haecker
Marbacher Magazin 49/1989

Simon, Theo: Salz und Salzgewinnung im nördlichen Baden-Württemberg
Jan Thorbecke Verlag, Sigmaringen, 1995

Starrach, Helmut: Leben in Hohenlohe
2. Aufl. Verlag Heilbronner Stimme, 1997

Strohhäcker, Dr. Friedrich: Möckmühl – Bild einer Stadt
Möckmühl 1979

Taddey, Gerhard (Hrsg.): Lebensbilder aus Schwaben und Franken
Kohlhammer Verlag, Stuttgart

Uhlig, Martin: Die Schmalspurbahn im Jagsttal
Verlag Jagsttalbahn-Freunde e.V. Dörzbach, 1985

Universal-Lexicon von Württemberg, Hechingen und Sigmaringen
bearb. u. hrsg. von Carl Theodor Griesinger, Stuttgart 1841

Universal-Lexikon vom Großherzogthum Baden
bearb u. hrsg. Von einer Gesellschaft von Gelehrten und Vaterlandsfreunden
Macklot'sche Verlagsbuchhandlung
Karlsruhe, 1844

Unser, Rudolf: Geschichte des Dorfes Herbolzheim an der Jagst
Mosbach 1956

Wander- und Naturführer für den Raum Krautheim-Dörzbach-Mulfingen
Krautheim, 1982

Wankmüller, Rolf: Schlitzöhrige Geschichten aus Hohenlohe
Hohenloher Druck- und Verlagshaus Gerabronn, 1988

Weber, Karl Julius: Reise durch das Königreich Württemberg
J. F. Steinkopf Verlag, Stuttgart 1978

Weber, Rudolf: Mei Hamet, Gedichtli in der Bauländer Bauernsproch
Wilfried Eppe Verlag Bergatreute, 1990

Weihrauch, Josefine und Heimberger, Heiner: Neudenauer Überlieferungen
Hrsg. V. Peter Assion. Neudenau 1979

Weller, Fritzjacob: Ein Blatt im Wind
Hohenloher Druck- und Verlagshaus Gerabronn, 1983

Weller, Fritzjacob: Koarababbalich
Hohenloher Druck- und Verlagshaus Gerabronn, 1983

Wetzel, Manfred: Vom Mummelsee zur Weibertreu: die schönsten Sagen aus Baden-Württemberg
Konrad Theiss Verlag Stuttgart, 1997

Widdern mit Stadtteil Unterkessach
Bilder aus vergangener Zeit
Geiger Verlag, Horb a. N., 1988

Wohlschlegel, Karin : Hohenlohe wird württembergisch
Jan Thorbecke Verlag Sigmaringen, 1993

Text- und Bildautoren

Bernhard Heinrich Lott

Geboren am 17. 4. 1950 in Neudenau/Jagst
Aufgewachsen als ältestes Kind einer bäuerlichen Großfamilie

Abitur am Matthias-Grünewald-Gymnasium Tauberbischofsheim (humanistischer Zweig)

Nach Querschnittslähmung des Vaters 1970
Übernahme des elterlichen landwirtschaftlichen Betriebes

Daneben Studium für das Lehramt an Grund-, Haupt- und Realschulen an den Pädagogischen Hochschulen Heidelberg und Karlsruhe

Ab 1975 Lehrer an den Realschulen Calw und Karlsruhe-Oberreut

Heute Realschullehrer in Karlsruhe-Rüppurr, Mundartdichter und Autor

Mit zahlreichen Literaturpreisen ausgezeichnet

Viele Lesungen und Sendungen im Süddt. Rundfunk (SWR 4)

Veröffentlichungen

1993 Mundartbuch „Geschichten aus dem Jagsttal"

1994 Herausgabe des Buches „Barfuß auf dem Weg ins Paradies – Die Lebensgeschichte des Kapuzinerpaters Adalbert Ehrenfried"

1995 Heimatbuch „Malerisches Neudenau - Heimat an der Jagst"

1996 Mundartbuch „Es gibt mer zu denke" – Mundartgedichte aus dem Jagsttal

1997 Mundartbuch „Geschichten aus dem Jagsttal" (2. Erweiterte Auflage)

1997 Kinderbuch „Anton, der Eisbär" (mit seiner Frau Doris)

1998 Mundartbuch „Lustige Geschichten aus dem Jagsttal"

1999 Gedichtsband „Worte für die Seele"

2000 CD „Worte für die Seele"

Fotografen

Roland Bauer

geboren 1950 in Stuttgart
1974 - 1980 Studiengang Fotodesign und Bildjournalismus in Dortmund
seit 1980 freischaffender Fotograf in Winterberg/Hohenlohe
Bildbände: „Bäuerliche Lebensformen"
„Altes Handwerk stirbt"
„Handwerk, die letzten ihrer Zunft"
„Würth, die Architektur weiterbringen"
Kodakfotobuchpreis: „Bäuerliche Lebensformen sterben mit den alten Leuten"

Hugo Böhm

1951 in Krumbach/Odenwald geboren

1970 Abitur in Tauberbischofsheim
Studium des Bibliothekswesens in
Stuttgart
seit 1978 Leiter der Stadtbibliothek
Bretten
fotografiert seit mehr als 20 Jahren
als Autodidakt vor allem in
Schwarzweiß, auch für die Presse
hat sich während der Arbeit für dieses Buch nicht nur mit dem Jagsttal,
sondern auch mit der Farbfotografie
befreundet

Erich Kuch

geb. 1932 auf dem Bodenhof bei
Buchenbach
gelangt durch seinen Vater zur
Fotografie
1954 Die erste „Leica"
1956 Hinwendung zur Tierfotografie
ab 1962 erfolgreiche Beteiligungen
an Internationalen Fotowettbe-
werben (u. a. in New York, Toronto,
Brisbane, Sydney, Rosario)
Bildveröffentlichungen in über
80 Büchern und Zeitschriften

Erhard Weis

1938 in Rothmühl/Sudetenland
geboren Schul- und Jugendzeit in
Künzelsau und Heilbronn
Schriftsetzerlehre und anschließende Tätigkeit bei verschiedenen
Tageszeitungen und Akzidenz-
druckereien
Frühe berufsbedingte Hinwendung
zur Fotografie
Ausschließliche Gestaltung der Bilder
nach typographischen Gesichts-
punkten
Verehrer von Hohenlohe und Kenner
unbekannter Fotowinkel

Jutta Schwab

1949 in Heilbronn geboren und sehr
mit ihrer Heimatstadt verbunden;
lebt in Bad Wimpfen; als Pilotin
und selbstständige Luftbildfotografin
erstellt sie im Auftrag von Behörden
und der Industrie Luftbildaufnah-
men für den Umweltbereich und für
Baudokumentationen

Peter Kreisel

1958 in Kattowitz/Polen geboren.
Lyzeum der Bildenden Kunst, Katto-
witz. Studium an der grafischen
Fakultät der Kunstakademie „Jan
Matejko" in Krakau mit Abschluß-
Diplom.
1989 Aussiedlung nach Deutschland
mit Frau und zwei Kindern.
Grafik-Design sowie Zeichnungen
und Malerei in verschiedenen Tech-
niken.
Zeichnete den Flußverlauf im Vorsatz des Buches sowie viele Ortsansichten.
Arbeitet als Graphiker in einer
Glasraffinerie in Neudenau, lebt
mit seiner Familie in Öhringen

Dank

Für die freundliche Unterstützung dieses Buches bedanke ich mich sehr herzlich bei

Christa und Otto Albiez, Karlsruhe
Heidelinde Andritsch, Widdern
Robert Baier, Crailsheim
Roland Bauer, Winterberg
Frfr. Alexandra von Berlichingen, Jagsthausen
Frh. Götz von Berlichingen, Rossach
Heinz Bischof, Karlsruhe
Hugo Böhm, Bretten
Bgm i. R. Fritz Bosch, Siglingen
Heini Brüstle, Westhausen
Jürgen Conrad, Wallhausen
Manfred Corleis, Walxheim
Frh. Dr. Dieter von Crailsheim, Morstein
Dieter Ederle, Neudenau
Ulrike Egner-Kniehl, Adelsheim
Pater Adalbert Ehrenfried, Stühlingen
Horst Englert, Mulfingen
Pfr. Hermann Fischer, Ingersheim
Bgm i. R. Wilhelm Frey, Widdern
Hans Gebhard, Ellwangen
Helmut Gehrig, Neudenau
Andrea Göldner, Weismain
Theo Götz, Waldenburg
Dr. Carlheinz Gräter, Würzburg
Günter Grasmeier, Neudenau
Gottlob Haag, Wildentierbach
Hannelore Haas, Assumstadt
Dr. Alfred Häußler, Neckarsulm
Norbert Hamberger, Neudenau
Dr. Margarete Hendel, Neudenau
Dr. Ernst Hippelein, Satteldorf
Albrecht und Inge Hofmann, Schöntal
Cosima Jawurek, Herbolzheim
Hermann Jung, Jagsthausen
Helmut Kaiser, Widdern
Bgm Werner Kowarsch, Lauchheim

Peter Kreisel, Öhringen
Erich Kuch, Hohebach
Gerhard Layer, Mosbach
Dr. Hans Mattern, Schorndorf
Marlene Maurhoff, Untereisesheim
Dr. Christian Mertz, Züttlingen
Arnfried Meyer, Siglingen
Dr. Renate Milczewsky, Stuttgart
Else Model, Berlichingen
Pfarrer Willi Mönikheim, Gaggstatt
Karl-Heinz Mordelt, Jagsthausen
Bgm Raimund Müller, Jagstzell
Theo Nenninger, Neudenau
Dr. Hans Pfeifer, Ellwangen
Werner Pikulski, Crailsheim
Bruno Reichert, Neudenau
Ludwig Roth, Neudenau
Ilse Saur, Möckmühl
Klaus-Dieter Seifert, Dörzbach
Bgm Günter Schenk, Unterschneidheim
Georg Scheuerlein, Berlichingen
Ingaruth Schlauch, Crailsheim
Bgm Willi Schmitt, Dörzbach
Jutta Schwab, Bad Wimpfen
Maria Soulas, Heilbronn
Wilfried Straßer, Neudenau
Alfons Stockert, Dörzbach
Gerhard Sturm, Mulfingen
Ludwig Graf Waldburg, Assumstadt
Karl Walz, Neudenau
Rolf Wankmüller, Gerabronn
Erhard Weis, Künzelsau
Bgm Herbert Witzany, Westhausen
Caroline Wöllner, Möckmühl/Seehof
Johanna und Bernhard Woll, Waldenburg
Lissi Ziegler, Bächlingen

Touristeninformationen

Angeln, Radeln, Wandern, Kanu- und Kajak fahren, Ferien auf dem Bauernhof ... Das Jagsttal bietet eine Fülle von Freizeitmöglichkeiten, nicht zu vergessen den „Hohenloher Kultursommer", ein reichhaltiges Programm von Konzert- und Theaterveranstaltungen an verschiedenen Orten in der Region während der Sommermonate.

Der folgende praktische Teil soll Ihnen helfen, Ihren Aufenthalt im Jagsttal zu planen. Nach den Adressen der zuständigen Fremdenverkehrsverbände und allgemeinen Hinweisen finden Sie ein alphabetisches Verzeichnis der wichtigsten im Textteil vorkommenden Orte mit Kontaktadressen, Informationen zu Museen und Sehenswürdigkeiten sowie zu weiteren Attraktionen. Bitte haben Sie Verständnis, dass wir für die Gültigkeit der Öffnungszeiten keine Gewähr übernehmen können. Wir wünschen Ihnen einen angenehmen und erholsamen Aufenthalt im Jagsttal und seiner Region.

Allgemeines

Fremdenverkehrsverbände

Die Fremdenverkehrsverbände können Ihnen – neben den örtlichen Verkehrsämtern – auch bei der Zimmersuche behilflich sein.

Für Informationen über die Region und Baden-Württemberg:
Tourismus Service GmbH
Prospektversand
Yorckstr. 23

79110 Freiburg
Tel. (07 61) 89 79 79 79
Fax (07 61) 89 79 79 89

Arbeitsgemeinschaft
„Die Burgenstraße"
Rathaus
74042 Heilbronn
Tel. (0 71 31) 56-22 71
Fax (0 71 31) 56-31 40

Touristik-Gemeinschaft
Schwäbische Alb Ost
Marktplatz 1
72574 Bad Urach
Tel. (0 71 25) 94 81 06
Fax (0 71 25) 94 81 08

Schwäbischer Albverein
Hospitalstr. 21 b
70174 Stuttgart
Tel. (07 11) 22 58 5-0
Fax (07 11) 22 58 5-92, -93, -94

Touristik-Information Neckar-Hohenlohe-Schwäbischer Wald
Am Markt 9
74523 Schwäbisch Hall
Tel. (07 91) 7 51-3 85
Fax (07 91) 7 51-3 75
erika.boesler@schwaebischhall.de
www.schwaebischhall.com/tg/index.htm

Fremdenverkehrsgemeinschaft
Hohenlohe e. V.
Allee 17
74653 Künzelsau
Tel. (0 79 40) 1 82-06
Fax (0 79 40) 1 83-63
www.hohenlohe-tourismus.de

Websites zu Hohenlohe und zum Jagsttal:
www.hohenlohelive.com
www.jagsttal.de

Informationen, Programme und Kartenreservierungen für alle Veranstaltungen des „Hohenloher Kultursommers":
Geschäftsstelle der Kulturstiftung Hohenlohe
Landratsamt
Allee 17
74653 Künzelsau
Tel. (0 79 40) 18-3 73
Fax (0 79 40) 18-3 63

Touristikverband Neckarland-Schwaben
Lohtorstr. 21
74072 Heilbronn
Tel. (0 71 31) 78 52-0
Fax (0 71 31) 78 52-30

Führungen und Informationen zum Thema Umwelt/Natur in der Region bieten an:
Umweltzentrum Kreis Schwäbisch Hall e. V.
Ringstr. 58
74523 Schwäbisch Hall
Tel. (07 91) 5 59 67
Fax (07 91) 9 54 07 80

NABU-Zentrum Heilbronn
Kübelstr. 28
74076 Heilbronn
Tel. (0 71 31) 16 72 82
Fax (0 71 31) 16 72 83

Wandern

Zahlreiche regionale und überregionale Wanderwege sowie lokale (Rund-)Wanderwege führen durchs Jagsttal und seine unmittelbare Umgebung. Genauere Auskünfte erteilen die Fremdenverkehrsverbände.

Rad fahren

Fahrräder können in Crailsheim, Langenburg und Dörzbach ausgeliehen werden. Im Jagsttal bietet sich der ausgeschilderte „Jagsttalweg" als Radwanderstrecke an.

Kanu- und Kajakfahren auf der Jagst

Die Jagst ist ein idealer Fluss für Kunststoffboote, der Einsatz von Faltbooten empfiehlt sich erst ab Dörzbach. Wasserwandern auf der Jagst ist derzeit gestattet ab einem Mindestpegelstand von 40 cm. Auskunft erteilt das Pegeltelefon in Dörzbach, Tel. (0 79 37) 2 03. Teile des Jagsttals stehen unter Naturschutz. Das Bootfahren ist dort nur beschränkt möglich.
In der Jagst befinden sich zahlreiche, teils befahrbare Wehre. Bei Jagstzell und Bächlingen ist der Fluss verbaut durch gefährliche Röhrenfurten; Umtragen ist hier nötig.
Kanuverleih mit Rückholservice ist in Dörzbach und in Untergriesheim möglich (siehe dort)

Angeln

ist in der Jagst und in den umliegenden Flüssen und Seen möglich. Auskünfte erteilen die Gemeindeverwaltungen bzw. die Verkehrsämter und Fremdenverkehrsverbände.

Ferien auf dem Bauernhof

Auskünfte über die zahlreichen Möglichkeiten zum Urlaub auf dem Bauernhof im Jagsttal:

Verein zur Förderung des Urlaubes auf dem Bauernhof
in Baden-Württemberg
Postfach 54 43
79021 Freiburg
Tel. (07 61) 2 71 33 90
Fax (07 61) 28 77 75

Anbietergemeinschaft Urlaub auf dem Bauernhof in Hohenlohe-Franken
Birgit Förster
c/o Amt für Landwirtschaft
Kleinstweg 21
74572 Blaufelden
Tel. (0 79 53) 97 72-27
Fax (0 79 53) 97 72-50

Verzeichnis der wichtigsten Ortschaften und Sehenswürdigkeiten

(Stadt- bzw. Gemeindeverwaltungen und Verkehrsämter können Ihnen bei Detailfragen sowie bei der Zimmersuche behilflich sein.)

Anhäuser Mauer

Kontaktadresse:
siehe Bürgermeisteramt Satteldorf

Man fährt auf der B 290 von Crailsheim in Richtung Bad Mergentheim. Ca. 4 km nördlich der Autobahnbrücke (A 6) verlässt man im Dorf Wallhausen die B 290 in Richtung Mistlau/Gaggstatt.
Am Ortsende von Wallhausen biegt man links in Richtung Bölgental ab. Die Mauer liegt an der Straße nach Bölgental.

Bächlingen

Kontaktadresse:
siehe Verkehrsamt Langenburg

Dorfkirche mit wertvollen Fresken aus dem 14. Jahrhundert

Baldern

Schloss Baldern (Schloss des Fürsten von Oettingen-Wallerstein)
73441 Bopfingen-Baldern
Tel. (0 73 62) 96 88-0
Fax (0 73 62) 96 88-60
Öffnungszeiten: Führungen vom 1. April bis 31. Oktober täglich außer Montag
von 9 - 17 Uhr (April und Oktober 9.30 - 16 Uhr)

Bartenstein

Kontaktadresse:
Gemeindeverwaltung:
Postfach 1 44
74575 Schrozberg
Tel. (0 79 35) 7 07-0
Fax (0 79 35) 7 07-50

Museum Schloss Bartenstein
(Kunstausstellung, Kirche; Schloss
des Fürsten von Hohenlohe-Barten-
stein)
Öffnungszeiten: 1. April bis
14. Oktober
Sa., So. u. Feiertag 10-12 und
13.30-17.30 Uhr
Gruppen über zehn Personen nach
Anmeldung auch wochentags
Tel. (0 79 36) 272
Fax (0 79 36) 765

barocke und englische Anlage im
Schlosspark

sehenswert ist auch das nahe
gelegene Schrozberg:

Wasserschloss (16. Jh.)

Stadtkirche (14./16. Jh.)

Veranstaltungen:
Mitte Juli Volksfest Jakobimarkt
in Schrozberg

Buchenbach

Kontaktadresse: siehe Mulfingen

Kirche mit Wandmalereien aus
dem 13. Jh.

Burleswagen

Kontaktadresse:
siehe Bürgermeisteramt Satteldorf

Schloss (12./16. Jh.)

Crailsheim

Kontaktadresse:
Stadt Crailsheim
Postfach 14 65
74564 Crailsheim
Tel. (0 79 51) 403-132
Fax (0 79 51) 403-159
info@crailsheim.de
www.crailsheim.de

Stadtmuseum im Spital
Spitalstr. 2 a
Tel. (0 79 51) 94 64-0
Fax (0 79 51) 94 64-19
Öffnungszeiten:
Mi. 9-20 Uhr
Sa. 14-18 Uhr
So. 11-18 Uhr

Johanneskirche (1398; kunsthisto-
risch bedeutsamer Hochaltar)

Liebfrauenkapelle (1397)

Rathausturm (1717)

Gottesackerkirche (1579)

Reste der historischen Stadtmauer
mit Diebsturm

Hallenbad
Öffnungszeiten:
Di., Mi., Do. 14-21 Uhr
Sa. 8-18 Uhr
So. 9-17 Uhr

Veranstaltungen:
Wirtefest (Juni)
Lichterfest (August, im Stadtteil
Goldbach)
Fränkisches Volksfest (vorletztes
Wochenende im September)
Hammeltanz (Mitte Oktober, im
Stadtteil Onolzheim)
Thomasmarkt (Mitte Dezember)

Dörzbach

Kontaktadresse:
Gemeindeverwaltung
Marktplatz 2
74677 Dörzbach
Tel. (0 79 37) 91 19-0
Fax (0 79 37) 91 19-20
info@doerzbach.de
www.doerzbach.de

Ölmühle Dörzbach
Alte Klepsauer Str. 1
Tel. (0 79 37) 53 16
Öffnungszeiten: nach Vereinbarung

Weingärtnergenossenschaft
Tel. (0 79 37) 4 63
Weinprobe ist möglich

Angeln
Eine Tageskarte ist beim örtlichen
Fischereiverein erhältlich. Kontakte:
Manfred Ehrmann (bei der Raiff-
eisenbank) Tel. (0 79 37) 91 11-0
Karl Stolz, Mühlgartenweg 1,
Tel. (0 79 37) 53 16
Markus Rettich, Hauptstr. 4
Tel. (0 79 37) 80 23 46

Kanuverleih mit Rückholservice
Fritz Hörscher
Goldbachstr. 89
Tel. (0 79 37) 7 34

Fahrrad-Mietstation Dörzbach
Klaus Ankenbrand
Schönhuthstr. 3
Tel. (0 79 37) 99 00 18 oder 12 90

Ultraleicht- und Modellflugplatz

Tennisanlage

Veranstaltungen:
In Dörzbach finden zahlreiche Fest-
veranstaltungen statt, z. B. Früh-
jahrspferdemarkt, Maibaumstellen,
Sonnwendfeier, Kinderferienpro-
gramm in den Sommerferien, Wein-
fest, Weihnachtsmarkt.

8 km nördlich von Dörzbach, an
der B 19 in Richtung Bad Mergent-
heim/Würzburg, liegt der kleine Ort
Stuppach. In der Dorfkirche lohnt
sich der Besuch des Marienaltars
des Malers Matthias Grünewald von
1520 (in der Ortsmitte von Stuppach
links abbiegen, der Weg ist beschil-
dert).

Eberstadter Tropfsteinhöhle

Kontaktadresse:
Verkehrsamt Buchen
Platz im Bild
74722 Buchen
Tel. (0 62 81) 27 80
Fax (0 62 81) 27 32
Stadt@Buchen.de
www.Buchen.de

Tropfsteinhöhle
Tel. (0 62 92) 578
Öffnungszeiten:
2. März bis 31. Oktober täglich
10-16 Uhr
1. November bis 1. März: Sa., So.,
Feiertage 13-16 Uhr

Ellwangen

Kontaktadresse:
Verkehrsamt
Spitalstr. 4
73479 Ellwangen
Tel. (0 79 61) 84-0
Fax (0 79 61) 5 52 67

Schloss der Fürstpröpste (1603/08)
mit Museum
Tel. u. Fax (0 79 61) 5 43 80
Öffnungszeiten:
Di.-Fr. 14-17 Uhr
Sa., So., Feiertag 10-12 und
14-17 Uhr

Kloster seit 764

Wolfgangskirche (1470)

Wallfahrtskirche (1696; mit bemerkenswerten Stuckarbeiten)

Marktplatz mit Stiftsrathaus
(1748/54)

ehemaliges Jesuitenkolleg (1722)
und Jesuitenkirche (1729) mit
interessanten Gewölbemalereien

barocke Stiftsherrenhäuser

Pfahlheimer Bauernstube
Kastellstr. 8
73479 Ellwangen-Pfahlheim
Tel. (0 79 65) 567 oder 446
Öffnungszeiten: nach Vereinbarung

Veranstaltungen:
Kalter Markt (Pferdemarkt am
Montag nach dem 6. Januar)
Heimattage im Juli

Gröningen

Kontaktadresse für den Ort Gröningen und die Umgebung:
siehe Stadtverwaltung Kirchberg
oder Satteldorf

Die Hammerschmiede in Gröningen
ist eine Außenstelle des Hohenloher
Freilandmuseums in Wackershofen
bei Schwäbisch Hall
Hohenloher Freilandmuseum
Postfach 10 01 80
74501 Schwäbisch Hall
Tel. (07 91) 9 71 01-0
Fax (07 91) 9 71 01-40
Öffnungszeiten:
März und April: täglich außer
Montag 10-17 Uhr
Mai, September, Oktober, November:
täglich außer Montag 9-18 Uhr
Juni, Juli, August täglich 9-18 Uhr

Kirche mit spätromanischem Chorturm und barockem Saalbau

Schloss (einflügeliger Renaissancebau)

Jagstfeld

Kontaktadresse:
Stadtverwaltung
Friedrichshaller Str. 35
74177 Bad Friedrichshall
Tel. (0 71 36) 8 32-0
Fax (0 71 36) 8 32-88
info@friedrichshall.de
www.bad-friedrichshall.de

Besuchersalzbergwerk Bad Fried-
richshall
Südwestdeutsche Salzbergwerke AG
Postfach 31 61
74021 Heilbronn
Tel. (0 71 36) 2 71-3 03 oder 2 20
(Bandinfo)
Fax (0 71 36) 2 71-2 00

Öffnungszeiten: 1. Mai bis Ende
Oktober
Mi. 14-16 Uhr
Sa., So., Feiertage 9.30-16 Uhr

Solefreibad mit Sportbecken,
Sprungturm, Strömungskanal, Wel-
lenbad, Massagebrunnen, Riesen-
rutsche, gesundheitsfördernder Sole;
beheizt
Tel. (0 71 36) 39 07

Jagsthausen

Kontaktadresse:
Gemeindeverwaltung
Hauptstr. 3
74249 Jagsthausen
Tel. (0 79 43) 91 01-0
Fax (0 79 43) 91 01-50
info@gemeinde.jagsthausen.de
www.jagsthausen.de

Freilichtmuseum Römerbad
Förderverein Freilichtmuseum
Römerbad e. V.
Tel. u. Fax wie Gemeindeverwaltung
Öffnungszeiten: Ganzjährig frei zu-
gänglich, auf Schautafeln erklärt.
Führung nach Vereinbarung

Skulpturenausstellung
in der Keltergasse und im Freilichtmuseum Römerbad
Öffnungszeiten: Mitte Juni bis Mitte
Oktober frei zugänglich

Schlossmuseum
Götzenburg, Schlossstr. 20
Tel. u. Fax wie Gemeindeverwaltung
Öffnungszeiten: April bis Oktober
täglich 10-11.30 und 13.30-16 Uhr
Führung nach Vereinbarung

Burgfestspiele Jagsthausen
Schlossstr. 12
Tel. (0 79 43) 91 23 45 (Information
und Kartenvorverkauf)
Fax (0 79 43) 91 24 40 oder 91 24 50
Freilichtspiele von Mitte Juni bis
Ende August; Hauptstück ist jedes
Jahr Goethes „Götz von Berlichin-
gen", weitere Aufführungen, Kinder-
u. Jugendtheater, Operette

Kapfenburg

Kontaktadresse: siehe Stadtverwaltung Lauchheim

Die Schlosskapelle und der Rittersaal können nach vorheriger Anmeldung besichtigt werden.

Kirchberg

Kontaktadresse:
Stadtverwaltung
Schloßstr. 10
74592 Kirchberg
Tel. (0 79 54) 98 01-0
Fax (0 79 54) 98 01-19
info@kirchberg-jagst.de
www.kirchberg-jagst.de

Sandelsches Museum, Schulmuseum Hohenlohe-Franken, Erzgebir-
gisches Volksmuseum, Schaeff-Stif-
tung und Stiftung Land Sachsen
Kirchstr. 17
Tel. u. Fax wie Stadtverwaltung
Öffnungszeiten: 1. April - 30. September So. 10-12 u. 14-16 Uhr,
2. Advent Weihnachtsmarkt; Gruppen auch werktags nach Anmeldung

Das Museum befindet sich in der
ehemaligen Lateinschule und zeigt
u. a. die Sammlungen des Stifters
Theodor Sandel, ein Biedermeier-

zimmer des Stifterehepaars Schaeff
und das Schulmuseum. Ferner ist es
Dokumentations- und Forschungs-
zentrum erzgebirgischer Volkskunst.

Renaissanceschloss (14./16. Jh.;
Umbau zur barocken Residenz 1758
durch den Ansbacher Baumeister
Leopold Retti.
Schlosskonzerte im Rittersaal; Oran-
gerie und Schlosspark

Schlossmuseum
Schlossstr. 16
Tel. u. Fax wie Stadtverwaltung
Öffnungszeiten: nach Vereinbarung

Klepsau

Kontaktadresse: siehe Stadtverwaltung Krautheim

Götz-Gedenkstein an der Landes-
straße 1025 Krautheim – Klepsau.
Hier fiel das bekannte „Götz-Zitat"

Krautheim

Kontaktadresse:
Stadtverwaltung
Burgweg 5
74238 Krautheim
Tel. (0 62 94) 98-0
Fax (0 62 94) 98-48
Stadt@Krautheim.de

Stauferburg (vor 1240) und Burg-
museum
Tel. u. Fax wie Stadtverwaltung
Öffnungszeiten:
1. Mai - 30. September Sa., So. und
Feiertag 14-16.30 Uhr
Gruppen auch außerhalb dieser
Zeiten nach Voranmeldung. Einzel-
besucher an Werktagen: Bitte im
Rathaus vorsprechen

Johanniter-Museum im Johanniter-
haus
Tel. u. Fax wie Stadtverwaltung
Öffnungszeiten:
Mo. - Do. 9-11 und 14-16 Uhr
Fr. 9-11 Uhr
Sa., So. und Feiertage 14-16.30 Uhr
Gruppen nach Voranmeldung zu
gewünschten Zeiten

Heimatmuseum
König-Albrecht-Str. 24
Tel. (0 62 94) 98-29
Fax (0 62 94) 98-48
Öffnungszeiten: nach Vereinbarung

Veranstaltungen:
Jagsttaler Volksfest am 3. Oktober-
wochenende

Langenburg

Kontaktadresse:
Städtisches Verkehrsamt
Hauptstr. 15
74595 Langenburg
Tel. (0 79 05) 10 11
Fax (0 79 05) 4 91
Post@Langenburg.de
www.Langenburg.de

Schloss
Tel. (0 79 05) 10 41
Fax (0 79 05) 10 40
Öffnungszeiten:
Ostern bis Mitte Oktober täglich
8.30-12 und 13.30-18 Uhr

Automuseum
Tel. und Fax wie Schloss
Öffnungszeiten:
Ostern bis 1. November täglich
8.30-12 und 13.30-18 Uhr,
Sonn- und Feiertage durchgehend
2. November bis Ostern Sonn- und
Feiertage 13-17 Uhr

geschlossen am 25. und 26. Dezember sowie am 1. Januar

Carl-Julius-Weber-Gedenkstätte
im Rathaus
Hauptstr. 15
Tel. u. Fax wie Verkehrsamt
Öffnungszeiten: Mo. - Fr. 8-12 und
13-16 Uhr

Carl Julius Webers Grab befindet sich
auf dem Friedhof in Kupferzell: Von
Langenburg der Beschilderung nach
Künzelsau folgen, von dort weiter
auf der B 19 in Richtung Schwäbisch Hall. Ca. 5 km nach dem Ortsende von Künzelsau der Beschilderung nach Kupferzell folgen.

Hohenloher Kunstverein (Museum
für Gegenwartskunst)
im Hofratshaus (Teil der Schloss-
anlage)
Öffnungszeiten:
Mi. und Sa. 14-17.30 Uhr
Sonn- und Feiertage 10-12 und
14-17.30 Uhr

Natur- und Heimat-Museum
Hintere Gasse 3
Tel. (0 79 05) 10 11
Fax (0 79 05) 4 91
Öffnungszeiten: Ostern bis
1. November Sa. und So. 14-18 Uhr

Stadtkirche

Freibad
Öffnungszeiten werden zu Beginn
der Saison bekannt gegeben

Veranstaltungen:
Ostermontagsmarkt (Ostermontag)
Marktplatzfest (Juli/August)

Lauchheim

Kontaktadresse:
Bürgermeisteramt
Postfach 60
73466 Lauchheim
Tel. (0 73 63) 85-0
Fax (0 73 63) 85-16

Heimatmuseum im Oberen Torturm
– Städtische Sammlung
Öffnungszeiten: nach Vereinbarung,
am 4. Juli (Stadtfeiertag, s. u.) ganz-
tägig geöffnet

Veranstaltungen:
Stadtfeiertag am 4. Juli mit Fest-
gottesdienst, Frühkonzert, Früh-
schoppen, Kinderfest und gemüt-
lichem Beisammensein

Leofels

Kontaktadresse:
Stadtverwaltung Ilshofen
Am Markt 6
74532 Ilshofen
Tel. (0 79 04) 7 02-0
Fax (0 79 04) 7 02-12

Burgruine (nach 1230)

Im Sommer Burgschauspiele
Auskünfte zu den Schauspielen bei
der Stadt Ilshofen oder bei der
Geschäftsstelle der Kulturstiftung
Hohenlohe
Landratsamt
Allee 17
74653 Künzelsau
Tel. (0 79 40) 1 83-73
Fax (0 79 40) 1 83-63

Möckmühl

Kontaktadresse:
Bürgermeisteramt
Postfach 12 80
74219 Möckmühl
Tel. (0 62 98) 2 02-0
Fax (0 62 98) 2 02-70

Heimatmuseum
Kirchplatz 7
Tel. (0 62 98) 51 47
Öffnungszeiten: nach Vereinbarung

Burg mit Bergfried

gut erhaltene Mauer mit Wehrgang
und Türmen (13. Jh.)

Rathaus (1589)

Fachwerkhäuser (16.-18. Jh.)

im Sommer: Theaterfestspiele am
Oberen Tor

Hallenbad
(0 62 98) 23 20
Mi.-Fr. 14-21 Uhr
Sa. 9-18 Uhr
So. 8.30-12 Uhr
Donnerstag Warmbadetag

Tennisplätze

Mulfingen

Kontaktadresse:
Gemeindeverwaltung
Kirchweg 1
74673 Mulfingen
Tel. (0 79 38) 90 40-0
Fax (0 79 38) 90 40-13
info@mulfingen.de
www.mulfingen.de

St. Annakapelle

Neudenau

Kontaktadresse:
Stadtverwaltung
Hauptstr. 27
74861 Neudenau
Tel. (0 62 64) 92 05-33
Fax (0 62 64) 92 05-11
Zentrale@neudenau.bw-online.de
www.neudenau.de

Josefine-Weihrauch-Heimatmuseum
Billigheimer Str. 3
Tel. (0 62 64) 61 33
Öffnungszeiten: 1. und 3. Sonntag
im Monat 14-17 Uhr und nach
Vereinbarung
Andere Termine sind nach telefoni-
scher Vereinbarung möglich

Das Museum befindet sich im
Schloss der Grafen von Leiningen-
Neudenau.

Veranstaltungen:
Pferde-Prozession zur St. Gangolfs-
Kapelle (2. Sonntag im Mai)
Gässlesmarkt (Stadtfest) im Juli

Rainau-Buch

Kontaktadresse:
Stadtverwaltung
Schlossberg 12
73492 Rainau
Tel. (0 79 61) 9 00-20
Fax (0 79 61) 9 00-2 22

Im Bereich der Gemeinde Rainau
befindet sich das Freilichtmuseum
am rätischen Limes. Hier wurde ein
Rundwanderweg angelegt, der zu
den anderen Ausgrabungsstätten am
rätischen Limes führt. Alle Anlagen
sind ganzjährig frei zugänglich und
sind auch mit dem PKW zu erreichen.
Im Stausee kann gebadet werden

St. Gangolf-Kapelle

Kontaktadresse und St.-Gangolfs-
Ritt siehe Neudenau

St. Wendel am Stein

Kontaktadresse siehe Gemeinde-
verwaltung Dörzbach oder
Evangelisches Pfarramt
Pfarrgasse 18
Tel. (0 79 37) 99 00 60

In der Ortsmitte von Dörzbach von
der B 19 in Richtung Meßbach/
Oberginsbach abzweigen, unmittelbar nach der Jagstbrücke links in
den Kapellenweg einbiegen (Beschilderung). Der schmalen geteer-
ten Straße ca. 1 km bis zum Wan-
derparkplatz folgen, von dort auf
der gleichen Straße zu Fuß weiter
bis zur Schranke. Links neben der
Schranke führt ein Fußweg zur
Kapelle hinunter (vom Wanderpark-
platz ca. 5-10 Gehminuten).

Satteldorf

Kontaktadresse:
Bürgermeisteramt
Hauptstr. 50
74589 Satteldorf
Tel. (0 79 51) 47 00-0
Fax (0 79 51) 47 00-90
gemeinde@satteldorf.de
www.satteldorf.de

Schöntal

Kontaktadresse:
Gemeindeverwaltung
Klosterhof 1
74214 Schöntal
Tel. (0 79 43) 91 00-0
Fax (0 79 43) 14 20
info@schoental.de
www.schoental.de

Ehemalige Zisterzienserabtei (gegr. 1157) mit Klosterkirche, Kreuzgang mit Grab Götz von Berlichingens, spätbarockem Treppenhaus, Ordenssaal und Abtszimmer
Öffnungszeiten: Klosterkirche und Treppenhaus täglich, Neue Abtei nur mit Führung
Führungen: 1. April bis 31. Oktober täglich 11, 15 und 16.30 Uhr
1. November bis 31. März täglich 11 und 15 Uhr

Konzerte im Rahmen des „Hohenloher Kultursommers" von Juni bis September
Auskunft:
Geschäftsstelle der Kulturstiftung Hohenlohe
Landratsamt
Allee 17
74653 Künzelsau
Tel. (0 79 40) 1 83-73
Fax (0 79 40)

Stimpfach

Kontaktadresse:
Stadtverwaltung
Kirchstr. 22
74597 Stimpfach
Tel. (0 79 67) 90 01-0
Fax (0 79 67) 89 27

Untergriesheim

Kanuverleih:
Thomas Dierolf
Vogelsangstr. 16
74177 Untergriesheim
Tel. (0 71 36) 48 99

Unterregenbach

Kontaktadresse und Fax: siehe Verkehrsamt Langenburg

Grabungsmuseum:
in der alten Schule
Tel. (0 79 05) 10 11 oder 3 32
Öffnungszeiten: täglich 9-11.30 und 14-17.30

Westhausen

Kontaktadresse:
Bürgermeisteramt
Postfach 60
73461 Westhausen
Tel. (0 73 63) 84-0
Fax (0 73 63) 84-50

Silvesterritt am 31. Dezember zur Silvesterkapelle von 1626; Pferdesegnung

Widdern

Kontaktadresse:
Stadtverwaltung
Rathausplatz 7
74259 Widdern
Tel. (0 62 98) 50 11
Fax (0 62 98) 59 50
bma@widdern.de
www.widdern.de

Heimat- und Schmiedemuseum
Talstr. 49
74259 Widdern-Unterkessach
Tel. (0 79 43) 21 91
Öffnungszeiten nach telefonischer Vereinbarung

Knurps-Puppentheater
Adlergasse 9
Tel. (0 62 98) 77 96

Laboratorium für bewegte Puppen
Burggasse 24
74259 Widdern
Tel. (0 62 98) 22 78
Fax (0 62 98) 43 07

Kleinkunstbühne
Im Kaisersaal
Würzburger Gasse 23
Kartentelefon und Info:
Tel. (0 62 98) 77 96
www.jagsttal.de/kkw